Ethik in den Biowissenschaften –
Sachstandsberichte des DRZE

Band 17: Tiere in der Forschung

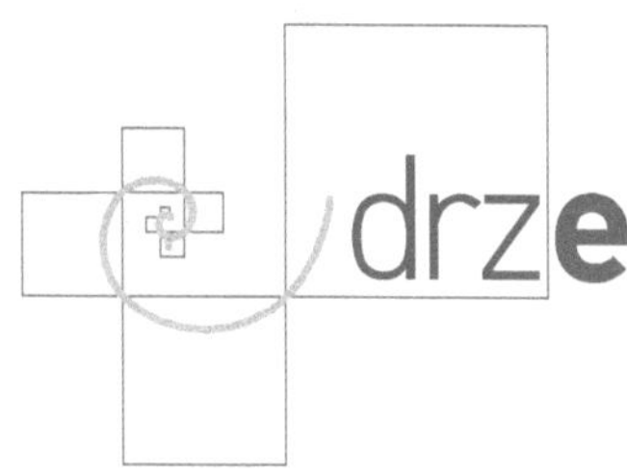

Im Auftrag des
Deutschen Referenzzentrums für Ethik in den Biowissenschaften

herausgegeben von
Dieter Sturma und Dirk Lanzerath

www.drze.de

VERLAG KARL ALBER

Die Ausgestaltung des Mensch-Tier-Verhältnisses gehört zu den großen normativen Herausforderungen von Ethik, Recht und Naturwissenschaften. In den gegenwärtigen Debatten herrscht weitgehend Einvernehmen darüber, dass Tiere nicht mehr als bloße Sachen zu betrachten sind, sondern Anspruch auf Rücksichtnahme haben. Bei der Forschung mit Tieren ist strittig, wie diese Rücksichtnahme praktisch auszufallen hat. Da moralische Anerkennungen nur aus der ethischen Gemeinschaft der Personen heraus formuliert werden können, wird eine asymmetrische Situation erzeugt zwischen dem Verhältnis von menschlichem Selbstinteresse und den Mutmaßungen darüber, was gut für andere animalische Lebewesen ist. Aufgrund hoher rechtlicher Hürden beim Umgang mit Probanden sowie der Vorgabe, dass klinische Anwendungen durch Tierexperimente abgesichert werden müssen, spielt die Forschung mit Tieren eine große Rolle im Rahmen der medizinischen Forschung. Der vorliegende Sachstandsbericht analysiert die Entwicklung der Tierversuchszahlen im Rahmen einer umfassenden Einführung in die Grundlagen der Forschung mit Tieren. Zusätzlich wird über den Stand bei der Erforschung von Alternativmethoden informiert. Schließlich werden die rechtlichen und ethischen Aspekte des Tierversuchs diskutiert.

The arrangement of the human-animal-relationship is one of the paramount normative challenges of ethics, law, and the natural sciences. In present discussions there is a widely prevalent agreement that animals must no longer be regarded as mere things but deserve consideration. In research with animals there is no consensus as to how this consideration shall be put into practice. As moral recognitions can only be formulated out of the ethical community of persons, an asymmetrical situation is generated between the relation of human self-interest and suppositions about what is beneficial for other animals. Due to high legal hurdles in dealing with study participants and the stipulation that clinical applications must be backed up by animal testing, research with animals plays an important role in the realm of medical research. The present expert report analyses the development of the numbers in animal testing embedded in a comprehensive introduction to the foundations of research with animals. Furthermore, it informs about the state of the art of research of alternative methods and finally discusses the legal and ethical aspects of animal testing.

Heinz Brandstetter / Horst Spielmann /
Wolfgang Löwer / Tade Matthias Spranger /
Christina Pinsdorf

Tiere in der Forschung

Naturwissenschaftliche, rechtliche und ethische Aspekte

Verlag Karl Alber Freiburg / München

Diese Publikation wird als Vorhaben der Nordrhein-Westfälischen Akademie der Wissenschaften und der Künste im Rahmen des Akademienprogramms von der Bundesrepublik Deutschland und dem Land Nordrhein-Westfalen gefördert.

Originalausgabe

www.verlag-alber.de

Redaktion: Thorsten Galert und Johanna Risse
unter Mitarbeit von Jens Henning Pier

Satz: SatzWeise GmbH, Trier
Herstellung: CPI books GmbH, Leck

Printed in Germany

ISBN 978-3-495-48761-7

Inhalt

Vorwort

Die Ausgestaltung des Mensch-Tier-Verhältnisses gehört zu den großen normativen Herausforderungen von Ethik, Recht und Naturwissenschaften. In den gegenwärtigen Debatten herrscht weitgehend Einvernehmen darüber, dass Tiere nicht mehr als bloße Sachen zu betrachten sind und Anspruch auf ethische und rechtliche Rücksichtnahme haben. Gleichwohl kommt immer wieder die Frage auf, welchen Nutzen Personen aus spezifischen Umgangsweisen mit Tieren ziehen können. Insbesondere bei der Forschung mit Tieren herrscht keine Einigkeit darüber, wie diese Rücksichtnahme praktisch auszufallen hat.

Die begründungstheoretische Schwierigkeit beim Umgang mit Tieren besteht darin, dass moralische Zuschreibungen und Anerkennungen aus der ethischen Gemeinschaft der Personen heraus formuliert werden müssen. Diese Ausgangslage erzeugt asymmetrische Situationen im Hinblick auf das Verhältnis von menschlichem Selbstinteresse und Mutmaßungen darüber, was gut für andere animalische Lebewesen ist. Diese können zwar nicht in einen normativen Diskurs eintreten und eigene Interessen formulieren, aus diesem Umstand kann aber keineswegs abgeleitet werden, dass ihnen ethische Anerkennung verwehrt bleiben muss. In der Regel zeigen Verhaltensweisen von Lebewesen auf zugängliche Weise an, ob sie sich in *für sie* guten oder schlechten Zuständen befinden.

Die entwicklungsgeschichtliche Verwandtschaft mit anderen animalischen Lebensformen ist ein offensichtlicher Anhaltspunkt für normative Berücksichtigung durch Personen. Diese Nähe manifestiert sich nicht zuletzt in gemeinsamen Eigenschaften wie Verletzlichkeit, Sensitivität oder der Fähigkeit, das eigene Lebensumfeld zu organisieren. Dieser Sachverhalt macht andere animalische Lebensformen zu Kandidaten für Schutz und Fürsorge. Das gilt insbesondere für Primaten, deren Verwendung in Experimenten aufgrund ihrer nahen biologischen Verwandtschaft mit Menschen überaus umstritten ist.

Aufgrund hoher rechtlicher Hürden beim Umgang mit Patienten und Probanden im wissenschaftlichen Kontext sowie der generellen Vorgabe, dass klinische Anwendungen durch Tierexperimente abgesichert werden müssen, spielt die Forschung mit Tieren geradezu zwangsläufig eine große Rolle im Rahmen der medizinischen Forschung. Etwa legt die *Deklaration von Helsinki* zu den ethischen Grundsätzen für die medizinische Forschung am Menschen eine Absicherung durch Tierversuche fest. Die Forschung mit und an Tieren wird sowohl im Rahmen der Grundlagenforschung als auch im Bereich der anwendungsbezogenen medizinisch-klinischen Forschung eingesetzt. Das betrifft neben der Verbesserung von Diagnose- und Therapiemöglichkeiten im weitesten Sinne insbesondere pharmazeutisch-chemische Sicherheitsprüfungen. So ist denn auch seit dem letzten Jahrzehnt – trotz mannigfaltiger Reduzierungsversuche – ein Anstieg der Zahl der Versuchstiere zu verzeichnen.

Unter den Bedingungen der gegenwärtigen medizinischen Forschung und Versorgung wird auf Tierexperimente nicht verzichtet werden können, zumal die Verbesserung von Therapiemöglichkeiten sowie die damit einhergehende Verbesserung der Lebensqualität und Verringerung des Leidens von Personen ein hohes ethisches, rechtliches und kulturelles Ziel darstellen. Zur Zeit ist nur mit Hilfe von Tierexperimenten ein Beitrag zur Entwicklung verschiedenster Therapiemöglichkeiten, präventiver Behandlungen und zahlreicher moderner Medikamente zu leisten.

Unangesehen der Unumgänglichkeit von Tierversuchen gibt es zahlreiche Vorbehalte im Hinblick auf die gegenwärtige Forschungspraxis. Es wird auf den begrenzten Nutzen von Tierexperimenten, deren Resultate in vielen Fällen nicht auf den menschlichen Organismus zu übertragen sind, genauso verwiesen wie auf die mangelhafte Ausschöpfung von alternativen Methoden – wie beispielsweise molekularbiologische Verfahren, Untersuchungen von Zell- und Gewebekulturen oder Computersimulationen. Eine wichtige Rolle spielt in diesem Zusammenhang die konzeptionelle Ausweitung und praktische Umsetzung der international anerkannten 3R-Prinzipien (*replacement*, *reduction*, *refinement*). Hierin dürfte für die nächste Zeit die Hauptaufgabe der ethischen, rechtlichen, naturwissenschaftlichen und verwaltungstechnischen Ausgestaltung von Tierversuchen in der Forschung bestehen.

Dieter Sturma

I. Tierversuche und Versuchstiere

Heinz Brandstetter

1. Verwendungszwecke von Tieren in der Forschung

Tiere werden in der Forschung eingesetzt, um ein besseres Verständnis von Krankheiten, deren Diagnose und Heilung zu erreichen (also zur Entwicklung von Medikamenten, Impfstoffen und Therapiemethoden) und um den Menschen vor Gefahren durch Chemikalien sowie natürliche Substanzen zu schützen (d. h. zu Sicherheitsprüfungen). Die Deklaration des Weltärztebundes von Helsinki legt in Punkt 21 fest: »Medizinische Forschung am Menschen muss den allgemein anerkannten wissenschaftlichen Grundsätzen entsprechen sowie auf einer gründlichen Kenntnis der wissenschaftlichen Literatur, anderen relevanten Informationsquellen, ausreichenden Laborversuchen und, sofern angemessen, auf Tierversuchen basieren. Auf das Wohl der Versuchstiere muss Rücksicht genommen werden.«[1] Dies bedeutet, dass eine Forschung am Menschen sowie der Einsatz von neuen Medikamenten und neuen Behandlungsmethoden am Menschen nur dann durchgeführt werden darf, wenn zuvor alle anderen Informationsquellen voll ausgeschöpft wurden. Das beinhaltet auch den Tierversuch, soweit es ein für die Fragestellung passendes Tiermodell gibt. Gleichzeitig bringt die Verwendung von Tieren eine besondere Verantwortung des Menschen mit sich.

Im Handbuch der ärztlichen Ethik des Weltärztebundes heißt es zudem: »Bevor ein neues Arzneimittel von staatlichen Regulierungsbehörden zugelassen werden kann, muss es umfassend auf Sicherheit und Wirksamkeit geprüft werden. Dieses Verfahren beginnt mit Laboruntersuchungen, an die sich Tierversuche anschließen. Sehen die Ergebnisse vielversprechend aus, folgen die vier Phasen der klinischen Prüfung.«[2] In der Bundesrepublik Deutschland sind die Rahmenbedingungen und Einschränkungen, unter denen überhaupt nur Tierversuche durchgeführt

[1] Weltärztebund (Hg.) 2013.
[2] Weltärztebund (Hg.) 2005.

werden dürfen, in den §§7ff. des deutschen Tierschutzgesetzes (TierSchG) festgelegt.[3]

1.1 *Vorgehensweise bei der Bearbeitung einzelner Problemstellungen*

Zum besseren Verständnis des Einsatzes von Tieren in der Forschung ist es wichtig, die Vorgehens- und Arbeitsweise in der biomedizinischen Forschung zu verstehen. Deshalb wird an dieser Stelle kurz und sehr vereinfacht darauf eingegangen, wie Forschung *funktioniert*.[4] Zum Beispiel ist aus Patientendaten bekannt, dass eine bestimmte Krebsart, bei der eine genetische Ursache vermutet wird, beim Menschen familiär gehäuft auftritt. Aus Gewebeproben von operierten Patienten wird nach einem veränderten Gen oder mehreren veränderten Genen gesucht. Das erfolgt im Reagenzglas, im Vergleich mit gesundem Gewebe und im Abgleich mit vorhandenen Computerdaten, welche durch eine Sequenzierung des menschlichen Genoms zur Verfügung stehen. Parallel dazu werden von den Gewebeproben auch Zellkulturen angelegt.

Auf der Basis dieser vorhandenen Daten (Patientendaten, Untersuchungen anderer Arbeitsgruppen etc.) werden Hypothesen formuliert, die durch anschließende Untersuchungen entweder bestätigt oder verworfen werden. Wichtig ist hierbei, dass bezüglich der jeweiligen Frage die zu ihrer Beantwortung am besten geeignete Untersuchungsmethode verwendet wird. Wenn zum Beispiel untersucht werden soll, ob eine bestimmte neue Substanz die Vermehrung einer bestimmten Tumorzelle hemmen kann, indem der neue Stoff an ein Rezeptormolekül bindet, das wie ein Schalter funktioniert und so die Zellvermehrung *abschaltet*, dann können hierbei verschiedene Schritte untersucht werden, die im Folgenden kurz skizziert werden:

Bindet die neue Substanz an den im Körper vorkommenden Stoff (Rezeptormolekül)?

Zur Beantwortung dieser Frage kann bereits ein Computertest (sogenannte In-silico-Verfahren) ausreichend sein, sofern die Strukturen beider Substanzen bekannt sind (zum Beispiel QSAR-Systeme).[5] Wenn die

[3] Vgl. Teil 3 (Rechtliche Aspekte) des vorliegenden Sachstandsberichts.

[4] Vgl. Forumssekretariat des Forum Tierversuche in der Forschung (Hg.) 2012. Um einer breiten Leserschaft das Verständnis zu erleichtern, wird hier nur in Grundzügen und möglichst einfach dargestellt, wie Forschung funktioniert, auch wenn dadurch an dieser Stelle die Komplexität und Vielschichtigkeit von biomedizinischer Forschung in den Hintergrund tritt.

[5] QSAR-Systeme (Quantitative Structure Activity-Relationships) sind Computerprogramme, die eine neue chemische Struktur mit bereits bekannten chemischen Strukturen verglei-

Struktur einer oder auch beider Stoffe nicht bekannt ist, ist die beste Untersuchungsmethode ein Reagenzglastest, in dem außer den beiden Substanzen (zum Beispiel dem neuen Medikament und einem im Körper vorkommenden Rezeptormolekül) und einer geeigneten Reaktionslösung keine weiteren Stoffe enthalten sind, die das Bindeverhalten beeinflussen können.

Kann die bestimmte neue Substanz die Zellteilung abschalten und damit die Vermehrung von Tumorzellen hemmen?

Für die Beantwortung dieser Frage wird eine bekannte Anzahl der isolierten Tumorzellen in einer Kulturschale mit passendem Nährmedium gehalten und die neue Substanz direkt in die Zellkulturschale gegeben. Nach einer festgesetzten Zeit wird die Zellzahl bestimmt.

Hat die neue Substanz auch im lebenden Gesamtorganismus die gleiche Wirkung wie in der Zellkulturschale?

Diese Frage muss dann letzten Endes im Gesamtorganismus überprüft werden, d.h. im Tier(versuch). Der Grund hierfür ist, dass es Unterschiede gibt zwischen den künstlich geschaffenen In-vitro-Bedingungen (im Reagenzglas, in der Zellkulturschale) und der tatsächlichen In-vivo-Situation (im lebenden Organismus). So kann es sein, dass eine neue Substanz zwar sowohl im Reagenzglas an ein Rezeptormolekül bindet als auch in einer Zellkulturschale die Vermehrung von Tumorzellen hemmt, im Gesamtorganismus hingegen nicht wirkt oder starke unerwünschte Nebenwirkungen hat, sodass ein Einsatz der Substanz als Medikament nicht in Frage kommt.

Gründe dafür, dass die neue Substanz im Gesamtorganismus nicht wirkt, können sein:

- Die Stelle, an der sich der Tumor befindet, wird nicht erreicht, weil es keinen geeigneten Transportweg dorthin gibt, da der Tumor abgekapselt ist.
- Die neue Substanz bindet an andere im Körper vorkommende Strukturen fest und wird dadurch zurückgehalten.
- Die neue Substanz wird durch körpereigene Enzyme sehr schnell abgebaut und auf diese Weise inaktiviert.

Ein Grund für starke unerwünschte Nebenwirkungen kann sein, dass die neue Substanz auch die Vermehrung für den Körper wichtiger Zellen, wie zum Beispiel Blutzellen oder Zellen der Darmschleimhaut, hemmt.

---

chen. Es wird dabei davon ausgegangen, dass gleiche oder sehr ähnliche Strukturen sich auch in ihren biologischen Wirkungen gleichen. Aufgrund dieses Vergleiches werden dann Aussagen zur pharmakologischen Wirksamkeit und einer eventuellen Toxizität (Giftigkeit) getroffen.

Wichtig ist, dass bei entsprechenden Fragestellungen immer in der oben beschriebenen Reihenfolge vorgegangen wird. Dadurch können verschiedenste neue Stoffe einfach und schnell darauf vorgetestet werden, ob sie überhaupt an das Rezeptormolekül (den *Schalter*) binden bzw. eine Wirkung auf die Tumorzelle haben. Solche Substanzen, die einen der beiden Tests (Reagenzglastest, Zellkulturtest) nicht bestehen, werden dann gar nicht mehr aufwendig am Tier getestet. Ein solches Vorgehen spart nicht nur Zeit und Geld, sondern auch Tierversuche. Diese und andere Ersatz- und Ergänzungsmethoden werden sowohl in der akademischen Forschung als auch in der pharmazeutischen Industrie eingesetzt.[6] In der Industrie werden hierbei häufig computergesteuerte Untersuchungsverfahren, sogenannte *High-Throughput-Screenings*, verwendet, die einen hohen Probendurchsatz und eine hohe Kosteneffizienz erlauben.

Darüber hinaus gibt es Organsysteme, die nicht nur aus einem Zelltyp bestehen und/oder nicht nur an einer Stelle im Organismus vorkommen, sondern sich im Organismus weit verzweigen. Dazu gehören zum Beispiel das Herz-Kreislauf-System, das Nervensystem und das Immunsystem. Ein ganz einfaches und augenscheinliches Beispiel hierfür ist, dass weder im Reagenzglas noch in der Zellkulturschale mit Blutgefäßzellen ein Blutdruck bzw. eine Veränderung des Blutdrucks bei der Gabe eines neuen Medikaments gemessen werden kann. Im Reagenzglas kann in diesem Fall nur nachgewiesen werden, ob ein neues Medikament an ein Rezeptormolekül, das auf Blutgefäßzellen vorkommt, bindet. Falls das zutrifft, kann in einem anschließenden Zellkulturtest überprüft werden, ob bei Zugabe des neuen Medikaments eine Veränderung der Zelle ausgelöst wird, zum Beispiel eine Kontraktion oder eine erhöhte Durchlässigkeit der Zellwand.

Ob das neue Medikament jedoch auch den Blutdruck verändert, kann nur am Gesamtorganismus gemessen werden. Aber auch bei weiteren Erkrankungen wie Infektionskrankheiten oder Knochenheilung nach Knochenbrüchen findet ein komplexes Zusammenspiel aller Teile des lebenden Körpers statt, das sich nicht komplett in einem einfachen System nachbilden lässt. Auch ihre Abklärung muss ab einem gewissen Stadium in einer natürlichen Umgebung, d. h. in einem lebenden Organismus, stattfinden.

Zusammenfassend lässt sich sagen, dass es in der Forschung nicht nur darum geht, die richtigen Fragen zu stellen, sondern auch darum, die für die Beantwortung der Fragen geeigneten Methoden zu verwenden. Das

---

[6] Vgl. Teil 2 (Alternativmethoden) des vorliegenden Sachstandsberichts.

kann je nach Fragestellung ein Vergleich mit vorhandenen Daten in einem speziellen Computerprogramm, ein Reagenzglastest, ein Zellkulturtest oder auch ein Tierversuch sein.

1.2 *Forschungsbereiche*

Tiere werden in Deutschland in der Grundlagenforschung, der medizinisch-klinischen Forschung und im pharmazeutischen Bereich verwendet. Die Grundlagenforschung und die klinische Forschung werden schwerpunktmäßig an Universitäten und akademischen Forschungsorganisationen wie der Fraunhofer-Gesellschaft, der Helmholtz-Gemeinschaft, der Leibniz-Gemeinschaft und der Max-Planck-Gesellschaft durchgeführt. Der pharmazeutische Bereich wird primär durch die chemisch-pharmazeutische Industrie abgedeckt.

Das deutsche Tierschutzgesetz[7] gibt vor, wofür Tiere überhaupt verwendet werden dürfen. Vereinfacht ausgedrückt lässt sich zwischen einer sogenannten *einfachen Tiernutzung* (das Töten von Wirbeltieren, ausschließlich um ihre Organe oder Gewebe zu wissenschaftlichen Zwecken nach § 4 Abs. 3 TierSchG zu nutzen) und *Tierversuchen im engeren Sinn* (§ 7 Abs. 2 TierSchG) differenzieren.

Bei der *einfachen Nutzung* werden die Tiere schmerzlos getötet. Dann werden dem toten Tier Organe, Gewebe oder Zellen für In-vitro-Untersuchungen (zum Beispiel an isolierten Organen oder an Zellkulturen) entnommen.[8] Es können auch beim narkotisierten Tier Organe oder Gewebe zum Zwecke der Transplantation, des Anlegens von Kulturen oder für spezielle Laboruntersuchungen entnommen werden.[9] Die Entnahme von Organen und Gewebe beim narkotisierten Tier gilt seit der letzten Novellierung des Tierschutzgesetzes nicht mehr als *einfache Tiernutzung*. Nach der neuen Fassung des Tierschutzgesetzes, die am 13. Juli 2013 in Kraft getreten ist, werden diese als Tierversuche definiert (§ 7 Abs. 2 S. 2 Nr. 2 TierSchG). Alle diese Tiere, ob getötet oder narkotisiert, dienen als Spender von Organen, Geweben und Zellen, ohne dass an ihnen selbst Versuche durchgeführt werden.

---

7 Die nachfolgenden Ausführungen beziehen sich auf die neue Fassung des Tierschutzgesetzes, die am 13. Juli 2013 in Kraft getreten ist. Da die dem vorliegenden Text zugrunde liegenden Tierversuchszahlen 2012 auf der Grundlage der bis zum 13. Juli 2013 geltenden Fassung des Tierschutzgesetzes erfasst wurden, wird im Folgenden auch darauf verwiesen. Dies wird kenntlich gemacht mit dem Zusatz »a. F.« (alte Fassung).

8 Vgl. § 4 Abs. 3 TierSchG.

9 Vgl. § 6 Abs. 1 S. 2 Nr. 4 TierSchG.

Tierversuche sind nach § 7 Abs. 2 TierSchG

»Eingriffe oder Behandlungen zu Versuchszwecken
1. an Tieren, wenn sie mit Schmerzen, Leiden oder Schäden für diese Tiere verbunden sein können,
2. an Tieren, die dazu führen können, dass Tiere geboren werden oder schlüpfen, die Schmerzen, Leiden oder Schäden erleiden, oder
3. am Erbgut von Tieren, wenn sie mit Schmerzen, Leiden oder Schäden für die erbgutveränderten Tiere oder deren Trägertiere verbunden sein können.«

D. h. jedes Tier, das in einem Tierversuch eingesetzt wurde, ist zwar ein Versuchstier, aber nicht alle Versuchstiere werden in Tierversuchen verwendet. Die Zahl der Versuchstiere ist deutlich höher als die Anzahl der Tiere, die in Tierversuchen eingesetzt werden.

Tierversuche dürfen nach § 7a Abs. 1 TierSchG nur durchgeführt werden,

»soweit sie zu einem der folgenden Zwecke unerlässlich sind:
1. Grundlagenforschung,
2. sonstige Forschung mit einem der folgenden Ziele:
   a) Vorbeugung, Erkennung oder Behandlung von Krankheiten, Leiden, Körperschäden oder körperlichen Beschwerden bei Menschen oder Tieren,
   b) Erkennung oder Beeinflussung physiologischer Zustände oder Funktionen bei Menschen oder Tieren,
   c) Förderung des Wohlergehens von Tieren oder Verbesserung der Haltungsbedingungen von landwirtschaftlichen Nutztieren,
3. Schutz der Umwelt im Interesse der Gesundheit oder des Wohlbefindens von Menschen oder Tieren,
4. Entwicklung und Herstellung sowie Prüfung der Qualität, Wirksamkeit oder Unbedenklichkeit von Arzneimitteln, Lebensmitteln, Futtermitteln oder anderen Stoffen oder Produkten mit einem der in Nummer 2 Buchstabe a bis c oder Nummer 3 genannten Ziele,
5. Prüfung von Stoffen oder Produkten auf ihre Wirksamkeit gegen tierische Schädlinge,
6. Forschung im Hinblick auf die Erhaltung der Arten,
7. Aus-, Fort- oder Weiterbildung,
8. gerichtsmedizinische Untersuchungen.«

Versuche an Wirbeltieren und Kopffüßern dürfen darüber hinaus nur durchgeführt werden, »wenn die zu erwartenden Schmerzen, Leiden oder Schäden der Tiere im Hinblick auf den Versuchszweck ethisch vertretbar sind«[10].

[10] § 7a Abs. 2 Nr. 3 TierSchG.

Darüber hinaus dürfen Tiere eingesetzt werden für:
- vorgeschriebene Tierversuche (zum Beispiel durch ein Gesetz, eine Rechtsverordnung, das Arzneibuch)[11]
- Tierversuche an Dekapoden (Zehnfußkrebse)[12] und anderen wirbellosen Tieren[13]

Hinter den im Tierschutzgesetz genannten Nutzungszwecken stehen die in der Versuchstiermeldeverordnung (VersTierMeldV)[14] aufgeführten Hauptkrankheiten, für die in Forschung und Arzneimittelentwicklung Tiere erforderlich sind und die sich tabellarisch so darstellen lassen (siehe auch Abbildung 1):

Hauptkrankheit	Anteil der Tiere im Jahr 2012, die für die Erforschung von Erkrankungen von Mensch und Tier verwendet wurden.[15]
– Herz-Kreislauf-Erkrankungen	9,5%
– Erkrankungen des Nervensystems	16,5%
– Krebserkrankungen	18,7%
– Stoffwechselkrankheiten	7,9%
– Infektionskrankheiten	13,7%
– Erkrankungen des Immunsystems	9,5%
– andere Erkrankungen des Menschen	20,5%
– Tierkrankheiten	3,6%

Tabelle 1: Prozentsatz der jeweils verwendeten Tiere zur Erforschung der sogenannten Hauptkrankheiten (eigene Darstellung).

[11] Vgl. § 8a Abs. 1 Nr. 1 TierSchG.
[12] Vgl. § 8a Abs. 3 TierSchG.
[13] Vgl. § 8a Abs. 4 TierSchG.
[14] Die hier zugrunde gelegten Versuchstierzahlen 2012 wurden gemäß der Verordnung über die Meldung zu Versuchszwecken verwendeter Wirbeltiere oder Kopffüßer oder zu bestimmten anderen Zwecken verwendeter Wirbeltiere (Versuchstiermeldeverordnung) vom 4. November 1999 erfasst. Die Vorschrift wurde zum 17. Dezember 2013 aufgehoben und durch die Versuchstiermeldeverordnung vom 18. Dezember 2013 ersetzt. Die neue Fassung ist seit dem 1. Januar 2014 anzuwenden und ist dementsprechend erstmalig bei der Erfassung der Versuchstierzahlen 2014 zur Geltung gekommen.
[15] Vgl. Bundesministerium für Ernährung und Landwirtschaft (Hg.) 2013.

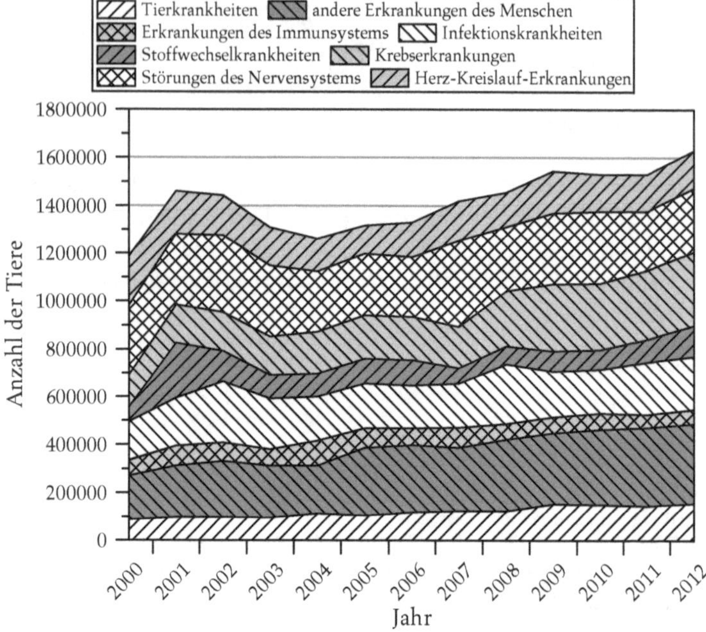

Abb. 1: Übersicht über die Anzahl der Tiere, die für jede Hauptkrankheit in den letzten Jahren verwendet wurden (eigene Darstellung).

Diese *Hauptkrankheiten* lassen sich noch weiter auffächern.[16] In Tabelle 2 sind aktuelle Schwerpunkte der Grundlagenforschung und der medizinisch-klinischen Forschung aufgeführt, die auch den Einsatz von Tieren erfordern.

Die pharmazeutische Forschung baut bei der Suche nach neuen Medikamenten und Therapieansätzen ihrerseits auf den Ergebnissen der Grundlagen- und medizinisch-klinischen Forschung auf. Sie hat ihren Ausgang im akademischen Bereich und wird dann überwiegend von der chemisch-pharmazeutischen Industrie und den forschenden Arzneimittelherstellern durchgeführt. Dieser Bereich gliedert sich in drei Phasen:[17]

---

[16] Vgl. Deutsche Forschungsgemeinschaft (Hg.) 2004.

[17] Vgl. Verband Forschender Arzneimittelhersteller (Hg.) 2009.

Die **Grundlagenforschung** untersucht: →	Die **medizinisch-klinische Forschung** baut darauf auf und will so erreichen:
– zellbiologische und molekulargenetische Grundlagen der Entstehung und des Wachstums von Krebszellen	– grundlegend neue Diagnose- und Behandlungsverfahren gegen Krebserkrankungen oder Schutzimpfungen gegen verschiedene Krebsarten
– Funktion von Viren und deren Interaktion mit Wirtszellen	– gezielte Behandlungen von Virusinfektionen – Impfstoffe gegen AIDS und neu auftretende Infektionserreger wie zum Beispiel den Erreger des Schweren Akuten Respiratorischen Syndroms (Severe Acute Respiratory Syndrome, SARS)
– Funktion des Nervensystems zum besseren Verständnis der Gehirnfunktionen, Regeneration von Nervenfasern und Aufdeckung neuer therapeutischer Angriffspunkte	– kausale, wirkungsvolle Therapien gegen Alzheimer, Parkinson, Querschnittslähmung
– Funktion des Herzens und der Blutgefäße	– Verbesserungen bei der Vorbeugung und der Therapie von Herzinfarkten, Herzversagen, Schlaganfällen und anderen Kreislauferkrankungen
– Immunbiologie und Kommunikation der Zellen des Immunsystems miteinander	– die gezielte Stimulation von Abwehrzellen gegen Krebszellen, Viren, Bakterien und Parasiten – neue Behandlungsformen bei Autoimmunerkrankungen wie Rheuma und Multiple Sklerose (MS) – verbesserte Allergiebehandlungen bzw. Verhinderung der Entwicklung einer Allergie
– Stammzellen	– Behandlungsmethoden bei neurologischen Erkrankungen (zum Beispiel Morbus Parkinson) oder bei Gewebeersatz (zum Beispiel Herzinfarkt) – sogenannte *Gehirnprothesen* (Neuroprothetik)

Die **Grundlagenforschung** untersucht: →	Die **medizinisch-klinische Forschung** baut darauf auf und will so erreichen:
– Funktion und Zusammenwirken von Genen (Genomforschung) mithilfe von gentechnisch veränderten Mäusen (*Knock-out* Mäuse und *transgene* Mäuse)	– neue Modelle für Krankheitsbilder des Menschen, zum Beispiel Alzheimer, Diabetes mellitus (Zuckerkrankheit), Taubheit
– Kontrolle der Genexpression	– Aufklärung von Funktion und Funktionsstörungen des Kreislaufsystems, der Fortpflanzungsorgane, des Hormonsystems
– Möglichkeiten für einen Gentransfer zur Behandlung von erblich bedingten Erkrankungen	– neue Ansätze der somatischen Gentherapie, zum Beispiel bei erblicher Immundefizienz
– die Entstehung und Entwicklung von Organen	– Verbesserungen der Transplantationsverfahren von künstlichen Organen, um ausgefallene Organfunktionen zu ersetzen (Biomaterialien)

Tabelle 2: Aktuelle Schwerpunkte der Grundlagen- und medizinisch-klinischen Forschung, die auch den Einsatz von Tieren erfordern (eigene Darstellung auf Basis von Deutsche Forschungsgemeinschaft (Hg.) 2004).

- die *Forschungsphase*, in der nach neuen Wirksubstanzen und nach neuen Wirkmechanismen gesucht wird. Dabei werden viele Ersatz- und Ergänzungsmethoden (zum Beispiel *High-Throughput-Screenings* auf der Basis von Reagenzglas- und Zellkulturtests und QSAR-Systemen zum Ersatz von Tierversuchen eingesetzt[18]
- die *Entwicklungsphase*, in der die Wirksamkeit und Sicherheit der neuen Wirkstoffe im Detail untersucht wird. Hierunter fallen auch die vorgeschriebenen Testverfahren auf Nebenwirkungen und mögliche giftige (toxische) Eigenschaften
- die *Vermarktungsphase*, die sich an die Zulassung eines neuen Arzneimittels anschließt. Dazu gehören ebenfalls vorgeschriebene Qualitätskontrollen und Sicherheitsprüfungen von Herstellungschargen, wie zum Beispiel die Überprüfung der Wirksamkeit von Impfstoffen, Hormonen oder Tests auf Pyrogenfreiheit (Freiheit von fieberauslösenden Substanzen)

[18] Siehe Teil 2 (Alternativmethoden) des vorliegenden Sachstandsberichts.

Der Großteil aller im pharmazeutischen Bereich durchgeführten Tierstudien dient der Überprüfung von Arzneimitteln auf ihre Qualität, Wirksamkeit und Unbedenklichkeit und ist durch die nationale oder die europäische bzw. durch die internationale Gesetzgebung vorgeschrieben.[19]

Laut dem Verband Forschender Arzneimittelhersteller (vfa) bearbeiten dessen Mitglieder zurzeit Arzneimittelprojekte für folgende medizinische Gebiete:[20]

- Krebserkrankungen (33%)
- Entzündungskrankheiten (z. B. Rheumatoide Arthritis, Asthma, Multiple Sklerose, Morbus Crohn, Schuppenflechte) (17%)
- Infektionskrankheiten (12%)
- Herz-Kreislauf-Erkrankungen (8%)
- Diabetes Typ 2 (5%)

---

[19] Vgl. Verband Forschender Arzneimittelhersteller (Hg.) 2012.

[20] Vgl. Verband Forschender Arzneimittelhersteller (Hg.) 2013. Die Angaben beruhen auf einer Umfrage, die der Verband unter seinen Mitgliedsunternehmen durchgeführt hat. Konkret haben folgende Arzneimittelprojekte der Mitgliedsfirmen des vfa die Aussicht, bis Ende 2017 zu einer Medikamenten-Zulassung oder Zulassungserweiterung zu führen: AIDS/HIV-Infektion; Akromegalie; akutes Koronarsyndrom (ACS); Alkoholabhängigkeit; Alzheimer-Demenz (Morbus Alzheimer); Anästhesie; Angina pectoris; Angststörungen; ankylosierende Spondylitis; Arthritis; Arthrose (Osteoarthrose, nicht Arthritis); Asthma; Atherosklerose; Aufmerksamkeits-Defizit-Hyperaktivitäts-Syndrom (ADHS); bakterielle Infektionen; Bewegungsstörungen; Bilharziose; bipolare Störung; Blutarmut; Blutgerinnsel; Castleman's Disease; Hypercholesterinämie; Hyperlipidämie; chronisch obstruktive Lungenerkrankung (COPD); Colitis ulcerosa; Cytomegalie-Virus-Infektion; Dengue-Fieber; Depression; Diabetes Typ 1; Diabetes Typ 2; diabetische Folgeerkrankungen; Drei-Monats-Koliken; Duchenne-Muskeldystrophie; Endometriose; Epilepsie; Fettdepots unter dem Kinn; Fragile-X-Syndrome; Gicht; Grippe (Influenza); Gürtelrose (Herpes zoster); Hämophilie A; Hämophilie B; Harnstoffzyklusdefekte; Hepatitis C; akut dekompensierte Herzinsuffizienz; chronische Herzinsuffizienz; Hidradenitis suppurativa; Inkontinenz; koronare Herzkrankheit; Amyloidose; Krebs: Basalzellkarzinom; Bauchspeicheldrüsenkrebs (Pankreaskarzinom); Brustkrebs; Darmkrebs; Eierstockkrebs; Endometriumkarzinom; Gebärmutterhalskrebs; Glioblastom; Kopf-Hals-Tumoren; Supportivtherapie; chronische Lebererkrankung; Lipidstörung; idiopathische Lungenfibrose; Lungenhochdruck; Lupus erythematodes und nephritis; Makula-Degeneration; Malaria; Meningitis; Migräne; Morbus Crohn; Morbus Gaucher; Multiple Sklerose; Mumps; Masern; Röteln; Windpockenerkrankungen; Myelofibrose; Nesselsucht (Urtikaria); Netzhauterkrankungen; chronische Nierenerkrankung; akutes Nierenversagen; Osteoarthrose; postmenopausale Osteoporose; Morbus Parkinson; periphere arterielle Verschlusskrankheit (pAVK); Phenylketonurie und Tetrahydrobiopterin-4-Mangel; Pilzinfektionen; Polymyalgia rheumatica; gutartige Prostatavergrößerung; Psoriasis; Psoriasis-Arthritis; Reizdarmsyndrom; Restless-Legs-Syndrom; rheumatoide Arthritis; juvenile rheumatoide Arthritis; Riesenzellarteriitis; Schistosomiasis; schizoaffektive Störungen; Schizophrenie; ischämischer Schlaganfall; Schmerzen; Spastiken der Extremitäten; Spondylarthritis; systemische Sklerose; Thrombosen; Transplantation; Tuberkulose; Uveitis; überaktive Blase; Vaskulitis; Venenthrombosen und Embolien; Vorhofflimmern; Wechseljahresbeschwerden; erbliche Zystennieren.

- psychische Erkrankungen (z.B. Depression, Schizophrenie, bipolare Störung) (5%)
- Schmerzen (3%)
- neurodegenerative Erkrankungen (z.B. Alzheimer, Parkinson) (2%)
- andere Erkrankungen des Nervensystems (2%)
- chronisch-obstruktive Lungenkrankheit (2%)
- Blutbildungsstörungen (2%)
- Augenkrankheiten (2%)
- urologische Krankheiten (2%)
- sonstige medizinische Gebiete (2%)
- Osteoporose (1%)
- andere Stoffwechselkrankheiten (1%)
- frauenspezifische Erkrankungen (1%)

Einen Überblick über die Beispiele aus der Medizin, bei denen das Tierexperiment wesentlich zu der Entwicklung von Diagnosemöglichkeiten und Therapien beigetragen hat, stellt die Deutsche Forschungsgemeinschaft (DFG) zur Verfügung. Dazu führt sie auf:

»1900
- Behandlung von Vitaminmangelerkrankungen wie Rachitis
- Elektrokardiographie beim *Frosch* (EKG) und Herzkatheter
- Passive Immunisierung gegen Tetanus und Diphtherie (Kaninchen, Maus, Pferd als Serumspender, Meerschweinchen)
- Erste Transplantationsversuche an der Maus

1920
- Entdeckung des Schilddrüsenhormons und damit Möglichkeiten der Behandlung der Schilddrüsenunterfunktion
- Entdeckung der Blutzuckerregelung durch Insulin (erste Versuche am Hund)

1930
- Therapeutischer Nutzen der Sulfonamide, einer Arzneigruppe synthetisch hergestellter Antibiotika, die bei Syphilis eingesetzt wurden
- Aktive Impfung gegen Tetanus
- Entwicklung von Blutgerinnungsfaktoren, von modernen Anästhetika und neuromuskulären Hemmstoffen

1940
- Therapie der rheumatischen Arthritis und des Keuchhustens
- Entdeckung des therapeutischen Nutzens verschiedener Antibiotika wie beispielsweise Penicillin und Streptomycin
- Entdeckung des Rhesusfaktors (Kaninchen und Rhesusaffen)
- Behandlung von Lepra
- Faktoren zur Beurteilung der Gewebeverträglichkeit bei Transplantationen

1950
- Schluckimpfung gegen Kinderlähmung
- Entwicklung erster Chemotherapien gegen Krebs
- Herzschrittmacher und Operationen am offenen Herzen

1960
- Impfung gegen Röteln
- Bypassoperation am Herzen
- Therapeutischer Nutzen von Cortison
- Entwicklung von Radioimmunoassays (RIA) für den Nachweis von winzigen Mengen an Antikörpern, Hormonen und anderen Substanzen im Körper
- Entdeckung von Substanzen gegen Bluthochdruck

1970
- Impfung gegen Masern, Ausrottung der Pocken
- Behandlung von Durchblutungsstörungen der Herzkranzgefäße
- Herztransplantation
- Entwicklung von neuen, nicht süchtig machenden Schmerzmitteln
- Entdeckung der Onkogenese (= Entstehung und Entwicklung bösartiger Tumoren)
- Lasertherapie bei Netzhautablösung
- Erste Medikamente gegen Viren
- Entwicklung monoklonaler Antikörper (= Antikörper aus Nachkommen von genetisch identischen Zellen) (Maus)
- Verbesserungen in der Intensivmedizin

1980
- Organtransplantationen (Hund, Schwein)
- Einsatz von Cyclosporin, einem Antibiotikum zur Minderung der Abstoßungsreaktion bei Transplantationen
- Implantation von Kunstherzen
- Impfstoffe gegen Hepatitis B
- Azidothymidin (AZT) zur Behandlung von AIDS
- Behandlung der Taubheit mit Hilfe von Cochlea-Implantaten (= Innenohrimplantat) (Katze)
- Cholesterinsenkende Medikamente
- Entdeckung der tumorunterdrückenden Gene
- Untersuchungen zur Entstehung von Krebsmetastasen
- Behandlung von Leukämie im Kindesalter
- Auflösung von Nierensteinen mit Hilfe von Ultraschall
- Diagnose und Behandlung der Borreliose, einer bakteriellen Infektionskrankheit, die durch Zecken übertragen wird

1990
- Verbesserungen auf dem Gebiet der minimalinvasiven Operationstechniken (Endoskopie) zur Schonung des Patienten und dessen schnellerer Genesung

- Neue diagnostische und therapeutische Ansätze bei der Behandlung des Brustkrebses
- Aufschlüsselung von erblichen Dispositionen und Umwelteinflüssen für die Entstehung von Brustkrebs

2000
- Entschlüsselung des Genoms von Drosophila, Maus, Ratte, Mensch.«[21]

1.3 *Gentechnisch veränderte Tiere*

Gentechnisch veränderte Tiere (häufig nur als *transgene Tiere* bezeichnet) sind ein wesentlicher Bestandteil der biomedizinischen Forschung und auch aus der Arzneimittelentwicklung nicht mehr wegzudenken. Mithilfe gentechnischer Methoden können seit einigen Jahren auch für Krankheiten des Menschen, für die es bisher keine vergleichbaren Erkrankungen bei Tieren gab, gezielt Untersuchungsmodelle erzeugt werden. Das ermöglicht große Fortschritte bei der Aufklärung dieser Krankheiten und erhöht die Chance für die Entwicklung neuer oder besserer Therapien oder auch Prophylaxen. Es gibt zwei grundlegend verschiedene Hauptvarianten, das Genom von Tieren zu verändern:

Inaktivierung (Ausschaltung) von Genen, sogenannte Knock-out-Tiere:

Durch die Inaktivierung eines Gens kommt es zu einem Funktionsverlust *(loss of function)*. Diese Tiere werden im Wesentlichen zur Bestimmung der Genfunktion im Gesamtorganismus (funktionale Genomanalyse) und zur Abklärung von Gendefekten als mögliche Krankheitsursache eingesetzt. Entsteht beispielsweise bei *Knock-out*-Tieren, bei denen ein bestimmtes Gen ausgeschaltet wurde, eine Erkrankung, dann lässt sich daraus schließen, dass ein Defekt dieses Gens eine wichtige Rolle bei der Krankheitsentstehung spielt. Mit solchen Tieren kann diese Krankheit näher untersucht und möglicherweise eine neue Therapie gegen sie entwickelt werden.

Einfügung eines zusätzlichen Gens, sogenannte transgene Tiere:

Durch die Einführung eines zusätzlichen Gens wird ein Funktionsgewinn *(gain of function)* oder eine Überaktivität von einzelnen Genen erreicht. Sie dient zur Abklärung einer möglichen Krankheitsursache, die durch eine (gesteigerte) Aktivität von Genen hervorgerufen wird. Diese (gesteigerte) Aktivität kann sich auf die Art oder auf die Menge des Genprodukts (Proteins) beziehen, aber auch auf eine Aktivität zu einem falschen Zeitpunkt oder am falschen Ort im Körper.

---

[21] Deutsche Forschungsgemeinschaft (Hg.) 2004: 12 f.

Als Versuchstierspezies für die Erzeugung gentechnisch veränderter Tiere werden neben den klassischen Labortieren (Mäusen, Ratten, Kaninchen und Amphibien) zum Teil auch Nutztiere (Schweine) verwendet. Nutztiere nehmen einen deutlich geringeren Anteil ein und 2012 waren es hier lediglich 122 Schweine. Die Auswahl der Tierart sowie die Methode zur Erstellung gentechnisch veränderter Tiere richten sich nach dem jeweiligen Projektziel. Die Haupttierart ist aber auch bei den gentechnisch veränderten Tieren die Maus, da hier die technischen Möglichkeiten am besten entwickelt sind. Ihr Anteil an den gentechnisch veränderten Tieren beträgt 95%. Gentechnisch veränderte Tiere können gezielt für sehr viele verschiedene Krankheitsbilder des Menschen erzeugt werden und können deshalb in der Forschung sehr breit eingesetzt werden. Einige wenige Beispiele sind die Krebsforschung, Untersuchungen zur Alzheimerschen Krankheit oder auch zur Multiplen Sklerose.[22]

1.4 *Zwecke, für die keine Tierversuche durchgeführt werden dürfen*

Keine Tierversuche dürfen durchgeführt werden »zur Entwicklung oder Erprobung von Waffen, Munition und dazugehörigem Gerät«[23]. Grundsätzlich verboten sind auch »Tierversuche zur Entwicklung von Tabakerzeugnissen, Waschmitteln und Kosmetika«, allerdings kann hier das Bundesministerium für Ernährung und Landwirtschaft (BMEL)[24] durch Rechtsverordnungen Ausnahmen bestimmen, »soweit es erforderlich ist, um

1. konkrete Gesundheitsgefährdungen abzuwehren, und die notwendigen neuen Erkenntnisse nicht auf andere Weise erlangt werden können, oder
2. Rechtsakte der Europäischen Gemeinschaft oder der Europäischen Union durchzuführen.«[25]

Auch für die *Entwicklung* von Kosmetika dürfen nach dem Tierschutzgesetz *keine* Tierversuche eingesetzt werden. Allerdings ist für alle Rohstoffe in der einschlägigen Gesetzgebung bindend vorgeschrieben, dass für jede Einzelsubstanz toxikologische Untersuchungen durchgeführt

---

[22] Auf die verschiedenen Methoden und Variationsmöglichkeiten bei der Erzeugung von gentechnisch veränderten Tieren kann hier nicht näher eingegangen werden. Eine gute Übersicht hierzu findet sich in: Gesellschaft für Versuchstierkunde (Hg.) 2012.

[23] § 7a Abs. 3 TierSchG.

[24] Bis 2013 lautete der Name des Ministeriums ›Bundesministerium für Ernährung, Landwirtschaft und Verbraucherschutz‹ (BMELV).

[25] § 7a Abs. 4 TierSchG.

werden müssen. Diese erfordern zum Teil auch Tierexperimente.[26] Die Verpflichtung besteht unabhängig von der späteren Verwendung der Stoffe. Dies bedeutet, dass jede Einzelsubstanz, die für die Herstellung von Kosmetika verwendet wird, bereits im Tierversuch untersucht wurde. Zur Absicherung des fertigen Kosmetikprodukts sind *keine* Tierversuche mehr erforderlich. Die Sicherheitsbewertung erfolgt hier anhand der Daten der bereits untersuchten einzelnen Inhaltsstoffe.

Es gibt auf europäischer Ebene große Bemühungen, das Testen von Chemikalien für Kosmetika gänzlich ohne den Einsatz von Tierversuchen durchzuführen. Hierfür hat die Europäische Kommission die *European Partnership on Alternative Approaches to Animal Testing (EPAA*[27]) ins Leben gerufen. Die darin vertretenen Interessensgruppen haben sich gemeinsam mit der Kommission zum Ziel gesetzt, die Vorgaben in der EU für die notwendigen Sicherheitstests weiter zu vereinheitlichen und die Anerkennung alternativer Testverfahren (Ersatz- und Ergänzungsmethoden) in der EU zu beschleunigen. Das Hauptproblem beim Ersatz von Tierversuchen im regulatorischen (rechtlich vorgeschriebenen) Bereich besteht derzeit darin, dass es noch nicht genügend Ersatz- und Ergänzungsmethoden gibt, die für Sicherheitsuntersuchungen offiziell zugelassen sind.[28]

Dennoch hat die EU mit der Änderung ihrer sogenannten Kosmetikrichtlinie[29] im Jahr 2003 ein zweistufiges Vermarktungsverbot beschlossen, wonach seit dem 11. März 2009 nur noch Kosmetika vermarktet werden dürfen, die ausschließlich mit Inhaltsstoffen hergestellt wurden, die entweder vor diesem Termin sicherheitstechnisch bewertet wurden oder für die überhaupt keine Tierversuche mehr für die Sicherheitsbewertung durchgeführt werden müssen. Ausgenommen waren Tests in Bezug auf Toxizität bei wiederholt verabreichter Dosis, Reproduktionstoxizität und Toxikokinetik. Seit dem Inkrafttreten der letzten Stufe des EU-weiten Verbots von Tierversuchen für Kosmetika am 11. März 2013 sind auch diese drei Tests verboten. Das Vermarktungsverbot bedeutet, dass auch Kosmetika, die außerhalb der Europäischen Union hergestellt werden

26 Vgl. Chemikaliengesetz (ChemG); Gefahrstoffverordnung (GefStoffV); Richtlinie 93/42/EWG des Rates vom 14. Juni 1993 über Medizinprodukte.

27 URL http://www.epaa.eu.com [28.11.2014].

28 Vgl. Abschnitt 5 (»Tierversuche, die noch nicht ersetzt werden können«) des Teils 2 (Alternativmethoden) des vorliegenden Sachstandsberichts.

29 Richtlinie 2003/15/EG des Europäischen Parlaments und des Rates vom 27. Februar 2003 zur Änderung der Richtlinie 76/768/EWG des Rates zur Angleichung der Rechtsvorschriften der Mitgliedstaaten über kosmetische Mittel (»Kosmetikrichtlinie«).

und die nicht den oben genannten Kriterien entsprechen, nicht in der EU verkauft werden dürfen.

2. Herkunft der Versuchstiere

§ 19 TierSchVersV bestimmt, dass Wirbeltiere (mit Ausnahme von Pferden, Rindern, Schweinen, Schafen, Ziegen, Hühnern, Tauben, Puten, Enten, Gänsen und Fischen), Kopffüßer sowie Zebrabärblinge nur für Tierversuche verwendet werden dürfen, wenn sie für einen solchen Zweck gezüchtet worden sind. Für Versuchszwecke gezüchtete Hunde, Katzen und Affen müssen darüber hinaus dauerhaft gekennzeichnet werden.[30]

Für einen Import von Tieren aus Ländern, die nicht Mitgliedsstaaten der Europäischen Union sind (sogenannte Drittländer), muss eine tierschutzrechtliche Einfuhrgenehmigung beantragt werden. Im Rahmen des Antragsverfahrens wird dann von der Behörde überprüft, ob es sich um Tiere handelt, die eigens für Versuchszwecke gezüchtet wurden.[31]

Um hier eine angemessene Transparenz zu erreichen, müssen in der jährlichen Meldung der Versuchstierzahlen Angaben zur Bezugsquelle, also zur Herkunft der Tiere, gemacht werden. Hierfür stehen laut der für 2012 geltenden Versuchstiermeldeverordnung, auf die sich dieser Artikel bezieht, folgende Herkunftskategorien zur Verfügung:[32]

- Zucht- oder Liefereinrichtung innerhalb Deutschlands, die für ihre Tätigkeit eine Erlaubnis nach § 11 Abs. 1.1.1 TierSchG a. F.[33] erhalten hat
- andere amtlich registrierte oder zugelassene Einrichtung innerhalb der Europäischen Union
- ein Staat, der das Europäische Versuchstierübereinkommen ratifiziert hat, aber nicht Mitglied der Europäischen Union ist
- andere Staaten

Die Versuchstiermeldeverordnung vom 18. Dezember 2013 sieht für die Versuchstiermeldungen ab dem 01. Januar 2014 anstelle der oben genannten Herkunftskategorien künftig folgende Angaben zum Geburtsort vor:

30 Vgl. § 11a Abs. 3 TierSchG.

31 Vgl. § 11a Abs. 4 TierSchG.

32 Vgl. Hinweise zum Ausfüllen des Erhebungsbogens – VersTierMeldV vom 4. November 1999.

33 TierSchG in der Fassung vom 18. Mai 2006, zuletzt geändert durch das Gesetz vom 15. Dezember 2010.

- (O1) in der EU in einem registrierten Zuchtbetrieb geborene Tiere
- (O2) in der EU, jedoch nicht in einem registrierten Zuchtbetrieb geborene Tiere
- (O3) im restlichen Europa geborene Tiere
- (O4) in der restlichen Welt geborene Tiere

3. Tierarten und ihre Verwendung

3.1 *Forschung für den Menschen*

Die meisten der in Deutschland für die Forschung eingesetzten Tiere sind Mäuse und Ratten. Unter Berücksichtigung von jährlichen Schwankungen liegt der Anteil von Mäusen und Ratten bei 70–86% der Tiere, gefolgt von Fischen (4–14%), Kaninchen (3–6%) und Vögeln (2–5%). Der Anteil an landwirtschaftlichen Nutztieren (Pferde, andere Equiden, Rinder, Schafe, Ziegen und Schweine) liegt durchschnittlich bei etwa 1%, der der Reptilien und Amphibien unter 1%. Die Verwendung von Katzen und Hunden hat über die letzten Jahre stetig abgenommen. Sie lag im Jahr 2012 bei 0,03% (= 863 Katzen) bzw. 0,08% (= 2.612 Hunde) der eingesetzten Tiere. Von den verwendeten Hunden waren rund 50% (= 1.321 Tiere) für Qualitätskontrollen und toxikologische Untersuchungen für Medikamente erforderlich, die zum größten Teil vorgeschrieben sind. Auch Affen werden von Jahr zu Jahr weniger verwendet – ihr Anteil betrug 2012 0,05% (= 1.686 Tiere). Hiervon wurden 58% (= 974 Tiere) aufgrund von Rechtsvorschriften für verpflichtende toxikologische Untersuchungen bzw. Sicherheitsprüfungen eingesetzt. Es verbleiben 342 Tiere für die Forschung und 370 für andere Zwecke. Menschenaffen werden seit 1992 in Deutschland nicht mehr in der Forschung eingesetzt.

Außer für Qualitätskontrollen, toxikologische Untersuchungen und andere Sicherheitsprüfungen werden Tiere für die Erforschung von Krankheiten eingesetzt. Die folgende Übersicht in Tabelle 4 ordnet die verschiedenen Tierarten bzw. Tiergruppen den Krankheitsgebieten zu, für deren Erforschung sie überwiegend verwendet werden. Als weitere Informationen sind die Anzahl der im Jahr 2012 verwendeten Tiere und ihr prozentualer Anteil angegeben.

Tierart/Tiergruppe	Anzahl an Tieren in 2012[34] (BRD)	in %	Erforschung von Krankheiten des Menschen oder Erforschung von Tierkrankheiten und weitere Forschungsgebiete[35]
Mäuse (Mus musculus)	2.243.469	72,82	– Erkrankungen des Nervensystems – Krebserkrankungen – Stoffwechselerkrankungen – Infektionskrankheiten – Erkrankungen des Immunsystems – Entwicklung und Wirksamkeitsprüfung von Arzneimitteln – Genomforschung
Ratten (Rattus norvegicus)	418.145	13,57	– Herz-Kreislauf-Erkrankungen – Erkrankungen des Nervensystems – Krebserkrankungen – Stoffwechselerkrankungen – Entwicklung und Wirksamkeitsprüfung von Arzneimitteln – Genomforschung
Meerschweinchen (Cavia porcellus)	23.599	0,76	– Infektionskrankheiten – Tierkrankheiten – Erforschung von Impfstoffen und von Arzneimitteln gegen Allergien, insbesondere Asthma
Hamster (Mesocricetus)	5.418	0,17	– Erkrankungen des Nervensystems – Stoffwechselkrankheiten
andere Nagetiere (andere Rodentia)	6.765	0,21	– andere Erkrankungen des Menschen – Tierkrankheiten – Infektionskrankheiten – Erkrankungen des Nervensystems

[34] Zahlen entnommen aus: Bundesministerium für Ernährung und Landwirtschaft (Hg.) 2013.

[35] Vgl. Deutsche Forschungsgemeinschaft (Hg.) 2004; siehe auch: Eheim 1998.

Tierart/Tiergruppe	Anzahl an Tieren in 2012 (BRD)	in %	Erforschung von Krankheiten des Menschen oder Erforschung von Tierkrankheiten und weitere Forschungsgebiete
Kaninchen (Oryctolagus cuniculus)	97.236	3,15	– andere Erkrankungen des Menschen – Stoffwechselkrankheiten – Herz-Kreislauf-Erkrankungen – Entwicklung von Impfstoffen und Immunseren – Wirksamkeitsprüfung von Arzneimitteln – Arterienverkalkung
Katzen (Felis catus)	863	0,028	– Tierkrankheiten – Erkrankungen des Nervensystems – Herzchirurgie – Entwicklung von Hörhilfen – Erforschung der Katzenleukose
Hunde (Canis familiaris)	2.612	0,084	– Tierkrankheiten – Herz-Kreislauf-Erkrankungen – Krebserkrankungen – Herzchirurgie – Knochenmarkstransplantation – Osteosynthese – Diabetesforschung – Operationstechniken
Frettchen (Mustela putorius furo)	51	0,0016	– andere Erkrankungen des Menschen – Tierkrankheiten – Erkrankungen des Nervensystems
andere Fleischfresser (andere Carnivora)	515	0,016	– Tierkrankheiten
Pferde, Esel, Maultiere und Maulesel (Equidae)	1.091	0,035	– Tierkrankheiten – Erkrankungen des Immunsystems – Entwicklung und Gewinnung von Impfstoffen

Tierart/Tiergruppe	Anzahl an Tieren in 2012 (BRD)	in %	Erforschung von Krankheiten des Menschen oder Erforschung von Tierkrankheiten und weitere Forschungsgebiete
Schweine (Sus)	16.310	0,5	– Tierkrankheiten – andere Erkrankungen des Menschen – Herz-Kreislauf-Erkrankungen – Infektionskrankheiten des Menschen – Transplantationschirurgie – Osteosynthese – Osteoporoseforschung – Notfallchirurgie – Diabetesforschung – Operationstechniken
Ziegen (Capra)	726	0,023	– Krebserkrankungen – Herz-Kreislauf-Erkrankungen
Schafe (Ovis)	3.084	0,10	– Herz-Kreislauf-Erkrankungen – Tierkrankheiten – Infektionskrankheiten
Rinder (Bos)	5.417	0,17	– Tierkrankheiten – Infektionskrankheiten – Entwicklung und Gewinnung von Impfstoffen
Halbaffen (Prosimia), zum Beispiel Lemuren, Loris	120	0,0038	– Erkrankungen des Immunsystems – Krebserkrankungen – Infektionskrankheiten – Erkrankungen des Nervensystems
Neuweltaffen (Ceboidea), zum Beispiel Totenkopfaffen, Weißbüschelaffen	216	0,007	– andere Erkrankungen des Menschen – Erkrankungen des Nervensystems
Altweltaffen (Cercopithecoidea), zum Beispiel Rhesusaffen, Javaneraffen	1.350	0,04	– Herz-Kreislauf-Erkrankungen – andere Erkrankungen des Menschen – Kognition / Funktion höherer Zentren – Psychopharmaka

Tierart/Tiergruppe	Anzahl an Tieren in 2012 (BRD)	in %	Erforschung von Krankheiten des Menschen oder Erforschung von Tierkrankheiten und weitere Forschungsgebiete
Menschenaffen (Hominoidea)	0	0,00	*Es wurden seit 1992 keine Tiere mehr in der Forschung verwendet.*
andere Säugetiere (andere Mammalia)	1.302	0,04	– Infektionskrankheiten
Wachteln (Coturnix coturnix)	1.043	0,03	– toxikologische Untersuchungen oder andere Sicherheitsprüfungen
andere Vögel (andere Aves)	74.805	2,42	– Tierkrankheiten – Infektionskrankheiten
Reptilien (Reptilia)	685	0,02	– Tierkrankheiten
Amphibien (Amphibia)	9.509	0,3	– Herz-Kreislauf-Erkrankungen – Erkrankungen des Nervensystems – andere Erkrankungen des Menschen
Fische (Pisces)	166.396	5,4	– Tierkrankheiten – Infektionskrankheiten – Krebserkrankungen
insgesamt im Jahr 2012 in Deutschland verwendete Tiere	3.080.727	100	

Tabelle 4: Tierarten, -zahlen und relevante Krankheitsgebiete anhand der Zahlen von 2012 (eigene Darstellung).

3.2 *Forschung für das Tier*

Die Ergebnisse aus der tierexperimentellen Forschung für den Menschen kommen auch bei der Entwicklung neuer Diagnose- und Behandlungsverfahren in der Tiermedizin zum Einsatz. Beispiele für die Übernahme von Behandlungsmethoden aus der Humanmedizin sind verschiedenste Operationstechniken (zum Beispiel bei einem Bandscheibenvorfall, einem Bänderriss oder einem Gelenkersatz), Techniken zur Tumortherapie, zur Behandlung von Herz-Kreislauf-Erkrankungen oder Diabetes bei Hunden sowie die Verwendung bildgebender Verfahren bei der Diagnostik (zum Beispiel von Röntgengeräten und Computertomographien). Die Übertragung neuer Methoden ist häufig ohne Schwierigkeiten machbar, da deren Erforschung und Entwicklung am Tier erfolgte, unter Umständen sogar an der gleichen Spezies. Aber auch in der Veterinärmedizin kann nicht auf den Einsatz von Versuchstieren verzichtet werden. Das geht auch aus den vom BMEL jährlich veröffentlichten Versuchstierzahlen hervor.

Auf der Basis der Zahlen für das Jahr 2012 zeigt sich zum Beispiel, dass von den für die Erforschung von Erkrankungen verwendeten Tieren rund 94% der Katzen, 90% der Vögel, 70% der landwirtschaftlichen Nutztiere und 40% der Hunde, die in Tierversuchen eingesetzt werden, direkt für die Erforschung von Tierkrankheiten verwendet werden. Bei der Forschung für das Tier werden die Versuche oft an der Tierart durchgeführt, der sie später zugutekommen soll. Gleichwohl haben Tiere auch eine Stellvertreterfunktion für andere Spezies. Jährlich werden zwischen 16.000 und 40.000 Nagetiere, die selten in tierärztlichen Praxen behandelt werden, ausschließlich für die Erforschung von Tierkrankheiten eingesetzt.

4. Versuchstierzahlen in Deutschland

4.1 *Erfassung der Versuchstierzahlen*

Seit dem Jahr 1989 gibt es in Deutschland eine gesetzliche Verpflichtung, alle für Tierversuche verwendeten Wirbeltiere nach Art und Anzahl der Tiere sowie dem Verwendungszweck und der Art der Versuche (zum Beispiel operative Eingriffe) zu erfassen. Die hierfür in der Verordnung über die Meldung von in Tierversuchen verwendeten Wirbeltieren vom 1. August 1988 festgelegten Regeln galten bis einschließlich 1999. Seit der Änderung dieser Verordnung am 4. November 1999 werden ab dem Jahr 2000 zusätzlich zu den in Tierversuchen verwendeten Wirbeltieren auch Tiere, die für andere wissenschaftliche Zwecke verwendet werden, erfasst. Seither werden auch die Informationen zum Verwendungszweck noch mehr aufgeschlüsselt und Angaben zur tierschutzrechtlichen Zuordnung (zum Beispiel für Organentnahmen, Aus-, Fort- und Weiterbildung, Tierversuche usw.), zum Anteil transgener Tiere und zur Herkunft der Tiere abgefragt. Dazu kommen noch Fragen über den Zusammenhang von Erkrankungen bei Mensch und Tier, detaillierte Angaben zu toxikologischen Untersuchungen und die Frage, ob Versuche durch bestimmte Rechtsvorschriften vorgeschrieben sind.

Die aktuelle Versuchstiermeldeverordnung vom 12. Dezember 2013 setzt die Vorgaben der Richtlinie 2010/63/EU um und verändert das bisherige Verfahren in wesentlichen Punkten: Die Kategorisierung der Tierarten wird um 11 Arten (von 25 auf 36) und die Aufschlüsselung der Verwendungszwecke um 60 Zwecke (von 9 auf 69) erweitert. Als grundlegende Neuerung ist u. a. hinzugekommen, dass künftig der tatsächliche Schweregrad der Schmerzen, Leiden und Schäden, dem die Tiere durch die Verwendung ausgesetzt waren, anzugeben ist. Die neuen Regeln kommen erstmalig bei den Versuchstierzahlen 2014 zur Anwendung und sind deshalb nicht Gegenstand der nachfolgenden Analysen zu den Versuchstierzahlen von 1989 bis 2012.

Anhand der seit 1989 erfassten Zahlen lassen sich verschiedene Aussagen treffen, die nachfolgend näher ausgeführt werden. In dem hier betrachteten Zeitraum von 1989 bis 2012 haben sich aufgrund der oben erwähnten Änderung der Versuchstiermeldeverordnung zum Jahr 2000 einige Änderungen ergeben, die ebenfalls im Folgenden erläutert werden. Wichtig für das Verständnis der jährlich vom BMEL veröffentlichten Versuchstierzahlen ist die Unterscheidung zwischen den Begriffen *Tierversuch* und *Versuchstier*.

4.2 *Versuchstier und Tierversuch*

Versuchstiere sind alle diejenigen Tiere, die in der Forschung sowie zur Qualitätskontrolle und für Sicherheitsuntersuchungen eingesetzt werden. Dazu zählen u. a. auch Tiere, mit denen keine Versuche im engeren Sinne durchgeführt werden, sondern die ohne experimentelle Intervention als Spender von Organen, Geweben oder Zellen genutzt werden, wodurch die Zahl der Tierversuche verringert werden kann. D. h. nicht alle Versuchstiere werden auch in Tierversuchen verwendet. Die in Tierversuchen eingesetzten Tiere sind eine Teilmenge der Versuchstiere. Für das Jahr 2012 bedeutet das zum Beispiel konkret: Von den 3.080.727 Versuchstieren wurden 1.571.729 (51 %) in Tierversuchen eingesetzt. Bei 1.331.495 Tieren (43 %) wurden lediglich Organe, Gewebe oder anderes entnommen, um sie wissenschaftlich zu nutzen, ohne dass an den Tieren selbst Versuche durchgeführt wurden. 62.186 Tiere (2 %) wurden für die Aus-, Fort- oder Weiterbildung und 115.317 Tiere (4 %) für die Herstellung, Gewinnung, Aufbewahrung oder Vermehrung von Stoffen, Produkten oder Organismen (zum Beispiel für Immunseren) verwendet.[36]

[36] Vgl. Bundesministerium für Ernährung und Landwirtschaft (Hg.) 2013.

Bei *Tierversuchen* handelt es sich immer um Eingriffe oder Behandlungen an Tieren zu Versuchszwecken, wenn sie mit Schmerzen, Leiden oder Schäden für diese Tiere verbunden sein können. Darunter fallen auch Eingriffe in das Erbgut von Tieren, falls diese mit Schmerzen, Leiden oder Schäden für die erbgutveränderten Tiere oder deren Trägertiere verbunden sein können. Entscheidend ist, dass es sich um Eingriffe oder Behandlungen am *lebenden Tier* handelt, dass ein *Versuchszweck* verfolgt wird und dass die Möglichkeit besteht, dass es zu Schmerzen, Leiden oder Schäden kommen *kann*. D.h. nicht, dass Tierversuche immer zwangsläufig mit Schmerzen, Leiden oder Schäden verbunden sind. Ob dies eintrifft, ist abhängig von der Fragestellung, dem Versuchsansatz und der Möglichkeit, die Entstehung von Schmerzen durch die Gabe von Schmerzmitteln zu unterdrücken. Eingriffe und Behandlungen zu Versuchszwecken können unter Betäubung mit Wiedererwachen aus dieser Betäubung erfolgen und auch ohne Wiedererwachen. Letzteres stellt einen sogenannten *Finalversuch* dar. D.h., dass die Tiere narkotisiert werden, der komplette Versuch dann unter Narkose durchgeführt wird (wie bei Operationen) und dass nach Ende des Versuchs das Tier noch in Narkose eingeschläfert wird. Das Tier nimmt von dem Versuch selbst nichts wahr, und es gibt auch keine Möglichkeit, dass das Tier im Anschluss an den Eingriff Schmerzen erleidet, da es noch unter Betäubung durch eine Überdosis an Narkosemittel eingeschläfert wird.

Außer den Finalversuchen gibt es auch Eingriffe und Behandlungen, bei denen die Tiere aus der Narkose wieder erwachen. Dabei möglicherweise auftretende Schmerzen können durch Schmerzmittel (Analgetika) unterdrückt werden, wenn der Versuchszweck nicht dagegen spricht (wie beispielsweise zum Teil bei der Schmerzforschung). Schäden können zum Beispiel dann entstehen, wenn ein körpereigenes Organ durch ein Organ eines Spendertiers ersetzt wird, beispielsweise bei der Transplantationsforschung. Das Ausmaß der Schäden hängt dann u.a. vom weiteren Verlauf und vom Erfolg der Entwicklung einer neuen Methode zur Organtransplantation ab. In diesen Bereich der Tierversuche fallen auch Eingriffe und Behandlungen ohne Betäubung, nämlich in Fällen, in denen auch beim Menschen keine Betäubung durchgeführt wird bzw. durchgeführt werden kann.

4.3 *Entwicklung der Versuchstierzahlen*

Von 1989 bis 1997 sind die Versuchstierzahlen kontinuierlich von 2,64 Millionen Tieren auf knapp 1,5 Millionen gesunken. Ab dem Jahr 1998 stiegen die Versuchstierzahlen wieder leicht an. Der Grund hierfür war die Novellierung des Tierschutzgesetzes im Jahr 1998, bei der § 10a TierSchG a.F. neu eingeführt wurde. Dieser forderte erstmals auch die Meldung von Tieren, die nicht in Tierversuchen eingesetzt, sondern für die Herstellung, Gewinnung, Aufbewahrung oder Vermehrung von Stoffen, Produkten oder Organismen (zum Beispiel für Immunseren) verwendet wurden, ohne diese Nutzungsart getrennt auszuweisen. Der zweite Anstieg der Versuchstierzahlen wurde durch die novellierte Versuchstiermeldeverordnung vom 4. November 1999 hervorgerufen, die seit dem Jahr 2000 auch die Aufnahme von Tieren in die Tierversuchsstatistik vorschreibt, die für andere wissenschaftliche Zwecke genutzt werden: für Organ-, Gewebe- und Zellentnahmen und für die Aus-, Fort- oder Weiterbildung. Die Tiere, die für die Herstellung, Gewinnung, Aufbewahrung oder Vermehrung von Stoffen, Produkten oder Organismen erforderlich sind, werden seit dem Jahr 2000 auch eigens ausgewiesen. Seitdem ist die Gesamtzahl der Versuchstiere kontinuierlich angestiegen – zuletzt von 2011 bis 2012 um 5,8 %. Die verschiedenen Nutzungsarten werden nachfolgend im Einzelnen näher besprochen.

4.3.1 Töten zu wissenschaftlichen Zwecken

Die Tötung von Tieren zu wissenschaftlichen Zwecken erfolgt, um anschließend Organe, Gewebe und Zellen aus ihnen zu gewinnen. Diese Organe, Gewebe und Zellen werden genutzt, um wissenschaftliche Fragestellungen zu beantworten,[37] um belastende Tierversuche zu ersetzen sowie zur Erforschung und Entwicklung von Ersatz- und Ergänzungsmethoden zum Tierversuch.

Seit dem Jahr 2000 sind die hierfür verwendeten Tiere mit zwei größeren Schwankungen stetig von rund 310.000 auf ca. 892.000 Tiere angestiegen. Den größten Anteil hiervon nehmen die Mäuse ein, mit 190.000 Tieren im Jahr 2000 und 697.000 Tieren im Jahr 2012. Die Entwicklungen bezüglich dieser Tierart sind damit wesentlich für den Anstieg der Gesamttierzahl verantwortlich. Die Zahl der Ratten, die durch Organentnahmen getötet wurden, ist von anfänglich knapp 85.000 Tieren zwischenzeitlich auf knapp 95.000 Tiere deutlich angestiegen. Der Anstieg ist aber nicht kontinuierlich, sondern weist jährliche Schwankungen nach oben und unten auf. Im Jahr 2012 ist die Zahl etwa mit 84.431 Tieren tendenziell wieder rückläufig. Bei den Fischen gab es im Jahr 2001 einen außergewöhnlich hohen Wert, der vermutlich durch ein

[37] Vgl. Abschnitt 1.1 (»Vorgehensweise bei der Bearbeitung einzelner Problemstellungen«).

wissenschaftliches Großprojekt hervorgerufen wurde. Die restlichen Tierarten zusammen genommen schwanken im Bereich von 20.000 bis 85.000 Tieren (siehe Abbildung 2). Hunde, Katzen und Affen sind die Tiergruppen, die den geringsten Anteil an der Gesamtzahl haben. Sie liegen jeweils im ein- bis zweistelligen Bereich.

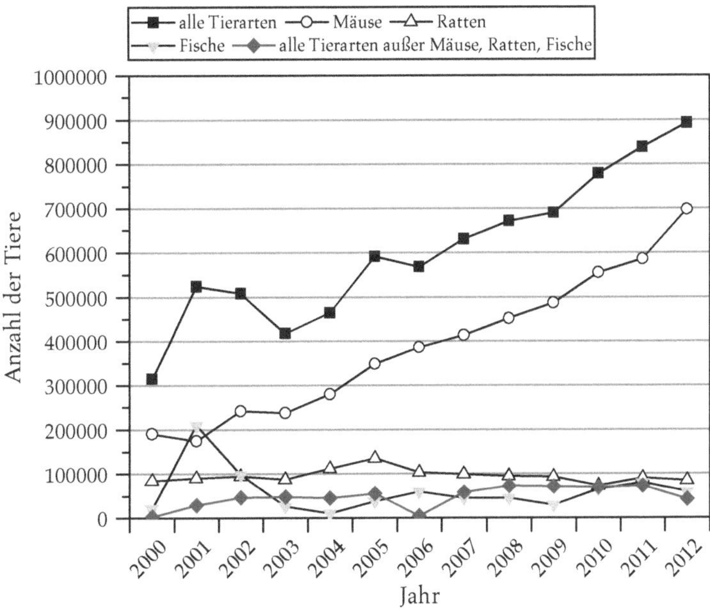

Abb. 2: Meldungen gemäß § 4 TierSchG: Das Diagramm zeigt die Entwicklung der Anzahl an Tieren, die schmerzlos zur Gewinnung von Organen, Gewebe und Zellen getötet wurden (eigene Darstellung).

4.3.2 Entnahme von Geweben oder Organen

Die nach § 6 Abs. 1 S. 2 Nr. 4 TierSchG zu meldenden Tiere sind solche, bei denen Organe oder Gewebe zum Zwecke der Transplantation, des Anlegens von Organ-, Gewebe- oder Zellkulturen oder für spezielle Laboruntersuchungen entnommen werden. Allerdings werden diese Tiere nicht getötet, sondern die Proben werden unter Betäubung entnommen, und die Tiere können weiterleben. Die isolierten Organe, Gewebe- oder Zellkulturen werden dann für die direkte Bearbeitung wissenschaftlicher Fragestellungen (ohne einen Tierversuch) oder zur Erforschung und Entwicklung von Ersatz- und Ergänzungsmethoden zum Tierversuch verwendet. Zum Teil werden in diesem Zusammenhang auch Tiere erfasst, denen eine kleine Gewebeprobe entnommen wurde (Biopsie), um deren genetischen Status (Genotyp) festzustellen.

Auch hier entfällt der größte Anteil der Gesamtzahl auf die Mäuse, deren Anzahl bis zum Jahr 2012 deutlich auf 390.000 Tiere angestiegen ist. Die Anzahl der Ratten in diesem Bereich war im Jahr 2002 mit etwas über 50.000 Tieren am höchsten und ist mit einigen Schwankungen auf gut 19.000 Tiere im Jahr 2012 gesunken. Die Zahl der Fische zeigt größere Schwankungen. Versuche an ihnen sind für den deutlichen Anstieg bei der Gesamttierzahl zwischen 2005 und 2006 verantwortlich. Bis zum Jahr 2012 ist ihre Anzahl deutlich niedriger (siehe Abbildung 3).

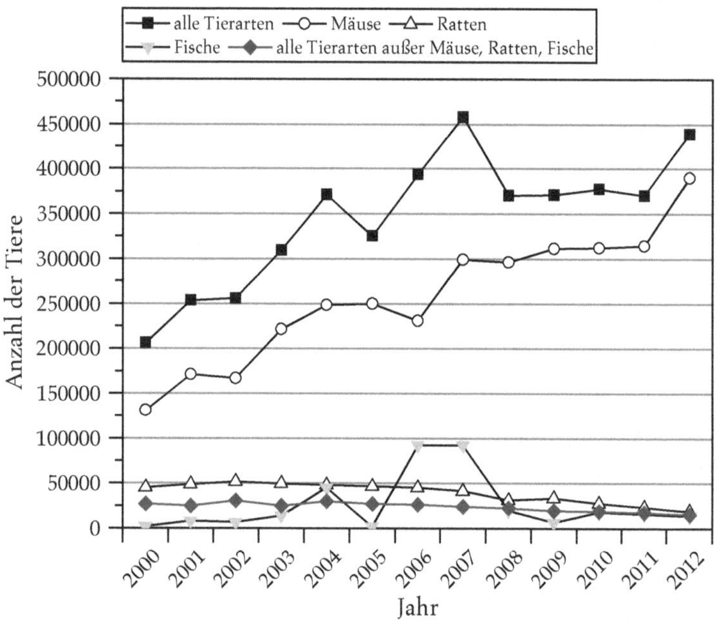

Abb. 3: Meldungen gemäß § 6 TierSchG: Entwicklung der Anzahl der Tiere, denen ohne Vorbehandlung Organe oder Gewebe zum Zwecke der Transplantation, des Anlegens von Organ-, Gewebe- oder Zellkulturen oder für Laboruntersuchungen entnommen wurden (eigene Darstellung).

Da die nach § 4 TierSchG zu wissenschaftlichen Zwecken getöteten Tiere ebenso für das Anlegen von Organ-, Gewebe- und Zellkulturen verwendet werden wie die Tiere, die für die Entnahme von Geweben oder

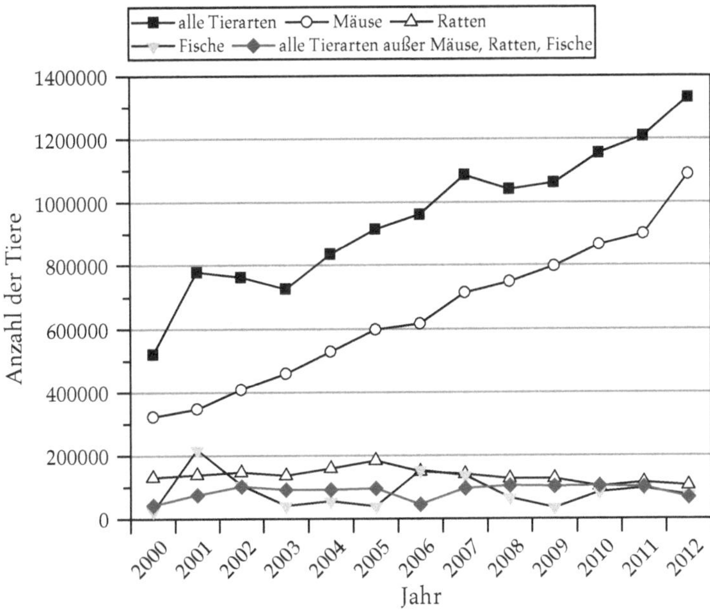

Abb. 4: Meldungen gemäß § 4 und § 6 TierSchG: zusammengefasste Darstellung der für Organ- und Gewebeentnahmen nach § 4 und § 6 TierSchG verwendeten Tiere (eigene Darstellung).

Organen nach § 6 TierSchG gemeldet werden, sind beide Nutzungsarten in der folgenden Abbildung zusätzlich zusammenfassend dargestellt (siehe Abbildung 4).

In dieser Zusammenfassung zeigt sich, dass die Zahl der Tiere zunimmt, die als Spender für Organe, Gewebe und Zellen in der Forschung verwendet werden, um mit In-vitro-Methoden wissenschaftliche Fragestellungen zu bearbeiten und somit Tierversuche zu vermeiden. Mäuse nehmen wieder den größten Anteil ein, und dies ist auch im Wesentlichen für den Anstieg in der Gesamttierzahl bei den Organ- und Gewebeentnahmen verantwortlich: Im Jahr 2000 waren es ca. 320.000 Mäuse und im Jahr 2012 1.087.712. Ratten sind die zweite Hauptspezies in diesem Bereich, deren Zahl zwischen rund 100.000 und 180.000 Tieren pro Jahr variiert. Die Nutzung von Fischen für Organ- und Gewebeentnahmen schwankt von Jahr zu Jahr zum Teil sehr stark. Die Tierzahlen bewegen sich hier zwischen ca. 25.000 und 220.000. Die Summe aller anderen Tierarten bewegt sich unterhalb von 100.000 Tieren pro Jahr. Dabei haben die Vögel mit 20.000 bis 80.000 Tieren den größten Anteil. Die Zahl der Katzen lag im Jahr 2000 noch bei knapp 160 und im Jahr 2012 bei 254 Tieren. Bei den Hunden schwankte die Zahl in diesem Zeitraum zwischen 40 und 650 Tieren (2012: 300 Tiere), und die Zahl der Affen beträgt pro Jahr zwischen 60 und 268 Tiere (2012: 268 Tiere).

4.3.3 Verwendung von Tieren zur Aus-, Fort- oder Weiterbildung

Das Tierschutzgesetz fordert in § 2 Nr. 3: »Wer ein Tier hält, betreut oder zu betreuen hat, [...] muss über die [...] erforderlichen Kenntnisse und Fähigkeiten verfügen.« In den §§ 7, 10 und 15 TierSchG heißt es weiter, dass Personen, die Tierversuche durchführen, Tierschutzbeauftragte und auch die Mehrheit der Kommissionsmitglieder, welche die Behörden bei der Entscheidung über die Genehmigung von Tierversuchen nach § 15 TierSchG unterstützen, über die für die Durchführung ihrer Aufgaben erforderlichen Fachkenntnisse verfügen müssen. Nähere Angaben zu den erforderlichen Kenntnissen und Fähigkeiten werden in der Tierschutz-Versuchstierverordnung und der entsprechenden Anlage 1 zur Verordnung gemacht. Für den Erwerb dieser (Fach-)Kenntnisse ist zum Teil auch eine Aus-, Fort- und Weiterbildung am Tier erforderlich. Die für diesen Zweck verwendeten Tiere werden seit dem Jahr 2000 eigens in der Versuchstierstatistik erfasst. Die Anzahl der Tiere bewegt sich im Erfassungszeitraum im Bereich zwischen rund 30.000 und 70.000 Tieren (siehe Abbildung 5).

4.3.4 Herstellung, Gewinnung, Aufbewahrung oder Vermehrung von Stoffen, Produkten oder Organismen

Bei den nach § 10a TierSchG a.F. zu meldenden Tieren handelt es sich ebenfalls um solche Tiere, die nicht in Tierversuchen eingesetzt, sondern für die Herstellung, Gewinnung, Aufbewahrung oder Vermehrung von Stoffen, Produkten oder Organismen verwendet werden (siehe Abbildung 6). Hierunter fallen zum Beispiel Tiere, die geimpft werden, um durch Blutabnahmen Immunseren und Antikörper zu gewinnen. Diese Immunseren und Antikörper können je nach Art des Serums bzw. des Antikörpers für wissenschaftliche Zwecke, aber auch zur Diagnose und Therapie von Krankheiten bei Mensch und Tier eingesetzt werden. Als Beispiel können das Tetanusserum, das Panleukopenie- und Katzenschnupfen-Serum für Katzen und die SHP-Immunglobulinlösung für Hunde genannt werden.

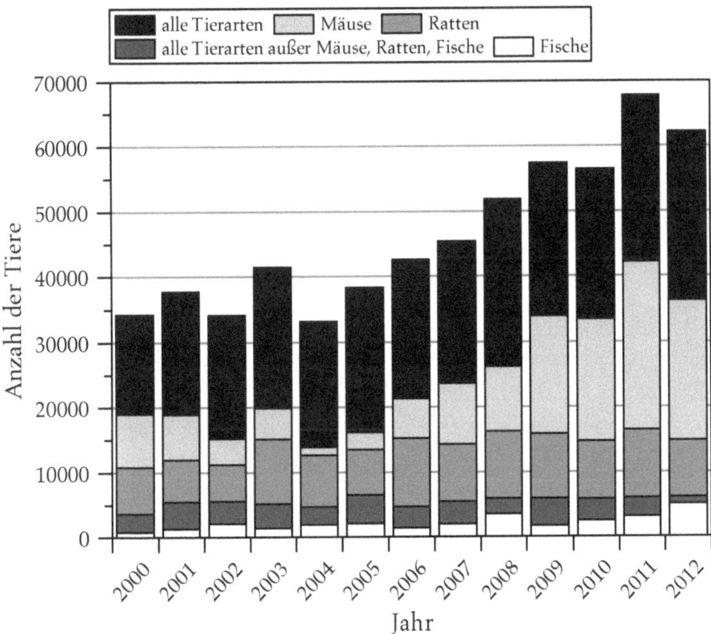

Abb. 5: Meldungen von Versuchstieren gemäß § 10 TierSchG a. F.: für die Aus-, Fort- und Weiterbildung verwendeten Tiere in den Jahren 2000 bis 2012 (eigene Darstellung).

4.3.5 Tierversuche nach § 7 Abs. 1 TierSchG a. F.

Ein *Tierversuch* beinhaltet immer einen Eingriff oder eine Behandlung an einem Tier zu Versuchszwecken, womit jeweils Schmerzen, Leiden oder Schäden verbunden sein können.[38] Die nachfolgende Grafik zeigt die Entwicklung der in Tierversuchen eingesetzten Tiere seit dem Beginn der Erfassung im Jahr 1989. Die Veränderung, die durch die Novellierung der Versuchstiermeldeverordnung ab dem Jahr 2000 bei der Gesamtzahl an Versuchstieren entstanden ist,[39] wurde herausgerechnet. Für die Darstellung wurden nur die nach § 7 TierSchG für Tierversuche verwendeten Tiere aus den vom BMEL jährlich veröffentlichten Versuchstierzahlen

[38] Vgl. Abschnitt 4.2 (»Versuchstier und Tierversuch«).

[39] Vgl. Abschnitt 4.1 (»Erfassung von Versuchstierzahlen«).

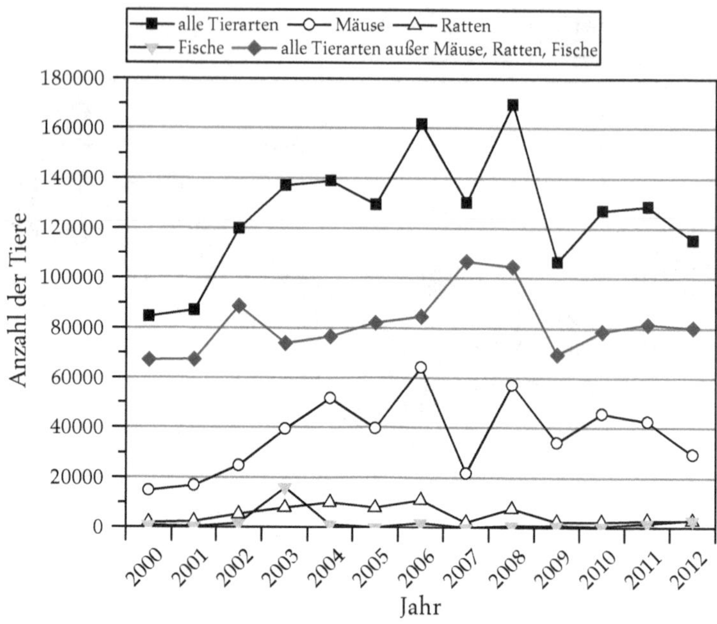

Abb. 6: Meldungen von Versuchstieren gemäß §10 TierSchG a.F.: Anzahl an Tieren, die für die Herstellung, Gewinnung, Aufbewahrung oder Vermehrung von Stoffen, Produkten oder Organismen zwischen 2000 und 2012 verwendet wurden (eigene Darstellung). (Anmerkung: Seit der Novellierung des Tierschutzgesetzes vom 13. Juli 2013 gilt diese Form der Tiernutzung als Tierversuch.)

übernommen, wie dies bis 1999 ohnehin üblich war.[40] In diesem direkten Vergleich zeigt sich, dass die Zahl der für Tierversuche verwendeten Tiere von 1989 bis 2000 von 2,64 auf 1,18 Millionen gesunken und ab dem Jahr 2001 mit kleineren Schwankungen wieder gestiegen ist. Trotz dieses Anstiegs lag sie im Jahr 2012 mit rund 1,57 Millionen immer noch knapp unter der Zahl von 1,6 Millionen im Jahr 1999 (siehe Abbildung 7).

Der Anstieg der Zahlen in den Jahren 1998 und 1999 kann durch die Einführung des §10a in das TierSchG a.F. *(Eingriffe und Behand-*

[40] Die Zahlen sind den von 1989 bis 2013 jährlich vom Bundesministerium für Ernährung. Landwirtschaft und Verbraucherschutz (später Bundesministerium für Ernährung und Landwirtschaft) veröffentlichten Versuchstierzahlen entnommen. Die jeweils aktuellsten Zahlen finden sich auf der Homepage des Ministeriums. URL http://www.bmel.de/DE/Tier/Tierschutz/Tierwohl/_texte/Tierwohl.html?docId=5727394. [28.11.2014]. Ältere Zahlen können beim BMEL, Rochusstraße 1, 53123 Bonn auf Anfrage angefordert werden.

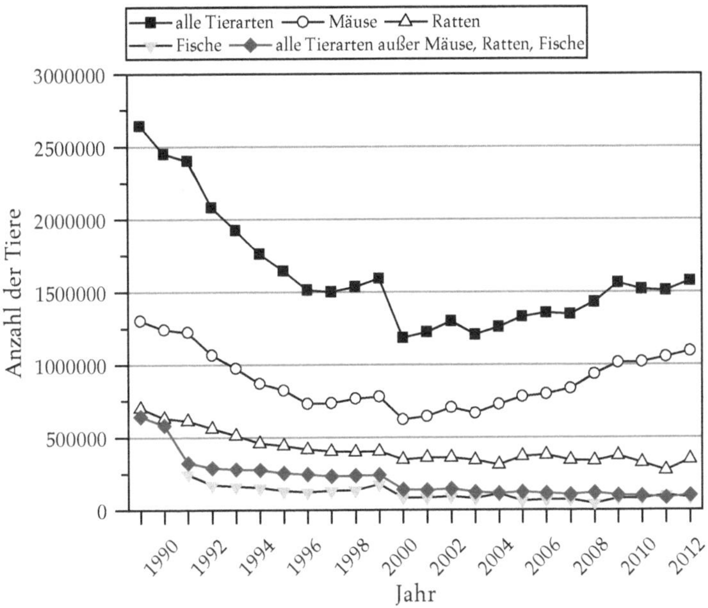

Abb. 7: Meldungen von Versuchstieren gemäß § 7 TierSchG a. F.: Entwicklung der Anzahl an Tieren, die in Tierversuchen eingesetzt wurden für den Zeitraum vom Jahr 1989 bis zum Jahr 2012 (eigene Darstellung).

lungen zur Herstellung, Gewinnung, Aufbewahrung oder Vermehrung von Stoffen, Produkten oder Organismen) hervorgerufen worden sein. Diese Veränderung lässt sich aber nicht herausrechnen, da erst mit Inkrafttreten der neuen Versuchstiermeldeverordnung ab dem Jahr 2000 diese Tiere getrennt von den in Tierversuchen eingesetzten Tiere erfasst wurden. Für diese Auslegung spricht, dass im Jahr 2000 erstmals etwas mehr als 80.000 Tiere nach § 10a TierSchG a.F. gemeldet wurden. Das passt in etwa zum Anstieg der Versuchstierzahlen zwischen den Jahren 1997 und 1998 um ca. 40.000 und zwischen den Jahren 1998 und 1999 um ca. 60.000 Tiere.

Der Anstieg der gemäß § 7 TierSchG a. F. in Tierversuchen eingesetzten Tiere von 1.184.011 im Jahr 2000 auf 1.572.729 im Jahr 2012 ist fast ausschließlich auf den Anstieg der Mäuse zurückzuführen. Die Anzahl der Mäuse in diesem Bereich ist von rund 620.000 im Jahr 2000 um ca. 470.000 auf nahezu 1.090.000 Tiere im Jahr 2012 gestiegen. Die Zahl der Ratten blieb über viele Jahre relativ konstant und ist im Jahr 2012 auf knapp 300.000 gesunken. Das entspricht einer Abnahme um 14% gegenüber dem Jahr 2000. Die Verwendung von Katzen und Hunden in Tierversuchen hat um 37% bzw. 45% abgenommen. Ähnlich ist die Entwicklung bei Affen: Im Jahr 2012 wurden 1.308 Tiere in Tierversuchen eingesetzt. Das entspricht einer Abnahme gegenüber dem Jahr 2000 von rund 33%. Die Zahl der in Tierversuchen verwendeten landwirtschaftlichen Nutztiere ist im Vergleich zum Jahr 2000 um etwa ein Drittel angestiegen: Im Jahr 2012 lag die Zahl bei rund 25.500 Tieren. Die Verwendung von Vögeln in Tierversuchen lag im Jahr 2012 bei rund 24.000 und damit 6% höher als im Jahr 2000. Bei den Fischen gab es in dem Zeitraum zwischen dem Jahr 2000 und dem Jahr 2012 keine größeren Schwankungen. Mit ca. 85.000 Tieren im Jahr 2012 ist die Anzahl der Fische gegenüber dem Jahr 2000 kaum verändert.

Der deutliche Anstieg bei den Mäusen ist auf die neuen Möglichkeiten in der Forschung mit gentechnisch veränderten Tieren zurückzuführen.[41] Da der Anteil der gentechnisch veränderten Tiere bei den Mäusen, die für alle wissenschaftlichen Zwecke (§ 4 Abs. 3, § 6 Abs. 1 S. 2 Nr. 4, § 7 Abs. 1, § 10 Abs. 1, § 10a TierSchG) in Deutschland verwendet wurden, von 15% im Jahr 2000 auf 40% im Jahr 2012 gestiegen ist, kann davon ausgegangen werden, dass dieser Trend prinzipiell auch für die Verwendung von gentechnisch veränderten Mäusen, die in Tierversuchen nach § 7 TierSchG eingesetzt wurden, gilt. Im Jahr 2012 wurden 889.137 gentechnisch veränderte Mäuse für alle wissenschaftlichen Zwecke verwendet (siehe Abbildung 8). Das sind 95% der gentechnisch veränderten Tiere insgesamt, die im Jahr 2012 neben Mäusen noch Ratten, Fische, Kaninchen, Amphibien und Schweine umfassen.

Für die in Tierversuchen eingesetzten Tiere können gemäß der Anlage zur Versuchstiermeldeverordnung folgende Verwendungszwecke unterschieden werden:

»– *Bearbeitung einer Fragestellung aus der Grundlagenforschung, [(= Grundlagenforschung)*

Hierbei geht es um die grundsätzliche Aufklärung von Stoffwechselvorgängen und Funktionen im gesunden und kranken Organismus. Die gewonnenen Erkenntnisse sind die Basis für die angewandte Forschung (siehe nachfolgende Punkte).]

– *Erforschung oder Entwicklung von Produkten, Geräten oder Verfahren für die Humanmedizin, Zahnmedizin oder Veterinärmedizin [… (= medizinisch-klinische Forschung)],*

(Hierunter fallen beispielsweise Untersuchungen zur Pharmakokinetik, Pharmakodynamik, zu Wirkungsmechanismen oder sonstigen biologischen Eigenschaf-

[41] Vgl. Abschnitt 1.3 (»Gentechnisch veränderte Tiere«).

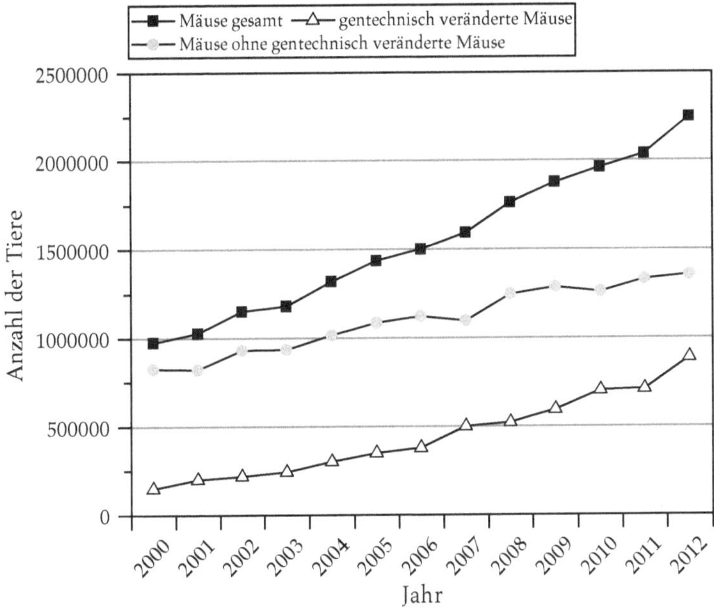

Abb. 8: Darstellung der Verwendung von gentechnisch veränderten Mäusen im Vergleich zu nicht gentechnisch veränderten Mäusen und zur Gesamtzahl an Mäusen (eigene Darstellung).

ten potentieller neuer Arzneimittel, vergleichbare Untersuchungen im Zusammenhang mit Medizinprodukten sowie Untersuchungen zur Entwicklung bzw. Verbesserung chirurgischer Methoden.)

– *Herstellung von oder Qualitätskontrolle bei Produkten oder Geräten für die Humanmedizin oder Zahnmedizin [… (= Produktsicherheit Humanmedizin)],*

(Hierunter fallen beispielsweise die kommerzielle Herstellung monoklonaler und polyklonaler Antikörper oder sonstiger biologischer Materialien sowie Prüfungen zur Qualität von Antibiotika, Blutzubereitungen, Impfstoffen und Sera.)

– *Herstellung von oder Qualitätskontrolle bei Produkten oder Geräten für die Veterinärmedizin [… (= Produktsicherheit Veterinärmedizin)],*

(Hierunter fallen die gleichen Anwendungen wie oben, aber für Tiere.)

– *Toxikologische Untersuchungen oder andere Sicherheitsprüfungen, einschließlich der Prüfungen im Zusammenhang mit den oben genannten Geräten oder Produkten für die Human-, Zahn- oder Veterinärmedizin [… (= Toxikologie)],*

(Hierunter fallen beispielsweise Untersuchungen an Produkten und Stoffen zur Bestimmung ihres Gefährdungspotentials für Mensch, Tier und Umwelt, im Falle von Arzneimitteln oder Medizinprodukten die toxikologischen Routineprüfungen.)

– *Diagnose von Krankheiten,*
(Hierunter fallen Untersuchungen in direktem Zusammenhang mit der Diagnose (Feststellung) von Krankheiten bei Menschen oder Tieren.)

– *Prüfung der Wirksamkeit von Schädlingsbekämpfungsmitteln,*
(hierunter fallen beispielsweise Pflanzenschutzmittel und Biozidprodukte.)

[…]

– *sonstige Zwecke*
(Hierunter fallen beispielsweise Verfahren zur Herstellung und Erhaltung infektiöser Agenzien, Vektoren, Neoplasmen, Antikörper oder sonstiger biologischer Materialien, die nicht für einen der oben genannten Zwecke bestimmt sind.)«[42]

Die Verwendung von Tieren für die *Aus-, Fort- und Weiterbildung* (hierunter fällt die Verwendung von Tieren, die für den Erwerb der vom Tierschutzgesetz geforderten (Fach-)Kenntnisse erforderlich sind.[43]) ist nach der Definition des TierSchG a.F. kein Tierversuch. Nach dem neuen Tierschutzgesetz, das am 12. Juli 2013 in Kraft getreten ist, wird auch die Verwendung von Tieren für die Aus-, Fort- und Weiterbildung als Tierversuch definiert.

Ein Vergleich mit den Daten von vor dem Jahr 2000 ist leider nicht möglich, da bis zu diesem Zeitpunkt nach anderen Kriterien unterschieden wurde, die nicht deckungsgleich mit den jetzt definierten Verwendungszwecken sind.

Wie aus Abbildung 9 hervorgeht, ist der Anteil der Grundlagenforschung von 27% auf 45% gestiegen. Der Anteil der medizinisch-klinischen Forschung ist von 40% auf 26% deutlich gesunken. Die Versuche für die Produktsicherheit und für toxikologische Untersuchungen schwanken von Jahr zu Jahr jeweils zwischen ca. 10% und 20%. Für die Diagnose von Krankheiten und für sonstige Zwecke werden pro Jahr zwischen 1% und 6% der Tiere in Tierversuchen verwendet. Noch weiter zusammengefasst lässt sich sagen, dass zwischen 67% und 75% der Tiere in der Forschung benötigt werden und 23% bis 31% für den Verbraucherschutz. Der Rest verteilt sich auf die Diagnose von Krankheiten, Prüfung der Wirksamkeit von Schädlingsbekämpfungsmitteln und auf sonstige Zwecke.

---

42 Vgl. Hinweise zum Ausfüllen des Erhebungsbogens der Versuchstiermeldeverordnung (VersTierMeldV) vom 4. November 1999.

43 Vgl. Abschnitt 4.3.3 (»Verwendung von Tieren zur Aus-, Fort- oder Weiterbildung«).

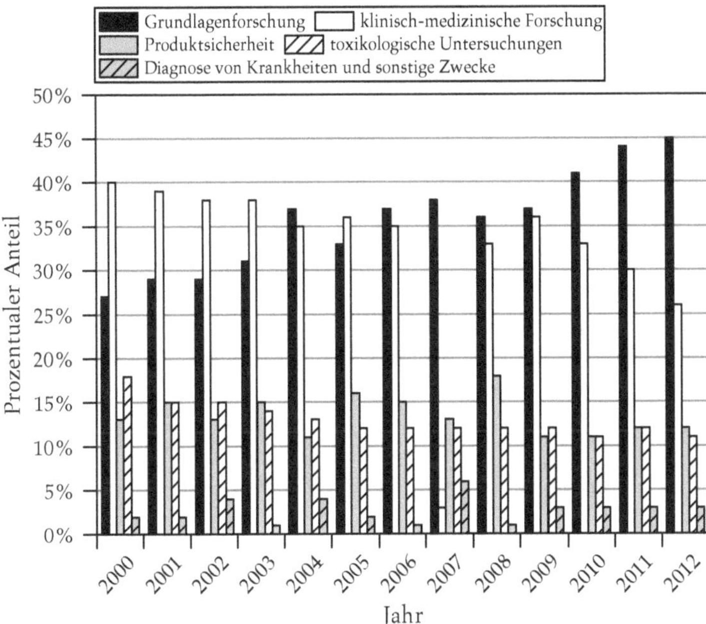

Abb. 9: Prozentuale Darstellung der Verwendungszwecke der in Deutschland von 2000 bis 2012 in Tierversuchen gemäß §7 Abs. 1 TierSchG eingesetzten Tiere (eigene Darstellung).

4.4 *Zusammenfassung*

- Seit der systematischen Erfassung der Versuchstierzahlen in Deutschland auf der Basis der Versuchstiermeldeverordnungen vom 1. August 1988 und vom 4. November 1999 ist die Zahl der in Tierversuchen (§7 Abs. 1 TierSchG) verwendeten Tiere von 2,64 im Jahr 1989 auf 1,18 Millionen im Jahr 2000 gesunken. Sie ist seither wieder angestiegen und lag 2012 bei 1,57 Millionen.
- Die Gesamtanzahl an Versuchstieren in allen Nutzungsbereichen ist seit dem Jahr 2000 ebenfalls gestiegen, und zwar bis zum Jahr 2012 um 69%.
- Die Zahl der in Tierversuchen eingesetzten Tiere ist im gleichen Zeitraum (2000 bis 2012) um 33% gestiegen.

- Die Zahl der Tiere, die als Spender für Organe, Gewebe und Zellen für Ersatz- und Ergänzungsmethoden verwendet wurden (§ 4 und § 6 TierSchG), um Tierversuche zu vermeiden, ist um 156% gestiegen.
- In der Tendenz ist die Anzahl der in Tierversuchen eingesetzten Tiere weniger angestiegen als diejenige der für Ersatz- und Ergänzungsmethoden verwendeten Tiere. D.h., der Anteil an Versuchstieren für Ersatz- und Ergänzungsmethoden hat gegenüber dem Anteil an Tierversuchen in den letzten Jahren zugenommen.
- Bei den für Tierversuche eingesetzten Tieren ist es die Anzahl der Mäuse, welche die Steigerung verursacht hat. Einen sehr wesentlichen Anteil machen hier die gentechnisch veränderten Mäuse aus. Diese eröffnen für die Erforschung von Krankheiten neue Möglichkeiten, die auf anderem Weg nicht erreichbar sind.

5. Vergleich mit anderen europäischen Ländern

Aufgrund der wachsenden Anzahl an Mitgliedsstaaten der Europäischen Union ist eine europaweite Auswertung der für Tierversuche verwendeten Tiere nicht ohne weiteres möglich. So hat zum Beispiel der Beitritt von weiteren zehn Mitgliedsstaaten (Estland, Lettland, Litauen, Malta, Polen, Slowakei, Slowenien, Tschechien, Ungarn, Zypern) im Jahr 2004 die Zahl der Versuchstiere im Jahr 2005 in der EU (EU mit 24 Mitgliedsstaaten = EU 24) um 8,6% (1.047.284 Tiere) erhöht. Darüber hinaus haben sich auch Veränderungen bei den verwendeten Tierarten ergeben. Teilweise wurden in den neuen Mitgliedsstaaten überwiegend Versuche mit landwirtschaftlichen Nutztieren durchgeführt und dabei die Tierarten verwendet, die für das jeweilige Land typisch sind. Studien über wildlebende Tiere und Umweltstudien führten zu einem höheren Einsatz von Tierarten, die ansonsten in der Forschung kaum eingesetzt werden (zum Beispiel Chinchillas, Biber, Ziesel, Füchse, Dachse, Robben, Otter, Lamas, Maulwürfe oder Europäische Bisons).

Die nachfolgenden Erläuterungen zu den Versuchstierzahlen in der Europäischen Union erfolgen in zwei Teilen. Für einen aktuellen Überblick werden die Versuchstierzahlen aus dem Jahr 2011 für die zu diesem Zeitpunkt 27 Mitgliedsstaaten besprochen. Für die Darstellung der Entwicklung der Tierzahlen über die letzten Jahre wurden die Mitgliedsstaaten ausgewählt, die bereits seit dem Jahr 1991 ihre Tierzahlen an die EU-Kommission melden.

5.1 *Datenbasis*

Die Europäische Union erhält von ihren Mitgliedsstaaten statistische Angaben zur Anzahl der von ihnen jeweils für Versuchszwecke verwendeten Tiere. Daraus erstellt die EU-Kommission alle drei Jahre einen Bericht. Die hier dargestellten und erläuterten Zahlen sind alle den sieben offiziellen Berichten der EU-Kommission mit den statistischen Angaben für die Jahre 1991[44], 1996[45], 1999[46], 2002[47], 2005[48], 2008[49] und 2011[50] entnommen.

Der siebente Bericht ist die letzte Erhebung von Versuchstierdaten auf Grundlage der mehr als 25 Jahre geltenden Richtlinie 86/609/EWG. Am 22. September 2010 trat die Richtlinie 2010/63/EU zum Schutz der für wissenschaftliche Zwecke verwendeten Tiere in Kraft. Für den achten Bericht gelten daher neue Vorgaben für die Übermittlung und Veröffentlichung der Daten. Auf der Grundlage der neuen Tierversuchsrichtlinie übermittelten die Mitgliedstaaten ihre Versuchstierzahlen erstmals im Jahr 2015. Im Artikel 54 der Richtlinie 2010/63/EU heißt es: »Die Mitgliedstaaten erfassen jedes Jahr statistische Daten über die Verwendung von Tieren in Verfahren, einschließlich Daten zu den tatsächlichen Schweregraden der Verfahren und zur Herkunft und den Arten nichtmenschlicher Primaten, die in Verfahren verwendet werden, und stellen diese öffentlich zur Verfügung.« Unter »Verfahren« fallen entsprechend dieser neuen EU-Definition alle Versuche an Wirbeltieren und sonstige Eingriffe an Wirbeltieren, die zu Schäden, Leiden oder Schmerzen führen könnten (nicht aber zwangsläufig führen müssen). Nicht darunter fällt das schmerzlose Töten von Tieren, um dann Organe, Gewebe oder Zellen für In-Vitro-Untersuchungen (z.B. Zellkulturen) zu entnehmen, ohne dass an den Tieren selbst Versuche durchgeführt werden.

5.2 *Versuchstierzahlen der EU-Mitgliedsstaaten*

Im Jahr 2011 wurden in den zu diesem Zeitpunkt 27 Mitgliedstaaten (EU-27) insgesamt 11,5 Millionen Tiere für Versuchs- und andere wissenschaft-

44 Commission of the European Communities (ed.) 1994.
45 Kommission der Europäischen Gemeinschaften (Hg.) 1999.
46 Kommission der Europäischen Gemeinschaften (Hg.) 2003.
47 Kommission der Europäischen Gemeinschaften (Hg.) 2005.
48 Kommission der Europäischen Gemeinschaften (Hg.) 2007.
49 Europäische Kommission (Hg.) 2010.
50 Europäische Kommission (Hg.) 2013.

liche Zwecke verwendet (die Daten aus Frankreich beziehen sich auf das Jahr 2010).

Rund 77% der in der EU verwendeten Versuchstiere waren Nager. Davon entfielen 61% auf Mäuse, die mit Abstand am häufigsten verwendete Tierart, gefolgt von Ratten mit 14%. Die am dritthäufigsten verwendete Gruppe waren mit 12,5% die Kaltblüter (Fische, Reptilien, Amphibien). Vögel stellten mit knapp 6% die viertgrößte Gruppe dar. Landwirtschaftliche Nutztiere hatten einen Anteil von rund 1,3%. Hunde, Katzen und andere Fleischfresser machten 0,3% der verwendeten Tiere aus. Der Anteil an Affen lag bei 0,05%. Menschenaffen wurden im Jahr 2011 in der gesamten EU nicht für Tierversuche eingesetzt. Diese Prozentzahlenwerte für die angesprochenen Tierarten entsprachen im Wesentlichen auch den Werten für das Jahr 2011 in Deutschland. In der BRD wurden aber prozentual gemessen an der Gesamtzahl der Versuchstiere mehr Mäuse (70%) verwendet. Damit lag auch der Anteil bei der Gruppe der Nager mit 87% höher als im EU-Durchschnitt. Im Gegensatz hierzu wurden in Deutschland etwas weniger Kaltblüter (6%) und Vögel (1,6%) eingesetzt.

Die Versuchstiere in der EU wurden für folgende Zwecke verwendet:

- biologische Grundlagenforschung
- Erforschung und Entwicklung von Produkten und Geräten für die Humanmedizin, Zahnmedizin und Veterinärmedizin (= medizinisch-klinische Forschung)
- Herstellung von oder Qualitätskontrolle bei Produkten oder Geräten für die Humanmedizin oder Zahnmedizin (= Produktsicherheit Humanmedizin)
- Herstellung von oder Qualitätskontrolle bei Produkten oder Geräten für die Veterinärmedizin (= Produktsicherheit Veterinärmedizin),
- toxikologische Untersuchungen oder andere Sicherheitsprüfungen (einschließlich der Sicherheitsprüfung von Produkten und Geräten für die Humanmedizin, Zahnmedizin und Veterinärmedizin) (= Toxikologie)
- Diagnose von Krankheiten
- Aus- und Weiterbildung
- sonstige Zwecke

Wie aus der Abbildung 10 hervorgeht, wurden im Jahr 2011 rund 46% der Versuchstiere für die biologische Grundlagenforschung, 19% für die medizinisch-klinische Forschung (Entwicklung von Produkten und Geräten für die Human-, Veterinär- und Zahnmedizin), 14% für die Produktsicherheit (wiederum bezüglich der Herstellung und Qualitätskontrolle von Produkten und Geräten für die Human-, Zahn- und Veterinärmedizin), 8,8% für toxikologische und sonstige Unbedenklichkeitsprüfungen und je 1,6 % für die Diagnose von Krankheiten und die Aus- und Weiterbildung verwendet. Auch diese Aufteilung auf die verschiedenen Versuchszwecke entspricht in der Relation in etwa der Situation in Deutschland (biologische Grundlagenforschung 49 %, medizinisch-klinische Forschung 23 %, Produktsicherheit 13 %, toxikologische und sonstige Unbedenklichkeitsprüfungen 8,4 %). Nur bei der Diagnose von Krankheiten und der Aus- und Weiterbildung gab es mit 0,8 bzw. 3,3 % größere Unterschiede. Zusammengefasst lässt sich sagen, dass in der EU-27 65 % der Tiere in der Forschung (BRD: 72 %) und knapp 23 % für den Verbraucherschutz (BRD: 21 %) benötigt wurden. Der Rest verteilt sich auf die Diagnose von Krankheiten, auf die Aus- und Weiterbildung und auf sonstige Zwecke.

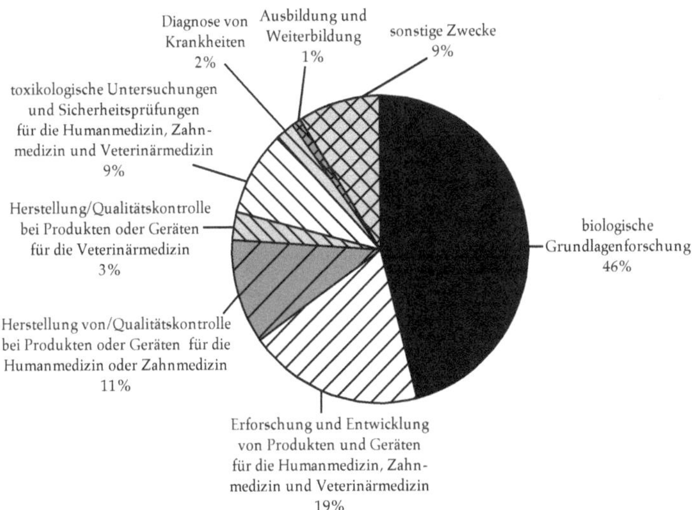

Abb. 10: Darstellung der prozentualen Verteilung der Verwendungszwecke der in Tierversuchen eingesetzten Tiere in der Europäischen Union in 2011 (eigene Darstellung entsprechend des Siebenten Berichts über die statistischen Angaben zur Anzahl der in den Mitgliedstaaten der Europäischen Union für Versuchs- und andere wissenschaftliche Zwecke verwendeten Tiere).

5.3 *Entwicklung der Versuchstierzahlen*

Für die Darstellung der EU-weiten Entwicklung der Tierzahlen bis zum Jahr 2011 wurden die Mitgliedsstaaten, die bereits seit dem Jahr 1991 ihre Tierzahlen an die EU-Kommission melden, als Bezugsbasis gewählt. Hierbei handelt es sich um Dänemark, Deutschland, Frankreich, Griechenland, Großbritannien, Irland, Italien, die Niederlande, Portugal und Spanien (EU-10 Länder).

Die Gesamtzahl der in Versuchen eingesetzten Tiere lag im Jahr 1991 für die genannten zehn EU-Mitgliedsstaaten bei etwas weniger als 11,8 Millionen. Sie sank bis zum Jahr 1999 um fast 30 % auf rund 8,3 Millionen. Bis zum Jahr 2005 stiegen die Tierzahlen wieder an und lagen im Jahr 2011 mit gut 9,1 Millionen nur noch 22 % unter dem Stand des Jahres 1991 (siehe Abbildung 11).

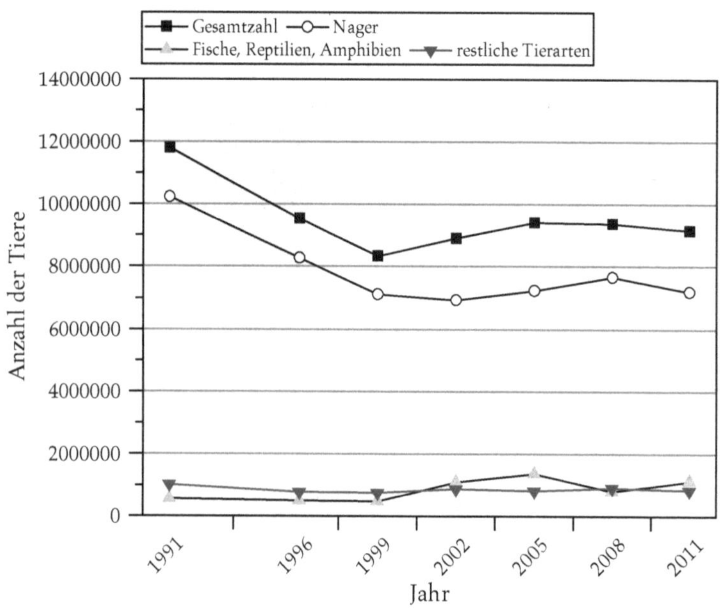

Abb. 11 Entwicklung der Versuchstierzahlen von 1991 bis 2011 in den EU-10 Ländern (eigene Darstellung).

Der Anstieg der Versuchstierzahlen ist auf die Entwicklung der Verwendung von Mäusen und Fischen zurückzuführen. Insbesondere in Griechenland stieg die Verwendung von Fischen ab dem Jahr 2002 sehr stark an. Fische waren dort bis zum Jahr 2005 mit großem Abstand die am häufigsten verwendete Tiergruppe (97%). Bei den Mäusen dürfte der Anstieg in erster Linie auf den Einsatz von gentechnisch veränderten Tieren zurückzuführen sein. In Deutschland sanken die vergleichbaren Versuchstierzahlen in den neunziger Jahren ebenfalls, und zwar bis zum Jahr 1997 um 38% im Vergleich zum Jahr 1991 (um 43% im Vergleich zum Jahr 1989) und stiegen dann wieder an. Im Jahr 2011 lagen sie nur noch um 14% niedriger als im Jahr 1991 (um 21% niedriger als im Jahr 1989).[51]

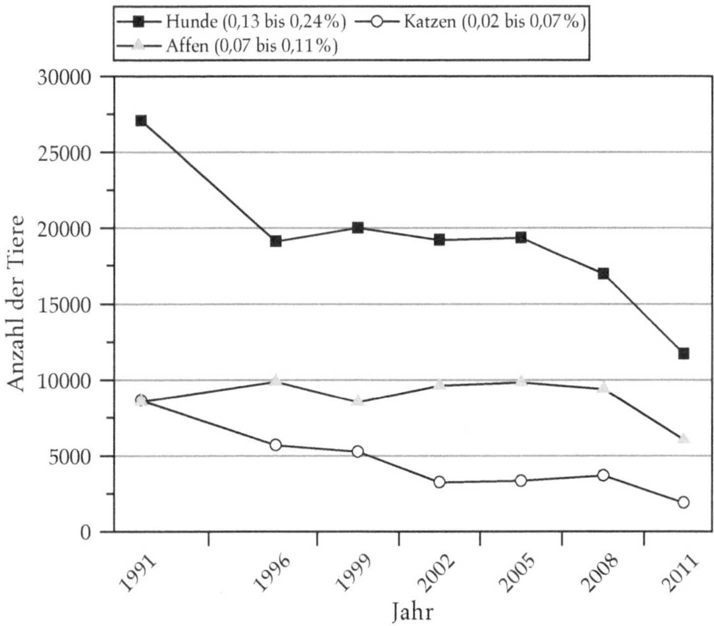

Abb. 12: Entwicklung der Versuchstierzahlen für Hunde, Katzen und Affen in der EU (eigene Darstellung).

Wie Abbildung 12 zeigt, nahm die Verwendung von Hunden in den EU-10 Ländern von 1991 bis 1996 deutlich ab (um 29%), bewegte sich dann bis zum Jahr 2005 mit ca. 20.000 Tieren jährlich auf gleichbleibendem Niveau und sank danach bis auf unter 12.000 Tiere im Jahr 2011. Der Anteil der Hunde an der Gesamttierzahl schwankte von 1991 bis 2005 zwischen 0,2 und 0,24% und lag im Jahr 2011 bei 0,13%. Zuletzt wurden im Jahr 2011 rund 61% der Hunde (0,08% der Gesamtzahl an Versuchs-

[51] Vgl. Abschnitt 4.3.5 (»Tierversuche nach § 7 Abs. 1 TierSchG a.F.«).

tieren) für toxikologische Untersuchungen und andere Sicherheitstests verwendet, die nahezu alle durch rechtliche Bestimmungen vorgeschrieben waren. Für die Forschung waren es ca. 34%. Der Einsatz von Katzen nahm kontinuierlich ab: Im Jahr 1991 wurden 8.654 Tiere in den EU-10 Ländern verwendet, im Jahr 2011 waren es nur noch 1.868. Die Zahl der Affen bewegte sich bis zum Jahr 2008 mit geringen Schwankungen knapp unter 10.000 Tieren jährlich und fiel dann bis zum Jahr 2011 auf 6.038 Tiere ab. Im Jahr 2011 wurden rund 61% der Affen für toxikologische Untersuchungen und andere Sicherheitstests in den EU-10 Ländern verwendet. Der weitaus größte Anteil dieser Untersuchungen war ebenfalls vorgeschrieben. Etwa 29% der Affen wurden für die Forschung benötigt.

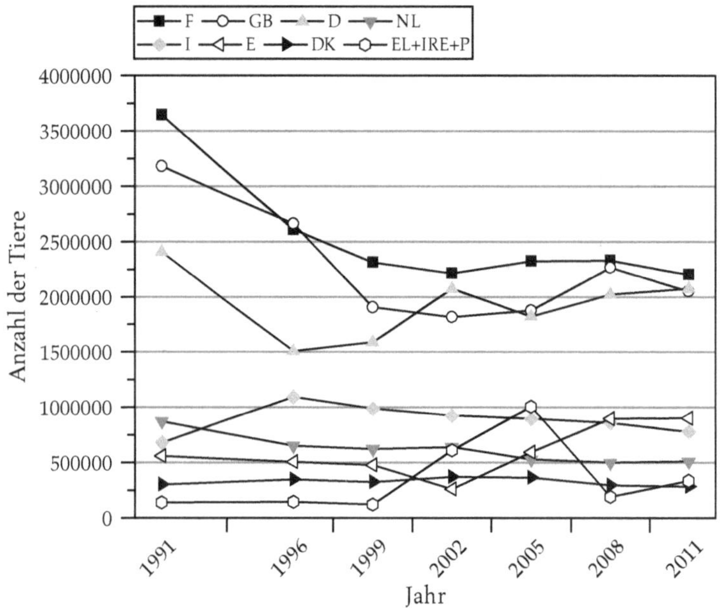

Abb. 13: Überblick über die Entwicklung der Anzahl an Tieren, die in Dänemark, Deutschland, Frankreich, Griechenland, Großbritannien, Irland, Italien, Niederlande, Portugal und Spanien in den Jahren 1991 bis 2011 für Tierversuche eingesetzt wurden (eigene Darstellung).

Ein Vergleich zwischen den einzelnen EU-Mitgliedsstaaten zeigt, dass in den bevölkerungsreichsten Ländern wie Deutschland (81 Millionen Einwohner), Frankreich (64 Millionen), Großbritannien (63 Millionen),

Italien (61 Millionen) und Spanien (46 Millionen) die meisten Tiere in Tierversuchen eingesetzt wurden. Im Jahr 2011 wurden in Frankreich 2.200.152, in Deutschland 2.073.702, in Großbritannien 2.050.458, in Italien 781.815 und in Spanien 900.127 Tiere beansprucht. Eine Ausnahme stellte Griechenland (11 Millionen Einwohner) dar, das im Jahr 2005 926.092 Tiere verwendet hat. 97% dieser Tiere waren Fische (ca. 900.000), die fast alle für die Produktsicherheit verwendet wurden. Im Jahr 2011 ist die Zahl der Versuchstiere wieder auf 28.001 gesunken.

5.4 *Zusammenfassung*

- Die Entwicklung der Anzahl von Tieren, die innerhalb der gesamten Europäischen Union (EU-27) für Tierversuche eingesetzt wurden, ist zwar nicht vollkommen deckungsgleich mit der Situation in Deutschland – es gibt stellenweise Unterschiede bei einzelnen Tiergruppen und im jährlichen Verlauf –, in der Tendenz und in den Relationen sind die Zahlen der EU aber mit denen von Deutschland vergleichbar.
- Die größte Tiergruppe in der Summe aller 27 Mitgliedsstaaten war im Jahr 2011 mit 77% die Gruppe der Nager.
- Hunde, Katzen und Affen machten im Jahr 2011 in der EU-27 etwas mehr als 0,2% der eingesetzten Tiere aus. Die in diesen 0,2% enthaltenen Hunde und Affen wurden zu 47% bzw. 60% in Sicherheitsprüfungen für den Verbraucherschutz eingesetzt, die aufgrund rechtlicher Bestimmungen vorgeschrieben sind.
- Die Tierzahlen sanken in den EU-10-Ländern bis zum Jahr 1999 um knapp 30% und stiegen seitdem wieder an. Im Jahr 2011 lagen sie um 10% über dem Wert von 1999.
- Der Anstieg ist vor allem auf die verstärkte Verwendung von Mäusen und Fischen zurückzuführen. Der Anstieg bei den Mäusen wurde vermutlich, wie in Deutschland auch, durch neue Forschungsmöglichkeiten mit gentechnisch veränderten Mäusen hervorgerufen.[52] Bei den Fischen spielte Griechenland eine entscheidende Rolle, da hier seit dem Jahr 1999 ca. 900.000 Fische jährlich (97% der in Griechenland insgesamt eingesetzten Tiere) für die Produktsicherheit verwendet wurden. Seit dem Jahr 2008 ist diese Entwicklung rückläufig.
- In den 27 Mitgliedsstaaten der EU wurden im Jahr 2011 65% der Tiere in der Forschung und 23% für den Verbraucherschutz benötigt. Der

---

[52] Vgl. Abschnitt 1.3 (»Gentechnisch veränderte Tiere«).

Rest verteilte sich auf die Diagnose von Krankheiten, auf die Aus- und Weiterbildung und auf sonstige Zwecke.

- Einzelne Länder wiesen Besonderheiten hinsichtlich der verwendeten Tierarten auf. So wurden in einzelnen neuen Mitgliedsstaaten zum Teil mehr Versuche mit landwirtschaftlichen Nutztieren durchgeführt und dabei die Tierarten verwendet, die für das jeweilige Land typisch sind. Ferner gab es Studien über wildlebende Tiere und Umweltstudien, die zum Einsatz von Tierarten führten, die ansonsten für die Forschung eher ungewöhnlich sind (zum Beispiel Chinchillas, Biber, Ziesel, Füchse, Dachse, Robben, Otter, Lamas, Maulwürfe und Europäische Bisons).

6. Naturwissenschaftliche Probleme

6.1 *Die Übertragbarkeit der Ergebnisse auf den Menschen*

In Deutschland wird, wie auch in anderen europäischen Ländern, der Einsatz von Tieren in der Forschung sehr kontrovers diskutiert. Neben der grundsätzlichen Frage, ob der Mensch Tiere nutzen darf, welche auch in diesem Zusammenhang immer wieder gestellt wird[53], ist Hauptangelpunkt der Diskussion die Frage nach der Übertragbarkeit von Tierversuch-Ergebnissen auf den Menschen. Hierzu gibt es ein breites Spektrum von Ansichten. Diese reichen von einer Verneinung der Übertragbarkeit bis hin zu einer generellen Bejahung. Die Unterschiede zwischen Tieren und Menschen sprechen einerseits gegen eine Übertragbarkeit. Andererseits gibt es auch eine Vielzahl von Ähnlichkeiten, wie zum Beispiel ähnliche Stoffwechselvorgänge, Organfunktionen, körpereigene Stoffe (zum Beispiel Insulin) und ähnliche Krankheiten, die zumindest eine gewisse Übertragbarkeit der Ergebnisse vom Tier auf den Menschen möglich machen. Ein einfaches Beispiel für die Vielschichtigkeit dieses Themas bietet ein Vergleich zwischen dem Meerschweinchen und dem Menschen. Auf der einen Seite vertragen Meerschweinchen das beim Menschen häufig verwendete Medikament Penicillin nicht. Auf der anderen Seite ist für Meerschweinchen – im Gegensatz zu den meisten anderen Tierarten – das Vitamin C ebenso wichtig wie für den Menschen.

Demzufolge lässt sich vermuten, dass man nicht von einer generellen Übertragbarkeit von Tierversuch-Ergebnissen auf den Menschen sprechen kann, sondern nur in Bezug auf einen bestimmten Tierversuch. Des-

[53] Vgl. Teil 4 (Ethische Aspekte) des vorliegenden Sachstandsberichts.

halb sieht auch das deutsche Tierschutzgesetz in § 7a Abs. 1 und 2 die Einzelfallprüfung bei der Beantragung von Tierversuchen vor. Die Entscheidung darüber, ob bzw. in welchem Ausmaß die Ergebnisse aus einem Tierversuch übertragbar sind, hängt vor allem von der sorgfältigen Auswahl der für die Fragestellung geeigneten Tierart oder -rasse bzw. von der speziellen gentechnisch veränderten Mauslinie ab. D. h., die entscheidenden Kriterien sind die Versuchsplanung sowie das Erkennen, wann eine Fragestellung nicht mit einem Tierversuch beantwortet werden kann.

6.2 *Ersetzbarkeit von Tierversuchen*

Ein ebenfalls viel diskutierter Punkt ist die Frage, ob Alternativmethoden die gleichen Ergebnisse wie Tierversuche erzielen können. Die Beantwortung dieser Frage hängt, wie diejenige nach der Übertragbarkeit der Ergebnisse, mit der wissenschaftlichen Hypothese zusammen, die überprüft werden soll. Letztendlich geht es immer darum, für die Klärung der Hypothese die am besten geeignete Methode zu verwenden. Das kann je nach Fragestellung ein Vergleich vorhandener Daten mit einem speziellen Computerprogramm, ein Reagenzglastest, ein Zellkulturtest oder auch ein Tierversuch sein.[54] Durch die Weiterentwicklung der Ersatz- und Ergänzungsmethoden[55] werden voraussichtlich in Zukunft immer mehr Tierversuche ersetzbar sein. Auch die durch (tierexperimentelle) Forschungsarbeiten gewonnenen biologischen Daten und Erkenntnisse können selbst wiederum zur Entwicklung von Ersatz- und Ergänzungsmethoden beitragen. Das ist zum Beispiel dann der Fall, wenn sie als Grundlage für Computersimulationsprogramme verwendet werden können. Ob es aber jemals möglich sein wird, vollständig auf Untersuchungen im Gesamtorganismus zu verzichten, ist schwer zu beantworten. Wäre es aber möglich, den menschlichen Organismus vollständig in einem Computermodell abzubilden, dann würde sich die Frage stellen, ob dies nicht der Schaffung künstlichen Lebens gleichkäme.

Zitierte Gesetze, Verordnungen und europäische Richtlinien

Chemikaliengesetz (ChemG) in der Fassung der Bekanntmachung vom 28. August 2013 (Bundesgesetzblatt 2013 I, 3281).

[54] Vgl. Abschnitt 1.1 (»Vorgehensweise bei der Bearbeitung einzelner Problemstellungen«).
[55] Vgl. Teil 2 (Alternativmethoden) des vorliegenden Sachstandsberichts.

Richtlinie 2010/63/EU des Europäischen Parlaments und des Rates vom 22. September 2010 zum Schutz der für wissenschaftliche Zwecke verwendeten Tiere. In: Amtsblatt der Europäischen Union, Nr. L 276 vom 20. Oktober 2010, 33.

Richtlinie 86/609/EWG des Rates vom 24. November 1986 zur Annäherung der Rechts- und Verwaltungsvorschriften der Mitgliedstaaten zum Schutz der für Versuche und andere wissenschaftliche Zwecke verwendeten Tiere. In: Amtsblatt der Europäischen Gemeinschaften, Nr. L 230 vom 16. September 2003, 32.

Richtlinie 93/42/EWG des Rates vom 14. Juni 1993 über Medizinprodukte. In: Amtsblatt der Europäischen Gemeinschaften, Nr. L 169 vom 12. Juli 1993, 1.

Richtlinie 2003/15/EG des Europäischen Parlaments und des Rates vom 27. Februar 2003 zur Änderung der Richtlinie 76/768/EWG des Rates zur Angleichung der Rechtsvorschriften der Mitgliedstaaten über kosmetische Mittel. In: Amtsblatt der Europäischen Gemeinschaften, Nr. L 66 vom 11. März 2003, 26.

Tierschutzgesetz (TierSchG) in der Fassung vom 18. Mai 2006, zuletzt geändert durch Artikel 3 des Gesetzes vom 28. Juli 2014 (Bundesgesetzblatt 2014 I, 1308).

Tierschutzgesetz (TierSchG) in der Fassung vom 18. Mai 2006, zuletzt geändert durch das Gesetz vom 15. Dezember 2010 (Bundesgesetzblatt 2010 I, 1934). [zitiert als TierSchG a. F.]

Verordnung (EG) Nr. 1223/2009 des Europäischen Parlaments und des Rates vom 30. November 2009 über kosmetische Mittel. In: Amtsblatt der Europäischen Union, Nr. L342 vom 22. Dezember 2009, 59.

Versuchstiermeldeverordnung (VersTierMeldV): Verordnung über die Meldung zu Versuchszwecken verwendeter Wirbeltiere oder Kopffüßer oder zu bestimmten anderen Zwecken verwendeter Wirbeltiere vom 12. Dezember 2013 (Bundesgesetzblatt 2013 I, 4145).

Versuchstiermeldeverordnung (VersTierMeldV): Verordnung über die Meldung zu Versuchszwecken oder zu bestimmten anderen Zwecken verwendeter Wirbeltiere vom 4. November 1999 (Bundesgesetzblatt 1999 I, 2156), zuletzt geändert durch Art. 420 der Verordnung vom 31. Oktober 2006 (Bundesgesetzblatt 2006 I, 2407).

Verordnung zum Schutz vor Gefahrstoffen (GefStoffV) vom 26. November 2010 (Bundesgesetzblatt 2010 I, 1643, 1644), zuletzt geändert durch Artikel 2 der Verordnung vom 15. Juli 2013 (Bundesgesetzblatt 2013 I, 2514).

Literatur

Bundesministerium für Ernährung, Landwirtschaft und Verbraucherschutz (BMELV) (Hg.) (2008): Tierversuchszahlen 2007. URL http://www.bmelv.de/cae/servlet/contentblob/383020/publicationFile/22910/2007-TierversuchszahlenGesamt.pdf [28. 11. 2014].

Bundesministerium für Ernährung, Landwirtschaft und Verbraucherschutz (BMELV) (Hg.) (2009): Tierversuchszahlen 2008. URL http://www.bmelv.de/cae/servlet/contentblob/765788/publicationFile/42877/2008-TierversuchszahlenGesamt.pdf [28. 11. 2014].

Bundesministerium für Ernährung und Landwirtschaft (BMEL) (Hg.) (2010): Tierversuchszahlen 2009. URL http://www.bmel.de/SharedDocs/Downloads/Tier/Tier schutz/2009-TierversuchszahlenGesamt.html [28.11.2014].
Bundesministerium für Ernährung und Landwirtschaft (BMEL) (Hg.) (2011): Tierversuchszahlen 2010. URL http://www.bmel.de/SharedDocs/Downloads/Tier/Tier schutz/2010-TierversuchszahlenGesamt.html [28.11.2014].
Bundesministerium für Ernährung und Landwirtschaft (BMEL) (Hg.) (2012): Tierversuchszahlen 2011. URL http://www.bmel.de/SharedDocs/Downloads/Tier/Tier schutz/2011-TierversuchszahlenGesamt.html [28.11.2014].
Bundesministerium für Ernährung und Landwirtschaft (BMEL) (Hg.) (2013): Tierversuchszahlen 2012. URL http://www.bmel.de/SharedDocs/Downloads/Tier/Tier schutz/2012TierversuchszahlenGesamt.html [28.11.2014].
Commission of the European Communities (ed.) (1994): First Report from the Commission to the Council and the European Parliament on the Statistics on the Number of Animals Used for Experimental and other Scientific Purposes. COM/94/0195 final. URL http://aei.pitt.edu/33234/1/COM_(94)_195.pdf [28.11.2014].
Europäische Kommission (Hg.) (2010): Sechster Bericht über die statistischen Angaben zur Anzahl der in den Mitgliedstaaten der Europäischen Union für Versuchs- und andere wissenschaftliche Zwecke verwendeten Tiere. KOM/2010/0511 endgültig. URL http://eur-lex.europa.eu/legal-content/DE/TXT/PDF/?uri=CELEX:52 010DC0511R(01)&from=EN [28.11.2014].
Europäische Kommission (Hg.) (2013): Siebenter Bericht über die statistischen Angaben zur Anzahl der in den Mitgliedstaaten der Europäischen Union für Versuchs- und andere wissenschaftliche Zwecke verwendeten Tiere. KOM/2013/0859 endgültig. URL http://eur-lex.europa.eu/legal-content/DE/TXT/PDF/?uri=CELEX:52 013DC0859&from=EN [28.11.2014].
Deutsche Forschungsgemeinschaft (Hg.) (2004): Tierversuche in der Forschung. Bonn: Lemmens Verlags- und Mediengesellschaft. URL http://www.dfg.de/download/pdf/dfg_im_profil/geschaeftsstelle/publikationen/dfg_tierversuche_03 00304.pdf [28.11.2014].
Forumssekretariat des Forum Tierversuche in der Forschung (Hg.) (2012): Ziel- und Zweckbewertung von Tierversuchen. Hintergrundpapier des Forum Tierversuche in der Forschung. URL http://www.tierversuche-in-der-forschung.org/uploads/2012–07_Forum-Tierversuche_Reader-Ziel+Zweckbewertung.pdf [26.11.2014].
Eheim, Werner P. (1998): Tiere – Versuchstiere – Tierversuche. Im Spannungsfeld zwischen Mensch und Tier. Basel: Pharma Information.
Gesellschaft für Versuchstierkunde (GV-SOLAS) (2012): Typen gentechnisch veränderter Tiere. URL http://www.gv-solas.de/fileadmin/user_upload/pdf_publika tion/gen_Typen0312.pdf [28.11.2014].
Kommission der Europäischen Gemeinschaften (Hg.) (1999): Zweiter Bericht der Kommission an den Rat und das Europäische Parlament über die statistischen Angaben zu den in den Mitgliedstaaten der Europäischen Union für Versuche und andere wissenschaftliche Zwecke verwendeten Tiere. KOM/99/0191 endgültig. URL http://ec.europa.eu/environment/archives/docum/pdf/99191_de.pdf [28.11. 2014].
Kommission der Europäischen Gemeinschaften (Hg.) (2003): Dritter Bericht der Kommission an den Rat und das Europäische Parlament über die statistischen An-

gaben zur Anzahl der in den Mitgliedstaaten der Europäischen Union für Versuche und andere wissenschaftliche Zwecke verwendeten Tiere. KOM/2003/0019 endgültig. URL http://eur-lex.europa.eu/legal-content/DE/TXT/PDF/?uri=CELEX:52003DC0019&from=EN [28.11.2014].

Kommission der Europäischen Gemeinschaften (Hg.) (2005): Vierter Bericht über die statistischen Angaben zur Anzahl der in den Mitgliedstaaten der Europäischen Union für Versuche und andere wissenschaftliche Zwecke verwendeten Tiere. KOM/2005/0007 endgültig. URL http://eur-lex.europa.eu/legal-content/DE/TXT/PDF/?uri=CELEX:52005DC0007&from=EN [28.11.2014].

Kommission der Europäischen Gemeinschaften (Hg.) (2007): Fünfter Bericht über die statistischen Angaben zur Anzahl der in den Mitgliedstaaten der Europäischen Union für Versuchs- und andere wissenschaftliche Zwecke verwendeten Tiere. KOM/2007/0675 endgültig. URL http://aei.pitt.edu/33394/1/COM_(2007)_675_1.pdf [28.11.2014].

Verband Forschender Arzneimittelhersteller (VFA) (Hg.) (2009): Einsatz von Ersatz- und Ergänzungsmethoden zum Tierversuch in der chemisch-pharmazeutischen Forschung und Entwicklung. URL http://www.vfa.de/embed/pos-tierversuche-01.pdf [28.11.2014].

Verband Forschender Arzneimittelhersteller (VFA) (Hg.) (2012): Tierversuche in der pharmazeutischen Forschung. URL http://www.vfa.de/embed/pos-tierversuche-2.pdf [28.11.2014].

Verband Forschender Arzneimittelhersteller (VFA) (Hg.) (2013): Forschung für das Leben. Entwicklungsprojekte für innovative Arzneimittel. URL http://www.vfa.de/embed/forschung-fuer-das-leben-2013.pdf [28.11.2014].

Weltärztebund (Hg.) (1964): Ethische Grundsätze für die medizinische Forschung am Menschen. Deklaration des Weltärztebundes von Helsinki. URL http://www.bundesaerztekammer.de/downloads/BAeKground_Spezial_Helsinki.pdf [28.11.2014].

Weltärztebund (Hg.) (2013): Handbuch der ärztlichen Ethik. URL http://www.bundesaerztekammer.de/downloads/DeklHelsinki2013.pdf [28.11.2014].

II. Alternativmethoden

Horst Spielmann

1. Einleitung

Alternativmethoden zu Tierversuchen bzw. Ersatz- und Ergänzungsmethoden sind tierversuchsfreie, moderne Techniken, wie zum Beispiel Experimente an Zell- und Gewebekulturen sowie molekularbiologische Verfahren, die auch In-vitro-Methoden (von lat. in vitro: im Glase (= Reagenzglas)) genannt werden, sowie Computersimulationen. Es ist das wissenschaftliche und ethische Ziel der Anwendung dieser neuen und anspruchsvollen Methoden, die Anzahl von Tierversuchen und die Belastung von Versuchstieren zu reduzieren. In Deutschland wurde im Jahr 1989 im Rahmen der Umsetzung der Richtlinie 86/609/EWG nicht nur das Tierschutzgesetz (TierSchG) novelliert, sondern darüber hinaus zum Schutz von Versuchstieren die *Zentralstelle zur Erfassung und Bewertung von Ersatz- und Ergänzungsmethoden zum Tierversuch* (ZEBET[1]) im früheren Bundesgesundheitsamt gegründet. Heute ist ZEBET eine selbständige wissenschaftliche Einheit im Bundesinstitut für Risikobewertung (BfR[2]). Schwerpunkt ihrer Tätigkeit ist die Verminderung der in der Öffentlichkeit besonders kritisierten, behördlich vorgeschriebenen Tierversuche. Dazu wurden bei ZEBET die *Datenbank für Alternativmethoden* (AnimAlt-ZEBET[3]) sowie ein Informationsdienst für Alternativmethoden etabliert. Außerdem vergibt ZEBET Fördermittel zur Erforschung von Alternativmethoden und prüft alternative Testmethoden auf ihre Relevanz und Reproduzierbarkeit. Diesen Prozess bezeichnet man als Validierung.

ZEBET war weltweit die erste staatliche Institution zur Entwicklung und Validierung von Alternativmethoden. Im Jahr 1992 gründete die EU-Kommission das *European Centre for the Validation of Alternative Methods*

[1] URL http://www.bfr.bund.de/cd/1433 [28.11.2014].
[2] URL http://www.bfr.bund.de [28.11.2014].
[3] URL http://www.dimdi.de/static/de/db/dbinfo/ztoo.htm [28.11.2014].

(ECVAM[4]), dessen wichtigste Aufgaben die Förderung und Koordinierung von internationalen, experimentellen Validierungsprojekten zum Ersatz sicherheitstoxikologischer Tierversuche sind, wie zum Beispiel die Prüfungen auf Haut- und Augenreizung am Kaninchen. Inzwischen wurden auch außerhalb Europas ähnliche staatliche Validierungszentren gegründet, wie zum Beispiel in den USA im Jahr 1998 das *Interagency Coordinating Committee for the Validation of Alternative Methods* (ICCVAM[5]), angesiedelt bei den National Institutes of Health (NIH), und in Japan im Jahr 2005 das *Japanese Centre for the Validation of Alternative Methods* (JaCVAM[6]). Die drei Zentren kooperieren eng miteinander, um auf internationaler Ebene die gegenseitige Anerkennung neuer Alternativmethoden zu beschleunigen. Auch existieren in mehreren anderen europäischen Ländern und in den USA inzwischen nicht-staatliche Zentren zur Entwicklung von Alternativmethoden, die sich mit dem Ersatz von Tierversuchen in der Grundlagenforschung beschäftigen, wie zum Beispiel in England das *National Centre for the 3Rs* (NC3Rs[7]) des Medical Research Council (MRC) und in den USA das *Center for Alternatives to Animal Testing* (CAAT[8]) an der renommierten Johns Hopkins University in Baltimore.

1.1 *Das 3R-Prinzip von Russell und Burch*

Das heute weltweit akzeptierte wissenschaftliche Konzept für die Entwicklung von Alternativmethoden zu Tierversuchen, das sogenannte 3R-Prinzip, haben im Jahr 1959 die beiden britischen Biologen William Russell und Rex Burch[9] in ihrem Buch *The Principles of Humane Experimental Technique* entwickelt. Das 3R-Prinzip *Refine, Reduce, Replace* (Verfeinerung, Verminderung und Ersatz) umfasst Maßnahmen zur Verminderung der Versuchstierzahlen und der Belastungen der Versuchstiere. Als *Refinement* bezeichnet man Versuchsansätze, die das Leiden der Versuchstiere minimieren und gleichzeitig zu besseren Ergebnissen führen, weil durch solche weniger belastenden Versuche aussagefähigere Para-

---

[4] URL http://www.bfr.bund.de/de/european_centre_for_the_validation_of_alternative_methods__ecvam_-4297.html [28.11.2014].
[5] URL http://ntp.niehs.nih.gov/?objectid=61BA4EF0-C880-CB0E-6C33B90B6612ABCF [28.11.2014].
[6] URL http://www.jacvam.jp/en/ [28.11.2014].
[7] URL http://www.nc3rs.org.uk/ [28.11.2014].
[8] URL http://caat.jhsph.edu/ [28.11.2014].
[9] Vgl. Russell / Burch 1959.

meter bestimmt werden. Unter *Reduction* versteht man die Minimierung der Versuchstierzahlen durch statistische Optimierung und ein intelligentes Versuchsdesign, wie es zum Beispiel in der Arzneimittelindustrie schon immer üblich war. Unter *Replacement* versteht man alle Maßnahmen, die zu einem vollständigen Ersatz von Tierversuchen führen können, wie dies teilweise mit Zell- und Gewebekulturen oder durch Computersimulation möglich ist.

Vor allem in Deutschland wurde das 3R-Prinzip lange nicht akzeptiert. Es erlebte jedoch um 1990 eine Renaissance im Zusammenhang mit der Verabschiedung der Richtlinie 86/609/EWG zum Schutz der Versuchstiere und der Gründung des EU-Validierungszentrums ECVAM. Seit 2001 wird das 3R-Prinzip auch offiziell von der *European Science Foundation* (ESF), dem Zusammenschluss der wichtigsten europäischen Wissenschaftsorganisationen, als Grundlage für den wissenschaftlichen Tierschutz von Versuchstieren anerkannt.[10] Seitdem knüpfen die EU-Kommission und nationale Institutionen die Vergabe von Fördermitteln an die Ausrichtung der Forschung am 3R-Prinzip. Wie oben dargestellt, bildet das 3R-Prinzip die wissenschaftliche Basis für nationale und internationale Zentren zur Validierung von Ersatz- und Ergänzungsmethoden (ZEBET, ECVAM, ICCVAM, JaCVAM, NC3Rs) sowie für den alle zwei Jahre stattfindenden *World Congress on Alternatives and Animal Use in the Life Sciences.*

Es ist als bedeutender Fortschritt auf dem Gebiet des wissenschaftlichen Tierschutzes anzusehen, dass im November 2005 die wichtigsten Industrieverbände, die Europäische Kommission, die EU-Mitgliedsstaaten und die europäischen Tierschutzverbände gemeinsam die *European Partnership for Alternative Approaches to Animal Testing* (EPAA[11]) gründeten. In einer grundlegenden »3R«-Deklaration[12] haben alle Partner der EPAA den gemeinsamen Willen zur Entwicklung und Durchsetzung alternativer Methoden bekundet und sich auf eine partnerschaftliche Zusammenarbeit mit diesem Ziel verständigt. Ausgelöst wurde diese einzigartige Initiative durch die europäische Kosmetik- und Chemikaliengesetzgebung, die durch die Richtlinie 2003/15/EG für Kosmetika ab dem Jahr 2013 einen vollständigen Verzicht auf sicherheitstoxikologische Tierversuche sowie für Chemikalien durch die Verordnung (EG) Nr. 1907/2006 bei den toxikologischen Grundinformationen eine Beschränkung auf die Prüfung mit tierversuchsfreien Alternativmethoden vorgeschrieben hat.

---

[10] Vgl. European Science Foundation (ed.) 2001.

[11] URL http://ec.europa.eu/enterprise/epaa/index_en.htm [28.11.2014].

[12] Vgl. The European Partnership for Alternative Approaches to Animal Testing (ed.) 2006.

1.2 *Refinement-, Reduction- und Replacement-Alternativmethoden*

Die wissenschaftliche Akzeptanz des 3R-Prinzips von Russell und Burch hat inzwischen dazu geführt, dass man einzelne Alternativmethoden jeweils einem der 3Rs zuordnet. Man unterscheidet deshalb inzwischen *Refinement*-Alternativmethoden von *Reduction*-Alternativmethoden und von *Replacement*-Alternativmethoden. Unterschiedliche Wissenschaftsdisziplinen in den Lebenswissenschaften setzen dabei aufgrund der unterschiedlichen Methoden, mit denen sie arbeiten, zwangsläufig unterschiedliche Schwerpunkte bei der Umsetzung des 3R-Prinzips.

In der Versuchstierkunde ist die Verbesserung der Haltungsbedingungen der Versuchstiere vorrangig. Demzufolge stehen die *Refinement*-Alternativmethoden im Vordergrund der Forschungsaktivitäten.[13] Tierversuchsgegner empfinden diese wichtigen Verbesserungen für die Versuchstiere häufig als unzureichend, denn sie sind vor allem an der Abschaffung von Tierversuchen interessiert. Entsprechend der Definition von Alternativmethoden nach dem 3R-Prinzip werden die *Reduction*-Alternativmethoden und die *Replacement*-Alternativmethoden als die eigentlichen Ersatzmethoden zu Tierversuchen angesehen. Sie bilden deshalb bei der Förderung der Forschung zum Ersatz von Tierversuchen den Schwerpunkt. Gleichzeitig sind Erfolge auf diesen Gebieten ungleich schwieriger und langwieriger zu erzielen als bei den *Refinement*-Methoden. Dabei ist besonders zu berücksichtigen, dass heute aufgrund des wissenschaftlichen Fortschritts in den Biowissenschaften, vor allem in der Molekularbiologie und bei der Züchtung menschlicher Zellen und Gewebe, viele Tierversuche, die noch vor wenigen Jahren unerlässlich waren, nicht mehr durchgeführt werden müssen. Eine kritische Analyse der Verbesserungen auf dem Gebiet der Alternativmethoden anhand der Berichtszahlen zeigt, dass der rasante Fortschritt auf allen Gebieten der Biomedizin in den letzten 50 Jahren sehr viel stärker zu dieser Entwicklung beigetragen hat als die gezielte Förderung der Entwicklung von Alternativmethoden in Deutschland[14] oder durch die EU-Kommission[15]. Neue

[13] Obwohl diese *Refinement*-Alternativmethoden zwar im weitesten Sinne zu den Alternativmethoden gerechnet werden können, werden sie in diesem Kapitel nicht behandelt.

[14] In Deutschland wurde seitens des Bundesministeriums für Bildung und Forschung (BMBF) und des Projektträgers Biotechnologie des Forschungszentrums Jülich das Projekt »Ersatzmethoden zum Tierversuch« durchgeführt und gefördert. URL http://www.ptj.de/alternativmethoden-tier [28.11.2014]. Vgl. zur Förderung in Deutschland auch Stiftung zum Ersatz von Tierversuchen (SET). URL http://www.tierversuche-ersatz.de/ [28.11.2014].

[15] Eine Förderung im Rahmen der EU wurde verankert im vierten bis siebten Rahmenprogramm zur Forschungsförderung in Europa, erarbeitet durch die EU-Kommission, General-

tierversuchsfreie Methoden haben sich primär deshalb durchgesetzt, weil sie nicht nur wissenschaftlich besser und billiger durchzuführen sind als Tierversuche, sondern weil bei Arbeiten mit menschlichem Material (d. h. mit DNA, RNA, Zellen, Gewebe und Organen) das Problem der Übertragbarkeit der Ergebnisse vom Versuchstier auf den Menschen entfällt.

Das Endziel bei der Entwicklung von Alternativmethoden ist der vollständige Ersatz eines Tierversuches durch eine tierversuchsfreie Alternativmethode. In einzelnen Fällen ist dies bereits erreicht. Bei vielen Alternativmethoden aber werden nur wenige Messparameter in einfachen biologischen Systemen bestimmt, während Tier und Mensch sehr viel komplexere Lebewesen sind. Aus wissenschaftlicher Sicht ist deshalb zu erwarten, dass in den meisten Fällen ein Tierversuch nicht durch eine einzige Alternativmethode zu ersetzen ist, sondern dass dazu häufig mehrere Alternativmethoden miteinander kombiniert werden müssen. Die praktische Erfahrung bestätigt dies beispielsweise in der Toxikologie, denn zum Ersatz des Tests zur Prüfung auf augenreizende Eigenschaften am Kaninchen sind mehrere Alternativmethoden erforderlich, weil das Auge aus verschiedenen Geweben besteht (Bindehaut, Hornhaut, Pupille), die unterschiedliche Empfindlichkeiten und Reaktionsfähigkeiten aufweisen.

2. Analyse der Anzahl der Tierversuche

Seit der Einführung der Richtlinie 86/609/EWG zum Schutz von Versuchstieren im Jahr 1989 werden in den EU-Mitgliedsstaaten Tierversuchszahlen nach einheitlichen Kriterien erfasst. Im Rahmen der Anpassung des deutschen Tierschutzgesetzes an diese Richtlinie wurde in Deutschland die Versuchstiermeldeverordnung (VersTierMeldV) erlassen, nach der die Versuchstierzahlen in gleicher Weise erhoben werden wie in allen EU-Mitgliedsstaaten. Dies ist für die EU-Kommission und das Europäische Parlament die verlässlichste Methode, um Veränderungen im Verbrauch von Versuchstieren zu erfassen. Die EU-Kommission publiziert seit Inkrafttreten der Richtlinie alle drei Jahre die EU-Versuchstierstatistik. So wurde im Jahr 2013 der *Bericht der Kommission an den Rat und das Europäische Parlament: Siebenter Bericht über die statistischen Angaben*

direktion Forschung (DG RTD). Das siebte Rahmenprogramm ist online verfügbar unter URL http://ec.europa.eu/research/fp7/ [28.11.2014].

zur Anzahl der in den Mitgliedstaaten der Europäischen Union für Versuchs- und andere wissenschaftliche Zwecke verwendeten Tiere vorgelegt.[16] In Deutschland veröffentlicht die Bundesregierung seit 1991 jährlich eine Zusammenfassung der Versuchstierstatistik und bis 2007 alle zwei Jahre, seitdem alle vier Jahre, den *Tierschutzbericht der Bundesregierung*[17], in dem Tierversuche, Alternativmethoden sowie die Versuchstierstatistik einen breiten Raum einnehmen.[18]

Es ist das erklärte politische Ziel von EU-Parlament und EU-Kommission sowie von Bundestag und Bundesregierung, den Verbrauch von Versuchstieren nachhaltig zu reduzieren. Deshalb hat die Veröffentlichung der Versuchstierzahlen in allen EU-Mitgliedsstaaten hohe politische Bedeutung. Aufgrund der Zahlen der Versuchstierstatistik haben EU-Parlament und EU-Kommission die gesetzlichen Rahmenbedingungen im Bereich der Sicherheitstoxikologie von Kosmetika und Industriechemikalien einschneidend geändert, um die Anwendung tierversuchsfreier Prüfmethoden stärker zu fördern.

2.1 *Verbrauch von Versuchstieren in Deutschland*

Nach den Angaben des Bundesministeriums für Ernährung und Landwirtschaft (BMEL[19]) wurden im Jahr 2012 in Deutschland 3.080.727 Wirbeltiere für Versuche und andere wissenschaftliche Zwecke verwendet. Gegenüber dem Vorjahr[20] ist das ein Anstieg um 169.022 Tiere bzw. um 5,8%. Im Einzelnen stellen sich die Zahlen wie folgt dar:

Die größte Gruppe der Versuchstiere mit über 87% sind die Nager mit 2.697.396 Tieren. An zweiter Stelle folgen die Fische mit 166.396 Tieren (5%), deren Anzahl sich gegenüber dem Vorjahr verringert hat und von denen 30% in der biologischen Grundlagenforschung verwendet wurden. Die Zahlen für Katzen und Hunde belaufen sich auf 863 bzw. 2.612 und liegen damit höher als im Vorjahr. Bei Altwelt-, Neuwelt- und Halbaffen nahm die Versuchstierzahl gegenüber dem Vorjahr um 110 auf insgesamt 1.686 Tiere ab, 57,7% wurden für toxikologische und andere Sicherheitsprüfungen eingesetzt. Menschenaffen wurden in Deutschland

---

[16] Vgl. Kommission der Europäischen Gemeinschaften (Hg.) 2013.
[17] Vgl. Deutscher Bundestag (Hg.) 2011.
[18] Für eine ausführliche Darstellung der Entwicklungen bezüglich der nationalen und europäischen Versuchstierzahlen in den vergangenen Jahren siehe Teil 1 (Tierversuche und Versuchstiere) des vorliegenden Sachstandsberichts.
[19] Vgl. Bundesministerium für Ernährung und Landwirtschaft (Hg.) 2013.
[20] Vgl. Bundesministerium für Ernährung und Landwirtschaft (Hg.) 2012.

zuletzt 1991 im Tierversuch gemeldet. Während die Anzahl verwendeter Tiere auch bei den Meerschweinchen und Vögeln im Vergleich zum Vorjahr abnahm, stieg sie bei den Mäusen, Ratten, Kaninchen und Schweinen an. Bemerkenswert ist die Zahl der transgenen Tiere. So stieg der Anteil gentechnisch veränderter Mäuse gegenüber dem Vorjahr um 39 % auf 889.137 Tiere an.

Die Analyse des Tierverbrauches nach Versuchszwecken ergibt folgendes Bild: Für wissenschaftliche Zwecke wurden 892.565 Wirbeltiere getötet, um deren Organe oder Gewebe wissenschaftlich zu nutzen und gleichzeitig Tierversuche zu ersetzen. Bei der Erforschung und Entwicklung von Produkten und Geräten für die Human-, Zahn- und Veterinärmedizin ist ein leichter Rückgang um 8,8 % zu verzeichnen. Die Zahl der verwendeten Tiere für »sonstige Zwecke« ist dagegen gegenüber dem Vorjahr um 26.491 auf 74.958 angestiegen. Für die Erforschung von Erkrankungen von Menschen oder Tieren wurden 52,9 % aller Versuchstiere eingesetzt. Für rechtlich vorgeschriebene Versuche bei der Herstellung oder Qualitätskontrolle von Produkten für die Human-, Zahn- oder Veterinärmedizin bzw. für toxikologische Sicherheitsprüfungen wurden 14,3% der Tiere verwendet. Für Produkte oder Stoffe, die vorrangig in Kosmetikartikeln verwendet werden, wurden keine Tierversuche durchgeführt.

2.2 *Verbrauch von Versuchstieren in Europa*

Nach der EU-Versuchstierstatistik aus dem Jahr 2013 wurden im Berichtszeitraum 2011 in den 27 Mitgliedstaaten 11.481.521 Millionen Tiere für Versuchs- und andere wissenschaftliche Zwecken verwendet.

Wie in früheren Jahren waren in der EU nahezu 75 % der Versuchstiere Nager. Davon entfielen 60,9 % auf Mäuse, gefolgt von Ratten mit 13,9 %. Die am zweithäufigsten verwendete Gruppe waren Reptilien, Amphibien und Fische (fast 12,5%). Die drittgrößte Gruppe bildeten die Vögel (5,9 %). Wesentliche Zunahmen betrafen Fische (310.307 Tiere) und Kaninchen (25.000 Tiere). Wie in früheren Jahren wurden im Jahr 2011 in der EU keine Menschenaffen für Tierversuche eingesetzt, und nichtmenschliche Primaten machten 0,05 % der Versuchstiere aus.

Weil zum Teil unterschiedliche Berichtsjahre verwendet wurden und die Zahl der Mitgliedstaaten im Laufe der Jahre angestiegen ist, werden in der Erhebung keine exakten Schlussfolgerungen zur Entwicklung der Versuchstierverwendung in der EU gezogen. Es werden jedoch einige Trendvergleiche angestellt. So ist die Gesamtzahl der eingesetzten Tiere seit dem Jahr 2008 rückläufig – 2011 um mehr als 500.000 Tiere. Die Verwendung bestimmter Arten hat allerdings zugenommen. Den größten Anstieg im Vergleich zu 2008 gab es bei den Fischen (um 310.307 auf 1.297.462 Tiere), gefolgt von den Kaninchen (um 25.000 auf 358.213).

Über 60% der Versuchstiere wurden im Jahr 2011 zu Forschungs- und Entwicklungszwecken in der Human-, Veterinär- und Zahnmedizin sowie in der biologischen Grundlagenforschung eingesetzt, 13,8% für die Herstellung und Qualitätskontrolle von Produkten und Geräten für die Human-, Veterinär- und Zahnmedizin.

Der Prozentanteil von Tieren, die für Aus- und Fortbildungszwecke verwendet wurden, ist seit vielen Jahren rückläufig. Diese Entwicklung wird in früheren Berichten auf die Anwendung alternativer Techniken und auf die Wiederverwendung von Tieren zurückgeführt. Eine leichte Abnahme ist auch auf den Gebieten der »sonstigen Zwecke«, d.h. der Virologie, Immunologie (Herstellung monoklonaler und polyklonaler Antikörper), der Maus-Transgenese, der Krebsforschung und der pharmakologischen und genetischen Forschung zu verzeichnen.

Im Jahr 2011 belief sich die Zahl der zur Erforschung von Human- und Tierkrankheiten verwendeten Tiere auf 57,5%. Anteil und Anzahl der für Tierkrankheitsstudien verwendeten Tiere haben 2008 um die Hälfte (von 1.329.000 auf 614.000 Tiere) abgenommen und blieben im Jahr 2011 beinah unverändert. Die Untersuchung spezifischer Tierkrankheiten ist unter dem Gesichtspunkt epidemischer Seuchenausbrüche bei landwirtschaftlichen Nutztieren (wie der Maul- und Klauenseuche bei Rindern, der Schweinepest und der Vogelgrippe) wichtig. 8,75% aller Versuchstiere wurden für toxikologische und sonstige Unbedenklichkeitsprüfungen verschiedener Produkte eingesetzt. Im Vergleich zu 2008 nahm der Anteil der Versuchstiere, die in dieser Kategorie aufgrund gesetzlicher Vorgaben verwendet wurden, von weniger als 50% auf 56,2% zu. Zugleich sank die Zahl der Tiere in der Rubrik »keine gesetzlichen Vorgaben«. Zur näheren Erläuterung dieser Kategorie führten einige Mitgliedstaaten Beispiele an. Darunter sind Projekte, bei denen die Sicherheit und Wirksamkeit von biologischen Tierarzneimitteln und Medizinprodukten unter Verwendung von Tieren mit betriebseigenen Methoden und nach betriebseigenen Standards untersucht wurde, Vorstudien für Dosisversuche, Studien zur Optimierung von Zahlen und Probanden (z.B. Tierarten, Rassen, Alter) sowie die Erforschung der Wirkungsmechanismen von Toxizitäten im Zusammenhang mit klinisch zugelassenen Arzneimitteln oder Kombinationsstudien mit klinisch zugelassenen Arzneimitteln. Es obliegt den Behörden des entsprechenden Mitgliedstaats, die Ergebnisse zu akzeptieren, auch wenn die Versuche nicht gesetzlich vorgeschrieben sind.

Stark abgenommen hat die Summe der Tiere, die für die Prüfung von Futtermittelzusatzstoffen verwendet werden, nämlich von 5,20 % auf 0,46 %. Der größte Prozentanteil der Tiere, die im Jahr 2011 für toxikologische und sonstige Unbedenklichkeitsprüfungen verwendet wurden, entfiel auf Prüfungen der akuten und subakuten Toxizität[21]. Bei Prüfungen auf akute bzw. subakute Toxizität zeigen die vier letzten Berichte eine Steigerung des Anteils der verwendeten Tiere von 36 % auf 42 %, 45 % und schließlich auf 47,5 %. Dies entspricht, in Zahlen ausgedrückt, einer Zunahme von 84.400 Tieren seit dem Jahr 2002. In früheren Berichten wurde diese Steigerung zum Teil auf verschiedene Phasen der Entwicklung neuer Produkte und auf neue Rechtsvorschriften zurückgeführt.

2.3 *Veränderungen des Verbrauchs von Versuchstieren in Deutschland und in Europa*

In Deutschland hat die Anzahl der Versuchstiere, die seit 1989 mit Inkrafttreten der Richtlinie 86/609/EWG jährlich erfasst werden, von 2,7 Millionen im Jahr 1989 auf 2 Millionen im Jahr 2004 kontinuierlich abgenommen und ist danach bis zum Jahr 2012 auf über 3 Millionen angestiegen.

2.3.1 Tierverbrauch in der Arzneimittelforschung

Eine genauere Analyse der deutschlandweit erfassten Daten zeigt, dass die Abnahme hauptsächlich auf eine Verminderung des Tierverbrauches in der Arzneimittelforschung zurückzuführen ist, da dieser im Zeitraum von etwa 15 Jahren um 70 % abgenommen hat, nämlich von 1,4 Millionen im Jahr 1989 auf weniger als 0,5 Millionen im Jahr 2012. Diese deutliche Abnahme der Versuchstierzahlen ist bemerkenswert, weil nach Erhebungen des Bundesverbandes der Pharmazeutischen Industrie im Jahr 1977 allein für die Arzneimittelforschung 4,4 Millionen Versuchstiere in Deutschland verbraucht wurden, also fast zehnmal mehr als heute. Somit hat sich auf dem Forschungsgebiet, auf dem früher mehr als 50 % der Versuchstiere verwendet wurden, die Situation grundlegend geändert.

---

[21] Von akuter Toxizität wird dann gesprochen, wenn eine Reaktion nach einmaliger Gabe einer Substanz erfolgt. Als subakut wird Toxizität bezeichnet, die erst nach wiederholter Gabe über vier Wochen (28 Tage) nachweislich wird.

Diese Entwicklung ist fast ausschließlich auf die verstärkte Anwendung molekular- und zellbiologischer Methoden in der Arzneimittelforschung zurückzuführen. Sie hat zur Anwendung einer neuen Technik geführt, dem sogenannten *high throughput screening* (HTS), bei dem mit roboterähnlichen Maschinen in kürzester Zeit tausende von vielversprechenden Molekülen untersucht werden. Es wird beim HTS-Verfahren vor allem geprüft, ob neue Wirkstoffe mit wichtigen Rezeptormolekülen unterschiedlicher Organe des Menschen aktiv reagieren, denn dies ist die bis heute gültige Hypothese zur Erklärung der Wirkung von Arzneistoffen.

Das HTS-Verfahren hat in den frühen Phasen der Findung neuer Wirkstoffe die Tierversuche in Deutschland fast vollständig ersetzt. Nur in den präklinischen toxikologischen Sicherheitsprüfungen sind Tierversuche noch immer unverzichtbar. So ermutigend diese Entwicklung ist, so bedeutet dies jedoch auch, dass eine weitere Reduktion der Tierversuche in der Arzneimittelforschung kaum zu erwarten ist.

Häufig wird von den Kritikern unterstellt, dass die Verminderung von Tierversuchen in der Arzneimittelforschung darauf zurückzuführen ist, dass die Versuche in Ländern der sogenannten Dritten Welt durchgeführt werden. Prüfungen haben jedoch gezeigt, dass dies nicht der Fall ist. Der Fortschritt in der Biomedizin hat dazu geführt, dass die molekulare Pharmakologie heute die Methode der Wahl zum Identifizieren neuer Wirkstoffe ist, und zwar weltweit, also auch in Schwellenländern wie Indien und China. Ein weiterer Grund ist die Globalisierung und die damit u. a. einhergehende grenzenlose Informationsfreiheit. Infolge dessen können international tätige, forschende Arzneimittelfirmen – aufgrund der kritischen Einstellung der Öffentlichkeit – Tierversuche heute nicht mehr in nicht-zugänglichen Laboratorien im Ausland durchführen. Der drohende Imageverlust und ein möglicher Boykott der Produkte haben dazu geführt, dass forschende Arzneimittelfirmen im Rahmen sogenannter *Corporate Governance* dem 3R-Prinzip eine hohe Priorität einräumen. Die international publizierten europäischen Tierversuchszahlen bestätigen diese Entwicklung.

2.3.2 Tierverbrauch in der Grundlagenforschung

Eine andere Entwicklung zeigt das Gebiet der Grundlagenforschung, denn seit der ersten Veröffentlichung von Tierversuchszahlen im Jahr 1989 nach der Versuchstiermeldeverordnung in Deutschland und nach Inkrafttreten der Richtlinie 86/609/EWG in der Europäischen Union haben die Versuchszahlen in der Grundlagenforschung bis zum Jahr

2000 nicht abgenommen, und seitdem stiegen sie bis 2012 wieder kontinuierlich an. Es werden also in Deutschland mehr als ein Drittel (2012 = 37%) und in den EU-Mitgliedsstaaten sogar fast die Hälfte der Tierversuche (2011 = 46%) in der biologischen Grundlagenforschung durchgeführt. Die Zunahme der Tierversuche seit dem Jahr 2000 ist fast ausschließlich auf diesen Bereich zurückzuführen.

Diese Entwicklung hat vor allem zwei Ursachen, nämlich zum einen die seit dem Jahr 2000 zusätzlich vorgeschriebene statistische Erfassung von Tieren, die zur Organentnahme getötet werden, und zum anderen die Methode der Herstellung transgener Tiere. Der Richtlinie 86/609/EWG zufolge müssen bei der Meldung der Tierversuchszahlen auch solche Tiere gemeldet werden, die zum Zweck der Organentnahme getötet werden. In Deutschland wurden diese Tiere bis zum Jahr 2000 statistisch nicht erfasst, weil das Töten von Tieren unter tierschutzgerechten Bedingungen nicht als Tierversuch gewertet wird. Dieser Unterschied trug dazu bei, dass Deutschland im Vergleich zu den übrigen Mitgliedsstaaten der EU zu niedrige Versuchstierzahlen an die EU-Kommission meldete. Die EU-Kommission verlangte deshalb von Deutschland eine Änderung der Versuchstiermeldeverordnung. Nach der Novellierung dieser Verordnung stiegen im Jahr 2000 entsprechend erwartungsgemäß die Versuchstierzahlen in Deutschland an. Es werden dabei nun auch solche Tiere erfasst, deren Organe bzw. Zellen und Gewebe für die Durchführung von Alternativmethoden unerlässlich sind.

Die zweite Ursache für den Anstieg der Versuchstierzahlen ist auf den wissenschaftlichen Fortschritt im Bereich der Biomedizin zurückzuführen, wodurch es gelang, transgene Tiere herzustellen. Deren Erbmaterial, das Genom, wird so verändert, dass in sie entweder zusätzlich fremde Gene eingeschleust werden *(Knock-in)* oder dass funktionsfähige Gene durch funktionsunfähige ersetzt werden *(Knock-out)*. Die neue Methode wird sowohl in der Grundlagenforschung als auch in der Arzneimittelforschung eingesetzt, denn transgene Tiermodelle haben neue Forschungsfelder eröffnet, und sie gestatten es auch, neue Krankheitsmodelle zu etablieren, um die Wirkung neuer Wirkstoffe zu analysieren. Die Weiterentwicklung dieser neuen Methodik führte weltweit zu einer Zunahme von Tierversuchen vorwiegend in der Grundlagenforschung. Das wird durch den Bericht über die Versuchstierzahlen des Bundesministeriums für Ernährung und Landwirtschaft von 2013 bestätigt, in dem dargelegt wird, dass allein bei den transgenen Mäusen 2012 im Vergleich zum Vorjahr eine Steigerung um 25% auf 889.137 Tiere zu beobachten war – das sind 28% aller Versuchstiere. Des Weiteren wurden transgene Ratten, Kaninchen, Schweine, Amphibien und Fische eingesetzt.

Die hier für Deutschland geschilderte Entwicklung entspricht der internationalen Entwicklung innerhalb und außerhalb Europas.

2.3.3 Tierverbrauch aufgrund gesetzlicher Vorschriften

Für rechtlich vorgeschriebene Versuche bei der Herstellung oder Qualitätskontrolle von Produkten für die Human-, Zahn- oder Veterinärmedizin bzw. für toxikologische Sicherheitsprüfungen wurden in Deutschland im Jahr 2012 13,6% der Tiere eingesetzt. Für Produkte oder Stoffe, die vorrangig in Kosmetikartikeln verwendet werden, wurden keine Tierversuche durchgeführt. Insgesamt ist bis heute aufgrund der gesetzlichen Vorschriften in Deutschland ein Rückgang der bei toxikologischen Prüfungen eingesetzten Tiere auf ca. 160.000 pro Jahr zu beobachten. Bei Versuchen zu diagnostischen Zwecken war eine Zunahme um 7.029 auf 23.353 Tiere zu verzeichnen.

In der EU ist die Situation anders, denn lediglich 8,75% aller Versuchstiere wurden für toxikologische und sonstige Unbedenklichkeitsprüfungen verwendet. Davon wurden 39,8% bei der Prüfung von Produkten oder Geräten für die Human-, Veterinär- und Zahnmedizin eingesetzt. Auf die Gruppe der Industrie- und Agrarprodukte entfielen 15,9% aller Versuchstiere für toxikologische und sonstige Unbedenklichkeitsprüfungen.

Die Unterschiede beim Vergleich der Tierversuchszahlen für diesen Bereich in der EU und in Deutschland sind darauf zurückzuführen, dass in Deutschland viele global tätige forschende Firmen der Arzneimittel-, Agrar-, Chemie- und Kosmetikindustrie beheimatet sind, die zur Vermarktung ihrer Produkte gesetzlich vorgeschriebene, sicherheitstoxikologische Prüfungen zum Nachweis der Unbedenklichkeit durchführen müssen.

Insgesamt ist bemerkenswert, dass die Anstrengungen in der EU seit Inkrafttreten der Richtlinie 86/609/EWG zur vordringlichen Verminderung der stark belastenden, gesetzlich vorgeschriebenen Tierversuche erfolgreich waren, denn auf diesem Gebiet sind die Tierversuche kontinuierlich zurückgegangen. Wesentlich zu diesem Erfolg hat sicherlich die konsequente Umsetzung des 3R-Prinzips beigetragen, das bereits ausführlich beschrieben wurde.

2.4 *Tierverbrauch in den Industriestaaten außerhalb Europas*

Mit der Verabschiedung der Richtlinie 86/609/EWG hat Europa international einen ethischen Standard gesetzt, der außerhalb Europas zwar bewundert, in vielen wichtigen Industriestaaten bisher aber nur halbherzig umgesetzt wird. Das gilt vor allem für die Erfassung der Versuchstierzahlen, denn beispielsweise werden in den USA Mäuse, Ratten und Fische nicht in der offiziellen Versuchstierstatistik erfasst. Ursache dafür ist der hohe Einfluss, den die Forschung und die amerikanischen Eliteuniversitäten auf die Politik haben. Mehrfache Versuche, in den zuständigen Ausschüssen des US-Kongresses eine Änderung herbeizuführen, sind gescheitert, weil die entsprechenden Forscher in Anhörungen glaubhaft machen konnten, dass Wissenschaftler ohnehin ethisch handeln und dass ihre Forschungsanträge von den für Tierversuche zuständigen Ethikkommissionen der jeweiligen Institute (*Institutional Animal Care and Use Committee*, IACUC[22]) geprüft werden, sodass der zusätzliche bürokratische Aufwand in einem Missverhältnis zum möglichen positiven Effekt stehe. Aus ethischer Sicht wurde argumentiert, dass die Freiheit der Forschung aufgrund der US-Verfassung für die Wissenschaft als ein höheres Gut zu werten sei als der Tierschutz, der in den USA keinen Verfassungsrang hat und auf Ebene der einzelnen Bundesstaaten der USA geregelt wird. Es gibt deshalb auch keine verlässlichen statistischen Tierversuchszahlen der US-Bundesregierung, die zum Vergleich mit Europa herangezogen werden könnten.

Die Bedeutung der unterschiedlichen gesetzlichen Verankerung des Schutzes von Versuchstieren lässt sich dadurch veranschaulichen, dass nach dem 2013 veröffentlichten Bericht der EU-Kommission in Europa allein 75% der verwendeten Versuchstiere Mäuse und Ratten waren (Mäuse 60,9%, Ratten 13,9%). Bei den Forschungsprojekten der EU-Kommission und der Mitgliedsstaaten zur Verminderung der Tierversuchszahlen bilden deshalb die Labornagetiere einen Hauptansatzpunkt. In den USA gibt es dagegen keine vergleichbaren Aktivitäten, und die Reduktion von Versuchen an Affen und insbesondere an Primaten bildet dort einen Schwerpunkt der Forschungsbemühungen.

Im Gegensatz zu den USA ist die Situation bezüglich der Tierversuchsstatistik in Kanada sehr ähnlich wie in Europa, d.h. sie basiert in Grundzügen auf der EU-Richtlinie 86/609/EWG. Das liegt vor allem an dem großen Einfluss, den England bis heute auf den Gebieten der Verwaltung, der Wissenschaft und auch der Ethik in Kanada ausübt.

---

[22] URL http://www.iacuc.org/aboutus.htm [28.11.2014].

Japan hat inzwischen in Grundzügen das europäische System übernommen. Eine wichtige Rolle spielte dabei der 6. Weltkongress über Alternativmethoden und Tierversuche in den Biowissenschaften *(6th World Congress on Alternatives & Animal Use in the Life Sciences)*, der im Jahr 2007 in Tokio stattfand. Diese Entwicklung ist wiederum ein starkes Indiz dafür, dass die EU-Direktive 86/609/EWG weltweit den Maßstab für den ethischen und wissenschaftlichen Umgang mit Versuchstieren gesetzt hat. Dies betrifft auch die Bedingungen für die statistische Erfassung der Versuchstierzahlen.

3. National und international etablierte Alternativmethoden

Die Richtlinie 2010/63/EU (kurz: Tierversuchsrichtlinie) zum Schutz von Versuchstieren und dementsprechend auch das deutsche Tierschutzgesetz schreiben vor, dass bei der Vorbereitung von Versuchsvorhaben zu prüfen ist, ob der verfolgte Zweck des Versuches nicht durch andere Methoden oder Verfahren als dem Tierversuch erreicht werden kann. Damit sich Wissenschaftler in Deutschland umfassend über tierversuchsfreie Alternativmethoden informieren können, wurde im Jahr 1989 in der ZEBET die ZEBET-Datenbank für Alternativmethoden (AnimAlt-ZEBET) geschaffen. Sie hat zum Ziel, Wissenschaftlern, Tierschutzbeauftragten und Behördenvertretern bei der Prüfung der Unerlässlichkeit von Tierversuchen Informationen über Alternativmethoden zur Verfügung zu stellen.

In der AnimAlt-ZEBET-Datenbank sind Alternativmethoden dokumentiert, durch deren Anwendung das Leiden der Tiere im Experiment nach dem international anerkannten 3R-Prinzip von Russell und Burch vermindert werden kann. Es wurden Ersatz- und Ergänzungsmethoden aus allen Bereichen der Biomedizin in die Datenbank aufgenommen. Schwerpunkte bilden Methoden aus den Fachgebieten der Toxikologie, der Pharmakologie und der Pharmakopöe.[23] Darüber hinaus sind Alternativmethoden aus Fachgebieten wie zum Beispiel der Mikrobiologie, der Parasitologie, der Zell- und Molekularbiologie, der Physiologie, der Lebensmittelhygiene und der Immunologie dokumentiert.

[23] Die Toxikologie beschreibt unerwünschte, die Pharmakologie erwünschte Wirkungen chemischer Stoffe, und die Pharmakopöe ist das Arzneibuch, in dem die Herstellung von Arzneimitteln beschrieben wird. Neben dem europäischen Arzneibuch (Europäische Arzneibuch-Kommission (Hg.) 2006) gibt es einzelstaatliche Ausführungen wie das Deutsche Arzneibuch (Deutsche Arzneibuch-Kommission (Hg.) 2009).

In der AnimAlt-ZEBET-Datenbank, die inzwischen in englischer Sprache über das Deutsche Institut für Medizinische Dokumentation und Information (DIMDI) online weltweit allen Wissenschaftlern zugänglich ist, kann mit verschiedenen Suchfunktionen nach Alternativmethoden recherchiert werden. Es ist zum Beispiel möglich, über den Begriff des herkömmlichen Tierversuches nach Alternativen zu suchen. Alle Methoden der AnimAlt-ZEBET-Datenbank werden auf der Grundlage aktueller Literatur wissenschaftlich bewertet, und zwar bezüglich ihrer Validierung und ihrer Akzeptanz für behördliche Prüfungen. Durch die wissenschaftliche Bewertung unterscheidet sich die AnimAlt-ZEBET-Datenbank von allen vergleichbaren Datenbanken, die zwar Alternativmethoden beschreiben, sie aber nicht bezüglich des 3R-Konzeptes bewerten. Da die Alternativmethoden der AnimAlt-ZEBET-Datenbank sich an der internationalen Entwicklung orientieren, sind sie repräsentativ für den derzeitigen internationalen Stand.

In den Grundlagenwissenschaften werden publizierte wissenschaftliche Methoden akzeptiert, wenn auch andere Autoren mit ihnen reproduzierbare Ergebnisse erzielen. Eine weitere formale Überprüfung der Methode erfolgt nicht. Auf dem Gebiet der behördlich vorgeschriebenen Prüfung zur Qualitätssicherung von Arzneimitteln, Impfstoffen, Lebensmitteln und anderen Stoffen und Produkten werden dagegen die Methoden in experimentellen Validierungsstudien in Ringversuchen in mehreren Laboratorien unter blinden Bedingungen geprüft, und zwar auf ihre Reproduzierbarkeit und ihre Relevanz für die spezifische Fragestellung. Das Verfahren der experimentellen Validierung toxikologischer Prüfmethoden wurde seit 1990 vor allem von Michael Balls[24] und Mitarbeitern am EU-Validierungszentrum ECVAM entwickelt. Dieses Konzept wurde im Jahr 1996 nach intensiven Konsultationen mit den Kollegen der Validierungszentren in den USA (ICCVAM) und Japan (JaCVAM) international von der OECD für die Aufnahme neuer Methoden in das OECD-Programm für Prüfrichtlinien (OECD Test Guidelines Program[25]) akzeptiert. Für die Akzeptanz neuer Prüfmethoden für Arzneimittel gelten in ähnlicher Weise die Vorschriften der *International Conference on Harmonisation* (ICH[26]) und für Impfstoffe die Vorschriften der Weltgesundheitsorganisation (WHO[27]).

---

[24] Balls et al. 1990; Balls et al. 1995.

[25] URL http://www.oecd.org/chemicalsafety/testing/oecdguidelinesforthetestingofchemicals.htm [28.11.2014].

[26] URL http://www.ich.org/ [28.11.2014].

[27] URL http://www.who.int/en/ [28.11.2014].

Die Tatsache, dass eine Alternativmethode in der AnimAlt-ZEBET-Datenbank aufgeführt ist, besagt noch nicht, dass sie weltweit anerkannt ist, denn es gibt nur für die behördlich vorgeschriebenen Methoden ein formales Validierungsverfahren, das die Voraussetzung für die Anerkennung bildet. Jedoch erlaubt die Bewertung nach dem 3R-Prinzip in der AnimAlt-ZEBET-Datenbank eine Einschätzung, in welchem Umfang der Tierversuch im Einzelfall ersetzt werden kann.

Aufgrund der hohen politischen Priorität, die behördlich vorgeschriebene Tierversuche in Deutschland genießen, sind in der AnimAlt-ZEBET-Datenbank überwiegend Alternativmethoden zu diesen Tierversuchen dokumentiert. Nachfolgend werden Alternativmethoden für einzelne Fachgebiete in alphabetischer Reihenfolge aufgeführt.

3.1.1 Arzneibuch (Pharmakopöe) – 24 Methoden

Diese Alternativmethoden aus dem Arzneibuch sind international genormt. Sie werden eingesetzt zum Ersatz solcher Bioassays, die zur Bestimmung der Wirksamkeit von Hormonen, zum Pyrogenitätstest[28] von Arzneimitteln im Kaninchen und zur Bestimmung der Unbedenklichkeit und Wirksamkeit von Impfstoffen dienen. Sie umfassen im Einzelnen:

1. In-vitro-Test zur Bestimmung von menschlichem Calcitonin mithilfe der menschlichen Brustkrebszelllinie T47D oder Plasmamembran-Präparationen als Alternativmethoden zum Hypocalcämie-Bioassay in der Ratte,
2. Bestimmung von Lachs-Calcitonin mithilfe der Flüssigkeitschromatographie als Ersatz zum Hypocalcämie-Bioassay in der Ratte,
3. Bestimmung von Adrenocorticotropin (ACTH, corticotropin) und verwandten Peptiden mithilfe von HPLC als Alternative zum Bioassay im Tierversuch,
4. Qualitätskontrolle von Insulin und Insulinchargen mit HPLC als Ersatz für die Prüfung im Tierversuch,
5. Limulus-Test (LAL-Test) als Ersatzmethode für den Pyrogentest im Kaninchen,
6. Bestimmung von Pyrogenen mithilfe von menschlichem Blut (Pyro-Check-Assay) als Ersatz für den Pyrogentest im Kaninchen,
7. immunochemische und immunobiologische Bestimmung von endogenem Pyrogen/Interleukin-1,

[28] Als Pyrogenität bezeichnet man unerwünschte, fieberauslösende Nebenwirkungen von Arzneimitteln.

8. Enzyme-Immuno-Test (ELISA) und Toxinbindungs-Hemmtest (ToBI-Test) zur Bestimmung von Antitoxin gegen Corynebacterium diphtheriae, Anti-Diphtherietoxin-Antikörper und Antikörper gegen Diphtherietoxoid in Impfstoffen,
9. Zellkulturtest mit Vero-Zellen zur Bestimmung der Wirksamkeit von Diphtherietoxin, Antitoxin, Anti-Diphtherietoxin-Antikörpern und Antikörpern gegen Diphtherietoxoid in menschlichen und tierischen Seren,
10. Ersatz der Mehrfach-Verdünnungstests durch einen einzigen Verdünnungsschritt bei der Wirksamkeitsprüfung von Tetanus- und Diphtherie-Impfstoffen,
11. Rocket-Immunoelektrophorese zur Bestimmung von Antitoxin gegen Corynebacterium diphtheriae, Diphtherietoxin, Anti-Diphtherietoxin-Antikörper und Antikörper gegen Diphtherietoxoid enthaltende Impfstoffe,
12. passiver oder indirekter Haemagglutinations-Test (HA-Test) zur Bestimmung von Antitoxin gegen Corynebacterium diphtheriae, Anti-Diphtherietoxin-Antikörper und Antikörper gegen Diphtherietoxoid in Impfstoffen,
13. serumfreies Wachstumsmedium für Influenza-Viren zur Impfstoffproduktion anstelle der Kultur in befruchteten Hühnereiern,
14. PCR-Tests zur Bestimmung der Virulenz des Newcastle-Disease-Virus,
15. In-vitro-Haemagglutinin-Neuramidase-Protein-Test gegen Newcastle-Disease-Viren,
16. nicht-letaler respiratorischer Challenge-Test zur Bestimmung der Wirksamkeit von Pertussis-Impfstoffen (zelluläre und nicht-zelluläre Impfstoffe) mit einem enzymatischen HPLC-Test als Ersatz für den Histamin-Sensibilisierungstest (HIST) in der Maus,
17. serologischer Pertussis-Wirksamkeitstest als Alternative zum intrazerebralen Maus-Protektionstest,
18. Bestimmung von Pertussis-Toxin in Impfstoffen mithilfe der Toxizitätsprüfung an Ovarialzellen des chinesischen Hamsters (CHO-Zellen),
19. Analyse von Mutanten mithilfe von PCR (Polymerase-Kettenreaktion) und Restriktionsenzymen (MAPREC) zur Bestimmung der Unbedenklichkeit von oralen Polioimpfstoffen vor der Prüfung auf neurotoxische Eigenschaften in Affen (intraspinaler Neurovirulenztest im Affen),
20. Verwendung von transgenen Mäusen, die gegen den Poliovirus empfindlich sind, zur Bestimmung der Sicherheit von oralem Polioimpf-

stoff als Ersatz für die intraspinale Neurovirulenzprüfung am Affen entsprechend der WHO-Prüfvorschrift,
21. serologische Testmethoden zum Ersatz von Infektionsversuchen mit Ferkeln zur Prüfung der Wirksamkeit von Impfstoffen gegen die Schweineinfluenza,
22. Immunoelektrophorese zur Bestimmung von Antitoxin gegen das Neurotoxin von Clostridium tetani, Anti-Tetanus-Antikörper und Antikörper gegen Tetanustoxoid (Anatoxin) in Impfstoffen,
23. Enzyme-Immuno-Test (ELISA) und Toxinbindungshemmtest (ToBI) zur Bestimmung von Antitoxin gegen Neurotoxin aus Clostridium Tetani, Anti-Tetanus-Antikörpern und Antikörpern gegen Tetanustoxoid in Impfstoffen sowie
24. passive Haemagglutination zur Bestimmung von Antitoxin gegen Clostridium Tetani Neurotoxin, Anti-Tetanus-Antikörper und Antikörper gegen Tetanustoxoid in Impfstoffen.

3.1.2 Immunologie – sechs Methoden

Bei diesen Alternativmethoden handelt es sich um solche Methoden, die zur Produktion monoklonaler und polyklonaler Antikörper anstelle von Tierversuchen eingesetzt werden können. Sie beinhalten:
1. In-vitro-Produktion monoklonaler Antikörper mithilfe von immobilisierten Hybridomzellen in Keramik- und Polykarbonat-Bioreaktoren,
2. In-vitro-Produktion monoklonaler Antikörper in Bioreaktoren, aufbauend auf Dialysesystemen,
3. In-vitro-Produktion monoklonaler Antikörper in Hohlfaser-Bioreaktoren,
4. In-vitro-Produktion monoklonaler Antikörper in einfachen Zellkultursystemen (Spinner- und Roller-Technik),
5. Produktion polyklonaler Antikörper mithilfe der Immunglobulin, Y-Technologie (IgY-Technologie) aus dem Hühnerei sowie
6. Produktion rekombinanter monoklonaler Antikörper mithilfe molekularbiologischer Techniken in Phagensystemen.

3.1.3 Krebsforschung – elf Methoden

Bei den hier aufgeführten Methoden handelt es sich um Alternativmethoden zur Kultivierung von Tumorzellen in der Forschung. Dazu zählen:

1. Prüfung von Cytostatika mit hämatopoetischen Stammzellen im Koloniebildungs-Test mit Granulozyten und Makrophagen (CFU-GM Test),
2. Prüfung von Cytostatika im Tumorstammzell-Test,
3. Multizell-Späroid-Kulturen von Tumorzellen zum Studium der invasiven Eigenschaften von Tumorzellen,
4. Prüfung von Cytostatika und anderen Tumorhemmstoffen mit Tumorzellen, die in Kollagentropfen kultiviert werden, als Ersatzmethode für die Prüfung in vivo im Nacktmausmodell,
5. Prüfung der Wirkung von Tumorhemmstoffen auf die Angiogenese von Tumorzellen, die in vitro auf der Chorionallantoismembran (CAM) des bebrüteten Hühnereis gezüchtet werden, als Alternativmethode zum Nacktmausmodell,
6. Prüfung der Invasivität von Tumorzellen in einem Monolayer-Invasions-Test mit Fibroblasten der Maus und menschlichen Lymphozyten,
7. Entwicklung eines quantitativen In-vitro-Transformationstests mit Nierenepithelzellen als In-vitro-Modell für das Nierenkarzinom,
8. Monitoring biologischer Wachstumsprozesse mit nicht-invasiven Biolumineszenz- und Fluoreszenz-Techniken,
9. Bewertung des invasiven Potentials von Tumorzellen mithilfe der 2-Kompartiment-Boyden-Kammer,
10. ATP-Tumorchemosensibilitätstest (ATP-TCA) in der Tumortherapie von soliden Tumoren zur Prüfung von Krebsmedikamenten sowie
11. Neurosphären-Hirnaggregat-Kulturen zur Prüfung von Arzneistoffen auf neurotoxische Eigenschaften, für Gehirnentwicklungsstudien und für die Prüfung der Invasivität von Gehirntumoren.

3.1.4 Lebensmittelsicherheit – fünf Methoden

Hierbei handelt es sich um Alternativmethoden, die anstelle von Tierversuchen eingesetzt werden, welche zur Lebensmittelüberwachung vorgeschrieben sind, wie zum Beispiel ein Maus-Bioassay, der zur Bestimmung von Muscheltoxinen in Europa vorgeschrieben ist. Die Methoden sind:

1. Bioassay mit Zellkulturen und spezifischen Rezeptorbindungstests zur Bestimmung mariner Biotoxine-Algen in Muscheln,
2. immunologische und enzymatische Methoden zur Bestimmung mariner Biotoxine-Algen in Muscheln,

3. physikalisch-chemische, analytische Methoden zur Bestimmung mariner Biotoxine aus Algen in Muscheln,
4. Spezifische Rezeptorbindungsstudien zur Bestimmung mariner Biotoxine aus Algen in Muscheln sowie
5. Protein-Phosphathase-Hemmtest zur Bestimmung mariner Biotoxine aus Algen in Muscheln.

3.1.5 Mikrobiologie – fünf Methoden

Hierunter fallen die immunologischen und molekularbiologischen Alternativmethoden zur Diagnostik:

1. In-vitro-Methoden zur Bestimmung von Exotoxinen aus Aeromonas hydrophila,
2. serologische Methoden und Enzym-Immunotests zur Bestimmung von Clostridium-botulinum-Toxinen und Antitoxinen,
3. In-vitro-Methoden zur Bestimmung von virulenten Stämmen von Yersinia enterocolitica,
4. Bestimmung des virulenten lymphozytischen Choriomeningitis-Virus (LCMV) mithilfe des immunologischen Plaque-Tests sowie
5. Polymerase-Kettenreaktion (PCR) zur Bestimmung von Clostridium botulinum-Stämmen und ihren Neurotoxinen.

3.1.6 Molekular- und Zellbiologie – fünf Methoden

Es werden folgende Alternativmethoden zum Ersatz der Produktion transgener Tiere sowie zur Verbesserung der Zellkulturmethodik beschrieben:

1. der Gebrauch von Antisense-Nukleinsäuren und Antisense-Oligonukleotiden in Zellkulturen als Alternativmethode zum Gentargeting in homologen rekombinanten Mäusen (transgenen Knock-out-Mäusen),
2. RNA-Interferenz in Säugetierzellkulturen als Alternative zum Gentargeting in homologen rekombinanten Mäusen (transgenen Knock-out-Mäusen),
3. Bestimmung der Wirkung von Sexualhormonen und ihrer Antagonisten (Antihormonen) in transfizierten Ziellinien,
4. Ersatz von fetalem Kälberserum als Wachstumsfaktor in Zell- und Gewebekulturmedien sowie
5. In-vivo-konfokale Fluoreszensmikroskopie zur nicht-invasiven Beobachtung/Analyse biologischer Prozesse.

3.1.7 Nicht-invasive bildgebende Verfahren – zwei Methoden

Diese beiden neuen Methoden ersetzen die bisherigen Tierversuche:

1. Beobachtung metabolischer Prozesse mit nicht-invasiven bildgebenden Verfahren: Single-Photon-Emissions-Computer-Tomographie (SPECT) und Positron-Emissions-Tomographie (PET) sowie
2. Beobachtung von Stoffwechselprozessen mit nicht-invasiven Magnet-Resonanz-Imaging-Techniken.

3.1.8 Pharmakologie – 19 Methoden

Es werden in dieser Kategorie Alternativmethoden beschrieben, die Tierversuche bei der Wirksamkeitsprüfung von Arzneistoffen überflüssig machen, außerdem organspezifische Zell- und Gewebekulturen, die sich in der Praxis bewährt haben, wie zum Beispiel zum Arzneimittelstoffwechsel, oder solche, die besonders belastende Tierversuche ersetzen, wie zum Beispiel bei der Wirksamkeitsprüfung von Botox-Botulismustoxin-Präparaten. Die Kategorie umfasst:

1. Qualitätskontrolle von Oxytocin mithilfe von HPLC als Alternativmethode zu drei Bioassays in Hühnern und Ratten,
2. Qualitätskontrolle von Vasopressin mithilfe von HPLC als Alternativmethode zum Wirksamkeitsnachweis an der Ratte,
3. Computer Aided Drug Design (CADD) für die Entwicklung und die Prioritätensetzung bei der Arzneimittelentwicklung,
4. Verwendung von Magenzellkulturen bei der Entwicklung von Arzneimitteln gegen Magengeschwüre,
5. duale In-vitro-Perfusion isolierter menschlicher Plazenta-Lobuli,
6. Verwendung von Leberzellkulturen in Bioreaktoren zum Studium des Arzneimittelstoffwechsels als Alternative zu Tierversuchen,
7. isoliertes und perfundiertes Rindereuter (BUS) als In-vitro-Modell für die Arzneimittelresorption durch die Haut,
8. Einsatz von primären Spinalganglienzellkulturen in der Epilepsie- und Antikonvulsiva-Erforschung,
9. organotypische Hippocampus-Schnittkulturen für funktionelle Untersuchungen des zentralen Nervensystems (ZNS),
10. Kulturen von Spinal- und Dorsalganglienzellen embryonaler Ratten in dissoziierter Primärzellkultur in der Schmerz- und Analgetikaforschung als Ersatz für Tierversuche,
11. Einsatzmöglichkeiten niederer Spezies anstelle von Säugetieren in der Schmerz- und Analgesieforschung,

12. isolierte Mikrogefäße aus dem Gehirn als In-vitro-Modell für die Blut-Hirn-Schranke (BBB),
13. primäre und passagierte Mikrogefäße aus dem Gehirn als In-vitro-Modell für die Blut-Hirn-Schranke (BBB),
14. Co-Kultur von Endothelzellen aus Mikrogefäßen des Gehirns, Gliazellen und immortalisierten Zellen als In-vitro-Modell für die Blut-Hirn-Schranke (BBB),
15. computergestützte Untersuchungen zur Simulation der Blut-Hirn-Schranke (BBB),
16. humane und tierische Leberzellkulturen auf einer extrazellulären Matrix (Biomatrix und Kollagengel) zu Langzeitstudien der Biotransformation und der Pharmakokinetik von Arzneistoffen,
17. Bestimmung der Neurotoxine von Clostridium botulinum und Clostridium tetani mithilfe eines Nervus-Phrenicus-Zwerchfell-Präparates,
18. Bestimmung der Neurotoxine von Clostridium botulinum und Clostridium tetani mithilfe ihrer endogenen Proteaseaktivität sowie
19. nicht-letaler Paralysetest an der Hinterextremität von Maus und Ratte zur Bestimmung der Wirksamkeit von Toxinen von Clostridium botulinum und zur Bestimmung der Toxizität von Antitoxin-Präparaten.

3.1.9 Physiologie – zwei Methoden

Hier werden beispielhaft zwei Alternativmethoden zur Forschung im Bereich des Magen-Darm-Traktes vorgestellt:

1. In-vitro-Methoden für die Untersuchung entzündlicher Darmerkrankungen mithilfe von primären Darmzellen und Organkultursystemen sowie
2. In-vitro-Modell für den Magen-Darm-Trakt.

3.1.10 Toxikologie – 58 Methoden

Wegen der starken öffentlichen Kritik an toxikologischen Tierversuchen wurden besonders viele Alternativmethoden vorwiegend in den Laboratorien der forschenden Industrie entwickelt und anschließend experimentell validiert. Neben Alternativmethoden zum Ersatz der akuten oralen Toxizitätsprüfung (früher LD-50) liegt der Schwerpunkt bei der zur Entwicklung von Kosmetika verwendeten Testverfahren darin, tierversuchsfreie Methoden zur Verträglichkeitsprüfung an Auge, Haut und Schleimhäuten (wie beispielsweise Ätz-, Reiz- und phototoxische Wirkung) zu finden. Entwicklung und Validierung von In-vitro-Embryotoxizitätstests bilden durch mehrere umfangreiche EU-Forschungsprojekte einen weiteren Schwerpunkt. Schließlich werden organtypische Methoden zur Forschung an Lungen- und Nervengewebe vorgestellt sowie solche für die Umwelttoxikologie. Zu nennen sind insgesamt:

1. Struktur-Wirkungs-Beziehungen und ihre Integration in neue In-vitro-Prüfstrategien in der Toxikologie,
2. Bestimmung der approximativen LD50 zur akuten Toxizitätsprüfung von Arzneimittelwirkstoffen als Ersatz für den »klassischen« LD50-Test,
3. Up-and-down Methode zur Prüfung der akuten oralen Toxizität chemischer Stoffe an der Ratte als Ersatz des »klassischen« LD50-Tests,
4. Fixed-Dose-Procedure (FDP) zur Prüfung der akuten oralen Toxizität chemischer Stoffe an der Ratte als Ersatz des »klassischen« LD50-Tests,
5. Acute-Toxic-Class-Methode (ACT-Methode) zur Prüfung der akuten oralen Toxizität chemischer Stoffe an der Ratte als Ersatz des »klassischen« LD50-Tests,
6. Bestimmung der Startdosis für die akute orale Toxizitätsprüfung (früher LD50) chemischer Stoffe mithilfe von Cytotoxiztätsdaten und des linearen Regressionsmodells des »Registers der Cytotoxität«,
7. In-vitro-Toxizitätstest mit primären Skelettmuskelzellen der Ratte als Ersatz des »klassischen« LD50 Tests,
8. Rinderspermien-Test zur quantitativen (Überlebensfähigkeit, Bewegung) und qualitativen (Nukleinsäuregehalt, Atmungsaktivität) Bestimmung cytotoxischer Wirkungen von Prüfsubstanzen,
9. In-vitro-Methoden mit verschiedenen Zellkulturen zur biologischen Bewertung von Medizinprodukten,
10. HET-CAM-Test (Hühnerei-Test an der Chorioallantois-Membran) als In-vitro-Methode zur Bestimmung der Schleimhautverträglichkeit von Medizinprodukten und Dentalmaterialen,
11. Neubewertung der Dauer von Langzeittoxizitätsstudien mit Arzneimitteln und anderen Chemikalien aufgrund retrospektiver Analyse mit biometrischer Auswertung,
12. HET-CAM-Test (Hühnerei-Test an der Chorioallantois-Membran) als Alternativmethode zum Draize-Augenreiztest am Kaninchen,
13. Neutralrot-Cytotoxizitätstest (NRU) als Alternativmethode zum Draize-Augenreiztest am Kaninchen,

14. RBC-Hämolyse- und Protein-Denaturations-Test mit Erythrozyten als Alternativmethode zum Draize-Augenreiztest am Kaninchen,
15. Pollenschlauch-Test (PTG-Test) als einfache Prüfmethode für cytotoxische und augenreizende Eigenschaften chemischer Stoffe,
16. Rindercornea-Test (BCOP-Test) als Alternativmethode zum Draize-Augenreiztest am Kaninchen,
17. IRE-Test mit isolierten Kaninchenaugen als Alternativmethode zum Draize-Augenreiztest am Kaninchen,
18. CEET-Test mit isolieren Hühneraugen aus Schlachthofmaterial als Alternativmethode zum Draize-Augenreiztest am Kaninchen,
19. Low Volume Eye Test (LVET) als Verbesserung des Draize-Augenreiztests am Kaninchen,
20. Prüfung auf augenreizende Eigenschaften mit dem Silicon-Microphysiometer,
21. EYTEX-Test, eine Alternativmethode zum Draize-Augenreiztest am Kaninchen,
22. CAMVA-Test (chicken egg chorioallantoic membrane vascular assay), eine Alternativmethode zum Draize-Augenreiztest am Kaninchen,
23. mehrschichtige menschliche Keratinozytenkulturen zur Bestimmung der augenreizenden Eigenschaften chemischer Stoffe und Formulierungen,
24. Bestimmung der optischen Funktion der kultivierten Linse vom Rind als Alternativmethode zum Draize-Augenreiztest am Kaninchen,
25. Neutralrot-Verlust-Test als Alternativmethode zum Draize-Augenreiztest am Kaninchen,
26. Fluoreszenz-Verlust-Test, eine Alternativmethode zum Draize-Augenreiztest am Kaninchen,
27. bakterieller Luminiszenz-Toxizitätstests als Alternativmethode zum Draize-Augenreiztest am Kaninchen,
28. EpiDerm-Korrosivitätstest (EPI-200) zur Prüfung chemischer Stoffe auf Ätzwirkung an der Haut,
29. EPISKIN-Model zur Prüfung chemischer Stoffe auf Ätzwirkung an der Haut,
30. Der Skin²-ZK-1350-Korrosivitätstest, eine Alternativmethode zur Prüfung auf Ätzwirkungen an der Haut,
31. CORROSITEX als In-vitro-Methode zur Prüfung chemischer Stoffe auf korrosive Eigenschaften an der Haut,
32. Transcutaneous Electrical Resistance-Test (TER-Test) (zur Prüfung auf korrosive Eigenschaften an der Haut,

33. In-vitro-3T3-Neutral-Rot-Aufnahme-Phototoxizitätstest (3T3 NRU PT) als In-vitro-Methode zur Bestimmung der phototoxischen Eigenschaften,
34. EpiDerm-Phototoxizitätstest (ED-PT) als Alternativmethode zur Bestimmung der phototoxischen Eigenschaften,
35. Skin^2-ZK-1351-Test als Alternativmethode zur Bestimmung der phototoxischen Eigenschaften,
36. Candida-albicans-Hefezell-Phototoxizitätstest als In-vitro-Methode zur Prüfung auf phototoxische Eigenschaften,
37. RBC-Phototoxizitätstest mit Erythrozyten als Alternativmethode zur Prüfung auf phototoxische Eigenschaften,
38. SOLATEX-PI-Test als Alternativmethode zur Prüfung auf phototoxische Eigenschaften,
39. FRAME-Phototoxizitätstest mit menschlichen Keratinozyten (NHK NRU PT) als In-vitro-Methode zur Prüfung auf phototoxische Eigenschaften,
40. lokaler Maus-Lymphknoten-Test (LLNA) zur Bestimmung der sensibilisierenden Eigenschaften chemischer Stoffe an der Haut,
41. kultivierte Lungenzellen als In-vitro-Methode zur Prüfung der Inhalationstoxizität,
42. Lungenschnitte als In-vitro-Modell zur Prüfung auf Inhalationstoxikologie,
43. In-vitro-Kultur von Trachea und Lungenexplantaten zur Bestimmung der Mucoziliären-Clearance und des toxischen Potentials von Stäuben und Gasen,
44. In-vitro-Prüfung von Organophosphat-Verbindungen auf verzögerte neurotoxische Eigenschaften mithilfe permanenter Zelllinien anstelle der Testung an Hühnern,
45. schrittweise In-vitro-Teststrategie zur Bestimmung der neurotoxischen Wirksamkeit von Arzneimitteln, Industriechemikalien, Bioziden und Pflanzenschutzmitteln,
46. Bewertung der gesteigerten elektrischen Erregbarkeit von Nervenzellen mithilfe der immediate early gene messenger RNA,
47. Verwendung von Leberschnitten zur Bestimmung der Biotransformation und der Pharmakokinetik von Arzneistoffen,
48. primäre Kultur von Rattenleberzellen zur Bestimmung der Biotransformation und der Pharmakokinetik von Arzneistoffen,
49. Co-Kultur von Leberzellen und nicht-parenchymatischen Zellen für Langzeitstudien der Biotransformation und Pharmakokinetik von Arzneistoffen,

50. Embryonic-Stem-Cell-Test (EST) mit einer embryonalen Stammzelllinie der Maus zur Prüfung auf embryotoxische und teratogene Wirkungen von Arzneimitteln und anderen chemischen Stoffen,
51. Micromass-Test mit Kulturen von Mittelhirn- und Extremitätenzellen der Maus zur Prüfung auf embryotoxische und teratogene Eigenschaften von Arzneimitteln und anderen Chemikalien,
52. Whole-Embryo-Culture-Test (WEC) zur Prüfung auf embryotoxische und teratogene Eigenschaften von Arzneistoffen und anderen Chemikalien,
53. Froschembryo-Teratogenitätstest (FETAX) zur Prüfung auf embryotoxische und teratogene Wirkungen von Arzneimitteln und anderen chemischen Stoffen,
54. Hühnerembryo-Screening-Test (CHEST) zur Prüfung auf embryotoxische und teratogene Eigenschaften von Arzneimitteln und anderen Chemikalien,
55. Hydra-Test (Hydra attenuata) zur Prüfung auf embryotoxische und teratogene Eigenschaften von Arzneistoffen und anderen Chemikalien,
56. sensible Bioassays mit niederen Spezies als Ersatz des Fischtests im Rahmen des Abwasserabgabengesetzes,
57. Prüfung der akuten Fischtoxizität chemischer Stoffe mit Embryonen des tropischen Zebrafischs (Brachydanio rerio) sowie
58. menschliche und tierische Knochenzellkulturen zur Prüfung der Verträglichkeit von orthopädischen Implantatmaterialien als Alternativmethode zum Tierversuch.

4. Tierversuche, die bereits ersetzt werden können

Biologische Vorgänge, die sich vorwiegend an einer Zell- oder Gewebeart abspielen, wie die Wirkung spezifischer Hormone und Arzneistoffe oder lokale toxische Effekte an Haut und Schleimhäuten, können heute bereits teilweise mithilfe moderner Alternativmethoden erfasst werden. Im Arzneibuch sind Tierversuche (Bioassays) zum Nachweis der Wirkung von Hormonen vorgeschrieben. Diese konnten durch Alternativmethoden, bei denen spezifische, hormonempfindliche Zellen verwendet werden, vielfach vollständig ersetzt werden.

Beispielsweise mussten früher drei sehr belastende Tierversuche mit jeder Charge von tierischem Insulin durchgeführt werden, das aus der Bauchspeicheldrüse von Rind oder Schwein gewonnen wurde, um Verunreinigungen auszuschließen und die Wirksamkeit für die Therapie beim Menschen nachzuweisen. Die moderne biotechnologische Herstellung von reinem menschlichen Insulin mithilfe von Zellkulturen hat diese Tierversuche überflüssig gemacht, denn heute wird die Reinheit des menschlichen Insulins mit empfindlichen analytisch-chemischen Methoden geprüft, ohne dass die Sicherheit der Patienten beeinträchtigt ist.

In ähnlicher Weise haben Fortschritte in den Kulturtechniken der Mikrobiologie und Virologie dazu geführt, dass bestimmte Erreger, die früher nur in Wirtstieren vermehrt werden konnten, heute in Zellkulturen Kolonien bilden können. In der Diagnostik kann man dies mit neuen, besonders empfindlichen molekularbiologischen Methoden verhindern, wie zum Beispiel der Polymerase-Kettenreaktion (Polymerase-Chain-Reaction, PCR). Diese stellt eine Technik zur exponentiellen Vervielfältigung von spezifischen Gensequenzen dar, mit der einige Erreger bereits innerhalb weniger Stunden nachgewiesen werden können, sodass belastende Tierversuche, in denen die Tiere nach Infektion mit dem Untersuchungsmaterial erkranken, überflüssig werden.

In der Immunologie wurden Mäusen tumorähnliche Hybridomzellen intraperitoneal (i. p.) zur Produktion sogenannter monoklonaler Antikörper injiziert. Die sich vermehrenden Hybridomzellen führten zum leidvollen Sterben der Mäuse, die praktisch als Bioreaktoren zur Zellvermehrung dienten. Inzwischen können die Hybridomzellen in modernen Biorektoren in vitro gezüchtet werden, sodass die Produktion monoklonaler Antikörper ohne Mäuse möglich ist.

In der Pharmakologie wird die Wirkung neuer Stoffe routinemäßig in Abhängigkeit von der erwünschten Wirkung an organspezifischen Zellen geprüft, wie zum Beispiel die Wirkung von Arzneimitteln an Herzmuskelzellen oder Nervenzellen. Außerdem werden Untersuchungen zum Arzneimittelstoffwechsel heute nicht mehr im Tierversuch durchgeführt, sondern an menschlichen und tierischen Leberzellen sowie an gentechnologisch veränderten Zellen, die wichtige Enzyme des menschlichen Arzneimittelstoffwechsels enthalten.

In der Toxikologie werden heute Prüfsubstanzen mit validierten Alternativmethoden auf lokale toxische Wirkungen getestet, wie zum Beispiel auf Ätz- und Reizwirkungen an der Haut und auf phototoxische Eigenschaften.[29] Deshalb sind die entsprechenden Tierversuche überflüssig. Zur Prüfung auf Ätz- und Reizwirkung werden biotechnologisch hergestellte menschliche Hautmodelle verwendet, die heute kommerziell ver-

[29] Vgl. Abschnitt 3.1.10 (»Toxikologie – 58 Methoden«).

trieben werden und an denen die molekular-toxikologischen Reaktionsabläufe sehr ähnlich verlaufen wie beim Menschen. Das im Fall von Tierversuchen vorliegende Problem der Übertragbarkeit der Ergebnisse von einer Tierspezies auf den Menschen gibt es dabei nicht. Im Fall der Phototoxizität liegt ein relativ einfacher toxischer Mechanismus zugrunde, der in kultivierten Zellen und in biotechnologisch produzierten Hautmodellen genauso abläuft wie in der Haut des Menschen. Deshalb sind bei der Prüfung auf phototoxische Eigenschaften, die bei Arzneimitteln und Kosmetika vorgeschrieben sind, seit wenigen Jahren weltweit Tierversuche überflüssig.

Bemerkenswert ist im obigen Kapitel zur Toxikologie die große Zahl von Alternativmethoden (genannt sind 18 Stück), die zur Prüfung auf augenreizende Eigenschaften zum Ersatz des Draize-Tests am Kaninchen entwickelt wurden, der trotz intensiver Forschung bis heute noch nicht vollständig durch tierversuchsfreie Methoden ersetzt werden konnte. Das liegt daran, dass das Auge ein sehr komplexes Organ ist, sodass der Tierversuch nur durch eine geschickte Kombination mehrerer Alternativmethoden ersetzt werden kann. Dieses Beispiel veranschaulicht wiederum, dass komplexe biologische Reaktionen noch nicht ausreichend mithilfe von tierversuchsfreien Methoden zu erfassen sind.

Nachdem 2002 der Tierschutz in Deutschland in der Verfassung verankert wurde[30], haben Tierversuche in Lehre und Ausbildung stark abgenommen, ohne dass die akademische Ausbildung von Ärzten, Tierärzten und Biologen dadurch spürbar gelitten hat.

5. Tierversuche, die noch nicht ersetzt werden können

Es ist erst seit etwa 40 Jahren möglich, routinemäßig tierische und auch menschliche Zellen und Gewebe zu züchten. Dazu hat vor allem der Fortschritt bei der Entwicklung neuer Geräte beigetragen. Erst seit 1975 gibt es in Deutschland begaste Brutschränke, die zur Zellkultur unentbehrlich sind, sowie käufliche, fertige Zellkulturmedien. Eine weitere unentbehrliche neue Methode ist die Kryokonservierung zum Aufbewahren und Verschicken von Zellen und Geweben bei tiefen Temperaturen. Es ist deshalb heute in jedem Labor möglich, frisch von Tieren oder vom Menschen (ex vivo) gewonnene Zellen (sogenannte Primärzellen) und Gewebe in Kultur zu halten und für wissenschaftliche Fragestellungen ein-

---

[30] Vgl. Teil 3 (Rechtliche Aspekte) des vorliegenden Sachstandsberichts.

zusetzen oder dafür gut charakterisierte und teilweise käufliche Zelllinien einzusetzen.

Einen Meilenstein stellt die erste künstliche Befruchtung (In-vitro-Fertilisation) des Menschen dar, denn sie beweist, dass entscheidende Lebensabschnitte des Menschen in der Zellkultur ablaufen können, wie zum Beispiel Eizellreifung, Befruchtung und die ersten Furchungsteilungen. Seit 1990 ist es mithilfe biotechnologischer Verfahren möglich, einfache menschliche Hautmodelle zu züchten. Somit ist die Haut das erste menschliche Organ, das aus unterschiedlichen menschlichen Zellarten gezüchtet werden kann und das über einen kurzen Zeitraum seine Morphologie und Funktion aufrechterhält.

Die gleichzeitige Kultivierung verschiedener tierischer oder menschlicher Gewebe in Organkultur ist – mit Ausnahme der Haut – bisher nicht in reproduzierbarer Weise gelungen. Komplexe biologische Vorgänge, die sich an mehreren Zellen und Geweben abspielen, können deshalb bis heute experimentell nur im Tierversuch oder in Untersuchungen an menschlichen Probanden durchgeführt werden. Sowohl in der Grundlagenforschung als auch in der angewandten Arzneimittelforschung beginnt man deshalb mit molekularbiologischen Studien an wichtigen Molekülen des Zellstoffwechsels. Weitergehende Untersuchungen werden zunächst an Zellorganellen, wie zum Beispiel Zellmembranen, Zellkernen, Mitochondrien und Ribosomen und anschließend an Zellen aus verschiedenen Organen durchgeführt. Zur Bestätigung dieser Ergebnisse am Gesamtorganismus sind daran anschließend auch heute noch Tierversuche erforderlich. Das gilt insbesondere für Studien am Nervensystem und am Gehirn sowie auch zum Nachweis der Wirkung von körpereigenen Stoffen am Gesamtorganismus, wie zum Beispiel derjenigen von Hormonen oder von Fremdstoffen wie Arzneimitteln.

Wie im Kapitel 2.3.2 ausgeführt, ist die Zunahme der Tierversuche mit transgenen Tieren ein weltweites Problem, für dessen Lösung es bisher noch keine wissenschaftlichen Ansätze zur Entwicklung von Alternativmethoden gibt. Zwar ist es möglich, transgene Zellen herzustellen, in die entweder zusätzlich fremde Gene eingeschleust wurden *(Knock-in)* oder in denen funktionsfähige Gene durch funktionsunfähige ersetzt wurden *(Knock-out)*, jedoch sind Wissenschaftler vor allem an der Funktion solcher Zellen in Organen und im Gesamtorganismus interessiert, sodass nach derzeitigem Wissensstand zu diesem Zweck Tierversuche unumgänglich sind.

6. Probleme im Zusammenhang mit Alternativmethoden

6.1 *Probleme aus der Sicht der Tierschutzbewegung*

Radikale Tierschutzverbände lehnen Tierversuche grundsätzlich ab. Im Gegensatz dazu schlagen moderate Tierschutzverbände in Deutschland und in vielen anderen Ländern vor, Tierversuche durch Alternativmethoden zu ersetzen. Diese unterschiedliche Einstellung zu Tierversuchen hat zu Differenzen innerhalb der Tierschutzbewegung geführt. Das vor fast 50 Jahren von Russell und Burch entwickelte 3R-Prinzip wurde seit 1980 offensiv von Tierschutzverbänden im deutschsprachigen Raum in die Diskussion eingebracht, wobei der vollständige Ersatz, das Replacement, eindeutig im Vordergrund des Interesses steht. Die Verminderung des Leidens und der Tierzahlen im Sinne der Ziele *Reduce* und *Refine*, wie in den Kapiteln 1.1 und 1.2 beschrieben, werden als ein Kompromiss angesehen, der keinesfalls als endgültig akzeptiert wird. Konkret führt diese Sachlage dazu, dass Tierschutzverbände weiterhin den Status quo nicht akzeptieren können und sich nachdrücklich für Forschung zur weiteren Verminderung des Leidens von Versuchstieren einsetzen.

Zwei Beispiele sollen diese Situation verdeutlichen. So lehnen Tierschützer und auch viele Verbraucher Tierversuche für die gesundheitliche Unbedenklichkeitsprüfung von Kosmetika ab. Politisch wurden in Deutschland und in der EU mehrfach Termine für ein entsprechendes Verbot gesetzt, wie zum Beispiel die 7. Änderung der Kosmetikrichtlinie, die seit dem Jahr 2013 ein Vermarktungsverbot für im Tierversuch geprüfte Stoffe vorsieht. Das Argument einer möglichen Behinderung der Forschung zur Entwicklung besserer kosmetischer Mittel wird von Tierschützern nicht akzeptiert, da nach ihrer Ansicht die Kosmetikindustrie bereits eine ausreichende Zahl wirksamer Inhaltsstoffe entwickelt hat. Mit ähnlichen Argumenten werden von manchen Kritikern auch Tierversuche in der Arzneimittelforschung abgelehnt, jedoch findet dieser Standpunkt in der Öffentlichkeit kaum Unterstützung.

Grundsätzlich werden die Anwendungs- und Aussagemöglichkeiten von Alternativmethoden von Laien häufig überschätzt, denn die Entwickler neuer tierversuchsfreier Methoden stellen deren Möglichkeiten vielfach zu positiv dar. Dies liegt auch daran, dass Alternativmethoden häufig von Wissenschaftlern entwickelt werden, die nicht ausreichend mit der behördlichen Toxikologie vertraut sind. Außerdem berücksichtigen sie oft nicht, dass mit einem sicherheitstoxikologischen Tierversuch, zum Beispiel dem Draize-Test am Kaninchenauge, praktisch alle chemischen Stoffe und Zubereitungen geprüft werden können, während in

Zell- und Gewebekulturen häufig nur eine begrenzte Anzahl von Stoffen mit begrenzten physikalisch-chemischen Eigenschaften getestet werden kann. Deshalb kann ein bestimmter Tierversuch oft nicht durch eine Alternativmethode ersetzt werden, sondern lediglich durch mehrere, und zwar erst nach einer ausführlichen Phase der Verbesserung der ursprünglichen Methode und einer abschließenden experimentellen Validierung.

6.2 *Probleme aus Sicht der Naturwissenschaften*

Von Naturwissenschaftlern werden erfahrungsgemäß wissenschaftliche Konzepte abgelehnt, die aus ihrer Sicht von Fachfremden bzw. Laien entwickelt bzw. vorgebracht werden. Das gilt insbesondere für das 3R-Prinzip, das im Jahr 1959 in England von Russell und Burch zum Ersatz von Tierversuchen entwickelt wurde und das im Zusammenhang mit der Verabschiedung der Richtlinie 86/609/EWG und der entsprechenden Novellierung des Tierschutzgesetzes im Jahr 1987 auch in Deutschland auf politischer Ebene akzeptiert wurde.

Die einhellige Ablehnung der Alternativmethoden durch alle biowissenschaftlichen Fachgesellschaften hat die Diskussion in Deutschland über fast 20 Jahre bestimmt und eine positive Entwicklung verzögert. Dafür gibt es mehrere Ursachen. In Deutschland hatte die Freiheit der Forschung durch die Verankerung im Grundgesetz (GG) immer Verfassungsrang, während dem Tierschutz in § 20a GG dieselbe Schutzwürdigkeit erst im Jahr 2002 nach intensiver parlamentarischer Diskussion eingeräumt wurde. Bis zu diesem Zeitpunkt wurde der Diskurs vor allem dadurch bestimmt, dass sich deutsche Wissenschaftler durch Forderungen nach einem möglichen Verbot von Tierversuchen in ihrer Forschungsfreiheit eingeschränkt fühlten. Bei mehreren Anhörungen im Bundestag wurde deshalb wiederholt vorgetragen, dass die deutsche Tierschutzgesetzgebung den Wissenschaftsstandort Deutschland gefährde, obwohl sie aufgrund der EU-Tierversuchsrichtlinie in Einklang mit den gesetzlichen Regelungen in allen übrigen EU-Mitgliedsstaaten steht.

Mit denselben Argumenten wurde in Deutschland von Vertretern der Wissenschaft[31] die Forderung nach verstärkter Anwendung von Alternativmethoden nach dem 3R-Prinzip abgelehnt. Die Diskussion ging sogar soweit, dass der Begriff *Alternativmethoden* grundsätzlich abgelehnt wurde, weil es aus Sicht der Wissenschaft entweder wissenschaftlich fun-

[31] Vgl. Deutsche Forschungsgemeinschaft (Hg.) 2004.

dierte, akzeptable oder nicht akzeptable Methoden gäbe[32]. Zusätzliche Alternativmethoden seien überflüssig, da deutsche Wissenschaftler immer die für die Lösung ihrer Fragestellung optimalen Methoden einsetzten. Weiterhin wurde argumentiert, dass Wissenschaftler grundsätzlich ethisch handelten und dass sie aus Ehrfurcht vor dem Leben Tierversuche ohnehin schonend durchführten – und auch nur dann, wenn sie unerlässlich seien.

Die offizielle Ablehnung des Begriffes *Alternativmethoden* in Deutschland wird durch die Namensgebung der ZEBET (Zentralstelle zur Erfassung und Bewertung von Ersatz- und Ergänzungsmethoden zu Tierversuchen) veranschaulicht, denn vor 20 Jahren wurde offiziell der Begriff *Ersatz- und Ergänzungsmethoden* anstelle von *Alternativmethoden* verwendet, sodass ZEBET eigentlich *Zentralstelle zur Erfassung und Bewertung von Alternativmethoden zu Tierversuchen* oder *Deutsches Zentrum für Alternativmethoden* heißen müsste. Alle vergleichbaren Institutionen im Ausland nennen sich *Zentren für Alternativmethoden*. Erst die Anerkennung des 3R-Prinzips durch die European Science Foundation (ESF) im Jahr 2001 hat auch bei Biowissenschaftlern in Deutschland zu einer Akzeptanz des Begriffes *Alternativmethoden* geführt.

Im Gegensatz zu Vertretern der Tierschutzorganisationen und trotz der erzielten Erfolge sehen es Naturwissenschaftler als unrealistisch an, dass es einmal möglich sein wird, Tierversuche vollständig zu ersetzen. Erfolge gab es fast nur beim Ersatz von Tierversuchen, in denen die Tiere nur einmal akut behandelt bzw. exponiert wurden. Dagegen fehlt bisher ein schlüssiges wissenschaftliches Konzept, um Tierversuche zu ersetzen, in denen die Tiere mehrfach oder über einen längeren Zeitraum behandelt bzw. exponiert werden, wie zum Beispiel in Langzeitstudien zur chronischen Toxizitätsprüfung und in der Krebsforschung. Außerdem war es in der Pharmakologie und Toxikologie nur möglich, Tierversuche zu ersetzen, in denen lokale Wirkungen an Haut und Schleimhäuten oder an den Zellen einzelner Organe untersucht werden. Im Gegensatz dazu können sogenannte systemische Wirkungen am Gesamtorganismus bis heute nur in Tierversuchen untersucht werden. Dieses Problem schränkt beispielsweise auch die Anwendung von Alternativmethoden in der Embryotoxikologie ein, denn es gibt zwar viele In-vitro-Embryotoxizitätstests, in denen embryonale Gewebe und ganze Säugetierembryonen kultiviert und mit Prüfsubstanzen behandelt werden,[33] aber ihre Ergeb-

[32] Vgl. Deutsche Forschungsgemeinschaft (Hg.) 2004.
[33] Vgl. Abschnitt 3.1.10 (»Toxikologie – 58 Methoden«).

nisse müssen immer noch in Versuchen an trächtigen Tieren bestätigt werden.[34]

6.3 *Lösungsvorschläge aus Sicht der Politik*

Nach Inkrafttreten der Richtlinie 86/609/EWG und der entsprechenden Novellierung des deutschen Tierschutzgesetzes vor 20 Jahren hat der Gesetzgeber in Deutschland vielfältige Maßnahmen ergriffen, um die Anwendung von Alternativmethoden zu fördern. Ein wichtiger Schritt war dabei im Jahr 1989 die Gründung der ZEBET, die u.a. mit einem Etat zur Förderung von Alternativmethoden ausgestattet wurde, mit dessen Hilfe eine große Zahl erfolgreicher Alternativmethoden entwickelt wurde, die national und international zum Ersatz von Tierversuchen geführt hat. Außerdem finanziert die Bundesregierung durch das Bundesministerium für Bildung und Forschung (BMBF) seit 30 Jahren den Förderschwerpunkt »Alternativmethoden zu Tierversuchen«. Schließlich wird ebenso lange der Tierschutzforschungspreis der Bundesregierung durch das Bundesministerium für Ernährung und Landwirtschaft (BMEL) vergeben, mit dem vielversprechende Forschungsprojekte zum Ersatz von Tierversuchen in Deutschland ausgezeichnet werden.[35]

Die nachhaltigste Wirkung bei der Einführung von Alternativmethoden in Deutschland hatten bisher gesetzliche Initiativen zum Ersatz von Tierversuchen auf nationaler und internationaler Ebene, wie zum Beispiel die 7. Änderung der europäischen Kosmetikrichtlinie vom 11. März 2003, die für Kosmetika ab dem Jahr 2013 einen vollständigen Verzicht auf sicherheitstoxikologische Tierversuche vorgeschrieben hat, und die europäische Chemikaliengesetzgebung, bei der toxikologische Grundinformationen mithilfe von tierversuchsfreien Alternativmethoden erarbeitet werden sollten. Deutschland brachte die beiden europäischen Gesetzesinitiativen in die EU ein, und bereits 1987 verabschiedete Deutschland ein gesetzliches Verbot für die Prüfung kosmetischer Fertigprodukte, das auf EU-Ebene erst mit der 7. Änderung der Kosmetikrichtlinie im Jahr 2003 in Kraft trat.

---

34 Vgl. Spielmann et al. 2006.

35 Informationen zum Tierschutzforschungspreis stellt das Ministerium zur Verfügung unter der URL http://www.bmel.de/SharedDocs/Pressemitteilungen/2013/299-BL-Tierschutzforschungspreis.html [28.11.2014].

Da in der 7. Änderung der Kosmetikrichtlinie ab den Jahren 2009 und 2013 Termine für ein Vermarktungsverbot für kosmetische Produkte ausgesprochen wurden, die in bestimmten Tierversuchen geprüft werden, hat diese Gesetzgebung zu intensiven Forschungsanstrengungen zur Entwicklung und Validierung der entsprechenden Alternativmethoden geführt. Schon in der Vergangenheit wurde die Forschung in Europa sehr stark von der Kosmetikgesetzgebung beeinflusst, obwohl die Zahl der Versuchstiere, die auf diesem Gebiet in Europa eingesetzt werden, sehr gering ist. Aus dem gleichen Grund waren die ersten Erfolge zum Ersatz toxikologischer Tierversuche durch Alternativmethoden bei der Prüfung auf Reizwirkungen an Haut und Auge zu verzeichnen.

Um die hochgesteckten politischen Ziele zu erreichen, arbeiten seit 2005 die wichtigsten Industrieverbände, die Europäische Kommission, die EU-Mitgliedsstaaten und die europäischen Tierschutzverbände unter dem Namen *European Partnership for Alternative Approaches to Animal Testing* (EPAA) zusammen. Aufgrund der Marktentwicklung im Zuge der Globalisierung forschen Wissenschaftler auch außerhalb Europas in der Kosmetikindustrie an der Entwicklung und Validierung von Alternativmethoden, denn Verbraucher auf der ganzen Welt bevorzugen kosmetische Produkte, die nicht in Tierversuchen geprüft wurden.

Mit der Aufnahme des Tierschutzes als Staatsziel in das Grundgesetz im Jahr 2002 hat Deutschland wichtige Voraussetzungen für die Abschaffung von Tierversuchen in der akademischen Ausbildung an deutschen Universitäten geschaffen, denn zuvor konnten Hochschullehrer aufgrund der ihnen verfassungsmäßig garantierten Freiheit von Forschung und Lehre von Studenten die Durchführung von bestimmten Tierversuchen in Praktika verlangen, obwohl die entsprechenden Versuche an anderen Universitäten erfolgreich mit Alternativmethoden durchgeführt wurden. Seit der Etablierung des Tierschutzes im Grundgesetz werden Tierversuche zu Ausbildungszwecken an deutschen Universitäten praktisch nicht mehr durchgeführt.

7. Besonderheiten in Deutschland im Vergleich zu anderen Ländern

In den vorangehenden Kapiteln wurden bereits mehrfach Besonderheiten der Einstellung von Wissenschaft und Politik zu Alternativmethoden beschrieben. In Europa haben Deutschland und die deutschsprachigen Länder Österreich und Schweiz neben England eine Führungsrolle bei der Einführung von Alternativmethoden übernommen. Dies ist sicher auf die überwiegend maßvollen Aktivitäten der Tierschutzorganisationen in diesen Ländern zurückzuführen, die anstelle einer Konfrontation über den Dialog einen Weg zu einer Kooperation mit den Vertretern der Wissenschaft gefunden haben, der von der Politik unterstützt wird.

2002 wurde Deutschland der erste Mitgliedsstaat der EU, in dem der Tierschutz in der Verfassung verankert ist. Einen wichtigen Aspekt stellten bei dieser Grundgesetzänderung die Tierversuche dar, denn die Freiheit der Forschung und die Freiheit der Lehre sind im Grundgesetz etabliert, während der Tierschutz vorher nicht Verfassungsrang hatte, sodass die Verwaltungsgerichte Klagen von Tierschützern gegen spezielle Versuchsvorhaben aus formalen Gründen abweisen mussten. Nachdem der Tierschutz in das Grundgesetz aufgenommen war, konnten Verwaltungsgerichte vor allem Klagen gegen Tierversuche in der Ausbildung annehmen. Zuvor konnte ein Hochschullehrer in biologischen Grundlagenfächern, wie zum Beispiel in der Physiologie, darauf bestehen, dass Studenten in praktischen Kursen Tierversuche durchführen mussten, während an anderen deutschen Universitäten die erfolgreiche Teilnahme auch ohne Durchführung von Tierversuchen möglich war. Dabei ist zu berücksichtigen, dass Studenten der Biologie und Medizin an vielen Universitäten in Deutschland, Österreich und der Schweiz dieselben Lerninhalte ohne Tierversuche vermittelt wurden. Erst nach Aufnahme des Tierschutzes in das Grundgesetz verzichteten fast alle Universitäten auf Tierversuche in der akademischen Lehre, um Klagen zu vermeiden.

Trotz heftiger Auseinandersetzungen bei der Umsetzung der Richtlinie 86/609/EWG und der begleitenden Novellierung des Deutschen Tierschutzgesetzes wurde vor knapp 30 Jahren von den beteiligten Interessengruppen die *Stiftung zum Ersatz von Tierversuchen* (SET) gegründet. In ihr arbeiten unter Federführung der Bundesregierung, vertreten durch das Bundesministerium für Ernährung und Landwirtschaft (BMEL), die wichtigsten deutschen Tierschutz- und Industrieverbände zusammen, die sicherheitstoxikologische Tierversuche durchführen müssen. Die Industrieverbände haben das Stiftungskapital aufgebracht und finanzieren die laufenden Kosten für die Tätigkeit der Stiftung und für Forschungsprojekte. Nachdem die *European Science Foundation* (ESF) das 3R-Prinzip im Jahr 2001 akzeptiert hatte, traten im Jahr 2003 auch die Förderverbände der Wissenschaft in Deutschland der Stiftung SET bei. Die Kooperation aller Interessenverbände in der SET war auf internationaler Ebene das Vorbild für die Gründung vergleichbarer Institutionen, die heute aufgrund der Dominanz der englischen Sprache in Wissenschaft und Politik *platforms* genannt werden. Inzwischen gibt es neben vergleichbaren Plattformen für Alternativmethoden in den meisten EU-Mitgliedsstaaten auch eine europäische Plattform (European Consensus Platform for Alternatives, ECOPA[36]) mit Sitz in Brüssel.

Deutschland gründete vor 25 Jahren mit der ZEBET weltweit die erste staatliche Institution zur Entwicklung und Validierung von Alternativmethoden, die zum Vorbild vieler staatlicher Zentren für Alternativmethoden wurde, die später in Europa, in den USA und in Asien gegründet wurden, wie ECVAM, ICCVAM, JaCVAM und das NC3Rs. Bei fast allen genannten Zentren beschränkt sich die Tätigkeit auf die Forschungsförderung und die Koordinierung von Validierungsprojekten mit dem Schwerpunkt der Entwicklung von Alternativmethoden zu behördlich vorgeschriebenen Tierversuchen. Die EU-Kommission hat mit der Novellierung der Richtlinie 86/609/EWG u. a. das Ziel verfolgt, dass in allen EU-Mitgliedsstaaten staatlich finanzierte Validierungszentren etabliert werden, die eng mit dem EU-Validierungszentrum ECVAM kooperieren und die ECVAM durch Übernahme von Teilprojekten in ähnlicher Weise wie ZEBET entlasten.

Bisher ist der Informationsdienst für Alternativmethoden, den ZEBET in Zusammenarbeit mit der AnimAlt-ZEBET-Datenbank anbietet, ein weltweit einmaliger Service. Seit die AnimAlt-ZEBET-Datenbank in englischer Sprache online weltweit für die Wissenschaft zugänglich ist, wird dieser Service auch von ausländischen Wissenschaftlern genutzt. Um diesen Service für alle interessierten Forschenden weiter auszubauen, finanziert ZEBET für die Nutzer des Internets eine spezielle Suchmaschine für Alternativmethoden mit dem Namen *Go3R*[37], die seit 2008 in der sogenannten Beta-Version online kostenfrei zur Verfügung steht.

Eine weitere Ergänzung zum Informationsangebot der ZEBET-Datenbank bietet das neue AltTox[38]-Internet-Diskussionsforum, in dem aktuelle internationale Entwicklungen zur Verminderung von Tierversuchen in der Toxikologie nach dem 3R-Prinzip diskutiert werden und das gemeinsam von der größten US-amerikanischen Tierschutzorganisation *Humane Society of the United States* (HSUS[39]) und dem größten Hersteller von Kosmetika und Haushaltschemikalien in den USA, der Firma Procter und Gamble, finanziert wird. Im Unterschied zu Deutschland und der EU zeigt dieses Beispiel die generelle Tendenz der USA, zur Lösung aktueller Probleme nicht neue staatliche Institutionen zu schaffen, sofern eine privatwirtschaftliche Lösung möglich ist.

---

36 URL http://www.ecopa.eu/ [28.11.2014].
37 URL http://www.gopubmed.org/web/go3r/ [28.11.2014].
38 URL http://www.alttox.org/ [28.11.2014].
39 URL http://www.humanesociety.org/ [28.11.2014].

Eine Sonderrolle im Vergleich zu allen anderen Ländern nimmt die Forschungsförderung zur Entwicklung von Alternativmethoden in Deutschland seit 30 Jahren durch den Förderschwerpunkt Alternativmethoden zu Tierversuchen des Bundesministeriums für Bildung und Forschung (BMBF) ein. Die jährliche Fördersumme beläuft sich derzeit auf ca. viereinhalb Millionen Euro, sodass die Bundesregierung für diesen Förderschwerpunkt insgesamt bereits ca. 140 Millionen Euro bereitgestellt hat. Da Industriefirmen, die vom BMBF gefördert werden, 50% der Fördersumme selbst aufbringen müssen, ist die Gesamtsumme in Deutschland noch höher. Diese großzügige Förderung wird durch kleinere Förderprogramme der SET sowie von ZEBET ergänzt. Ein vergleichbar umfangreiches und lange bestehendes Förderprogramm für das Gebiet der Alternativmethoden gibt es in keinem anderen Land. Die EU-Kommission und einige EU-Mitgliedsstaaten, wie zum Beispiel das N3CRs in Großbritannien, haben inzwischen vergleichbare Förderprogramme zur Entwicklung von Alternativmethoden etabliert. Im Gegensatz dazu gibt es in Japan nur ein kleines Förderprogramm, und in den USA wurden bisher keine staatlichen Förderungsprojekte für Alternativmethoden und ihre Validierung bereitgestellt. Die geschilderten Umstände führten dazu, dass Deutschland bei der Entwicklung und Validierung von Alternativmethoden und ihrer internationalen Akzeptanz durch die Gremien der EU-Kommission und durch die OECD, ICH und WHO eine führende Rolle spielte.

Man sollte die Entwicklung in Deutschland jedoch nicht von den Erfolgen in den übrigen Mitgliedsstaaten in Europa trennen, denn die EU-Kommission fördert ebenfalls seit 25 Jahren Forschung zur Entwicklung und Validierung von Alternativmethoden. Dafür stellte die Generaldirektion für Forschung und Entwicklung der EU-Kommission in den vierten bis siebten Rahmenprogrammen zur Forschungsförderung in Europa umfangreiche Fördermittel zur Verfügung, und seit 1993 unterstützt das EU-Validierungszentrum ECVAM die internationale, experimentelle Validierung von Alternativmethoden mit umfangreichen Mitteln. Schließlich ist im deutschsprachigen Raum die Doerenkamp-Zbinden-Stiftung[40] für tierversuchsfreie Forschung mit Sitz in der Schweiz zu nennen, die in sehr viel größerem Umfang als andere private Stiftungen den wissenschaftlichen Tierschutz durch Förderung der Entwicklung von Alternativmethoden weltweit unterstützt. Die überwiegende Zahl der Projekte zu Alternativmethoden wurde im deutschsprachigen Raum gefördert, dazu gehören auch die Unterstützung wissenschaftlicher Kongresse und die

40 URL http://www.doerenkamp.ch/de/index.html?id=2 [28.11.2014].

wissenschaftliche Zeitschrift über Alternativen zu Tierexperimenten (ALTEX[41]).

Die besondere Rolle, die Deutschland international bei der Forschung zur Entwicklung von Alternativmethoden einnimmt, wird dadurch bestätigt, dass an drei deutschen Universitäten in den Jahren 2005 und 2006 Professuren für Alternativmethoden etabliert wurden, nämlich an den Universitäten in Erlangen und Konstanz und an der Tierärztlichen Hochschule Hannover. Zu dieser Entwicklung trug sicher das positive Umfeld in Deutschland für den wissenschaftlichen Tierschutz bei, dem sich die Bundesregierung seit über 25 Jahren verpflichtet fühlt und der gemeinsam von Tierschutzverbänden und Wissenschaftlern in Industrien, Behörden, Universitäten und anderen Forschungsinstituten getragen wird. Ein unerwarteter Fortschritt im universitären Bereich war im Jahr 2014 die Gründung der *Berlin-Brandenburger Forschungsplattform B23R* mit integriertem Graduiertenkolleg *Innovationen in der 3R-Forschung – Gentechnik, Tissue Engineering und Bioinformatik*, die vom BMBF gefördert wird. An ihr beteiligen sich neun Forschungseinrichtungen im Raum Berlin-Brandenburg und es wurden speziell für das *Refinement* neue Professuren und Wissenschaftlerstellen etabliert, dazu gehören neben biomedizinischen Forschern auch Juristen und Ethiker.

Abschließend sollen kurz die grundsätzlichen Unterschiede in der wissenschaftlichen Bewertung von Alternativmethoden in Europa und außerhalb Europas aufgezeigt werden. In Europa gibt es mit Schwerpunkt im deutschsprachigen Raum wissenschaftliche Gesellschaften, die sich mit Alternativmethoden beschäftigen und die Workshops und Kongresse abhalten. Bereits 1992 wurde die *Mitteleuropäische Gesellschaft für Alternativmethoden zu Tierversuchen* (MEGAT[42]) gegründet, welche die Zeitschrift ALTEX ursprünglich in deutscher und seit 2006 auch in englischer Sprache herausgibt und die seit ihrer Gründung Mitveranstalter der jährlichen Kongresse über Alternativen zu Tierversuchen[43] in Linz (Österreich) ist. Die Europäische Gesellschaft für In-vitro-Toxikologie (*European Society of Toxicology in Vitro* (ESTIV[44])) wurde 1995 gegründet. Sie führt Kongresse über Alternativmethoden in der Toxikologie durch und gibt die Zeitschrift *Cell Biology and Toxicology*[45] heraus.

---

[41] URL http://www.altex.ch/de/index.html?id=13 [28.11.2014].

[42] URL http://www.zet.or.at/index.php [28.11.2014].

[43] URL http://www.tierrechte-bw.de/index.php/forschung-ohne-tiere/293-linz-15-kongress-ueber-alternativmethoden [28.11.2014].

[44] URL http://www.estiv.org/ [28.11.2014].

[45] URL http://www.springer.com/life+sci/cell+biology/journal/10565 [28.11.2014].

In Japan ist die Situation ähnlich, dort führt die *Japanese Society for Alternatives to Animal Experiments* (JSAAE[46]) seit 25 Jahren jährliche Kongresse durch, die sich mit Alternativmethoden auf allen Gebieten der Biowissenschaften beschäftigen, dazu gehört auch das *Refinement* bei der Versuchstierhaltung. JSAAE gibt die Zeitschrift *Alternatives to Animal Testing and Experimentation* (AATEX[47]) in englischer und in japanischer Sprache heraus. Das staatliche japanische Validierungszentrum JaCVAM übernimmt seit der Gründung im Jahr 2006 nur koordinierende Funktion bei internationalen Validierungsstudien und verfügt nicht über Fördermittel zur Entwicklung von Alternativmethoden.

In den USA stellt sich die Situation anders dar, denn es gibt bisher keine wissenschaftliche Gesellschaft, die sich mit Alternativmethoden beschäftigt. Die wissenschaftlichen Aktivitäten in den USA gehen deshalb vorwiegend vom *Center for Alternatives to Animal Testing* (CAAT) an der renommierten Johns Hopkins Universität in Baltimore aus, das seit 30 Jahren internationale Workshops abhält, Forschungsprojekte fördert und mit *Altweb*[48] die erste Website über Alternativmethoden etabliert hat. Das CAAT wird nur durch private Spenden der Industrie und von Tierschutzverbänden finanziert. Das staatliche Validierungszentrum der amerikanischen Bundesregierung (ICCVAM) beschränkt seine Aktivitäten bisher auf die Bewertung von Alternativmethoden, die außerhalb der USA experimentell validiert werden, um ihre Akzeptanz durch amerikanische Behörden zu beurteilen. Im Gegensatz zum europäischen Validierungszentrum ECVAM verfügt ICCVAM nicht über einen Etat zur Finanzierung von Validierungsprojekten.

Für die weitere Entwicklung und Anerkennung von Alternativmethoden ist es sehr wichtig, dass die drei großen internationalen Validierungszentren ECVAM, ICCVAM und JaCVAM im Jahr 2006 eine Kooperation vereinbarten, um sicherzustellen, dass validierte Alternativmethoden möglichst rasch weltweit durch die zuständigen Institutionen (OECD, ICH, WHO) anerkannt werden. Im Jahr 2008 trat Health Canada dieser Kooperation bei, und sie wurde offiziell als *International Cooperation on Alternative Test Methods* (ICATM[49]) mit dem vordringlichen Ziel konstituiert, weltweit einheitliche tierversuchsfreie Prüfmethoden für Kosmetika zu etablieren.

---

46 URL http://www.asas.or.jp/jsaae/e_index.html [28.11.2014].

47 URL http://www.asas.or.jp/jsaae_old/e_aatex.html [28.11.2014].

48 URL http://altweb.jhsph.edu/ [28.11.2014].

49 URL http://ntp.niehs.nih.gov/?objectid=62B7F4F3-C74E-C7B1-014FB010F57E7471 [28.11.2014].

Zitierte Gesetze, Verordnungen und europäische Richtlinien

Grundgesetz (GG) für die Bundesrepublik Deutschland in der im Bundesgesetzblatt Teil III, Gliederungsnummer 100–1, veröffentlichten bereinigten Fassung, zuletzt geändert durch Artikel 1 des Gesetzes vom 11. Juli 2012 (Bundesgesetzblatt 2012 I, 1478).

Richtlinie 86/609/EWG des Rates vom 24. November 1986 zur Annäherung der Rechts- und Verwaltungsvorschriften der Mitgliedstaaten zum Schutz der für Versuche und andere wissenschaftliche Zwecke verwendeten Tiere. In: Amtsblatt der Europäischen Gemeinschaften, Nr. L 230 vom 16. September 2003, 32.

Richtlinie 2003/15/EG des Europäischen Parlaments und des Rates vom 27. Februar 2003 zur Änderung der Richtlinie 76/768/EWG des Rates zur Angleichung der Rechtsvorschriften der Mitgliedsstaaten über kosmetische Mittel. In: Amtsblatt der Europäischen Union, Nr. L66 vom 11. März 2003, 26.

Richtlinie 2010/63/EU des Europäischen Parlaments und des Rates vom 22. September 2010 zum Schutz der für wissenschaftliche Zwecke verwendeten Tiere. In: Amtsblatt der Europäischen Union, Nr. L 276 vom 20. Oktober 2010, 33.

Tierschutzgesetz (TierSchG) in der Fassung vom 18. Mai 2006, zuletzt geändert durch Artikel 3 des Gesetzes vom 28. Juli 2014 (Bundesgesetzblatt 2014 I, 1308).

Verordnung (EG) Nr. 1907/2006 des Europäischen Parlaments und des Rates vom 18. Dezember 2006 zur Registrierung, Bewertung, Zulassung und Beschränkung chemischer Stoffe (REACH), zur Schaffung einer Europäischen Agentur für chemische Stoffe, zur Änderung der Richtlinie 1999/45/EG und zur Aufhebung der Verordnung (EWG) Nr. 793/93 des Rates, der Verordnung (EG) Nr. 1488/94 der Kommission, der Richtlinie 76/769/EWG des Rates sowie der Richtlinien 91/155/EWG, 93/67/EWG, 93/105/EG und 2000/21/EG der Kommission. In: Amtsblatt der Europäischen Union, Nr. L 396 vom 30. Dezember 2006, 1.

Verordnung (EG) Nr. 1223/2009 des Europäischen Parlaments und des Rates vom 30. November 2009 über kosmetische Mittel. In: Amtsblatt der Europäischen Union, Nr. L342 vom 22. Dezember 2009, 59.

Versuchstiermeldeverordnung (VersTierMeldV): Verordnung über die Meldung zu Versuchszwecken verwendeter Wirbeltiere oder Kopffüßer oder zu bestimmten anderen Zwecken verwendeter Wirbeltiere vom 12. Dezember 2013 (Bundesgesetzblatt 2013 I, 4145).

Versuchstiermeldeverordnung (VersTierMeldV): Verordnung über die Meldung zu Versuchszwecken oder zu bestimmten anderen Zwecken verwendeter Wirbeltiere vom 4. November 1999 (Bundesgesetzblatt 1999 I, 2156), zuletzt geändert durch Art. 420 der Verordnung vom 31. Oktober 2006 (Bundesgesetzblatt 2006 I, 2407).

Literatur

Balls, Michael / Blaauboer, Bas / Brusik, Dave / Frazier, John / Lamp, Denise / Pemberton, Mark / Reinhardt, Christoph A. / Robertfroid, Marcel / Rosenkranz, Herbert / Schmid, Beat / Spielmann, Horst / Stammati, Anna Laura / Walum, Erik

(1990): Report and recommendations of the CAAT/ERGATT workshop on the validation of toxicity test procedures. In: ATLA (Alternatives to Laboratory Animals) 18, 313–337.

Balls, Michael / Blaauboer, Bas / Fentem, Julia / Bruner, Leon / Combes, Robert D. / Ekwal, Bjorn / Fiedler, Robin J. / Guillouzo, Andre / Lewis, Richard W. / Lovell, David P. / Reinhardt, Christoph A. / Repetto, Guillermo / Sladowski, Darek / Spielmann, Horst / Zucco, Flavia (1995): Practical aspects of the validation of toxicity test procedures. The report and recommendations of ECVAM Workshop 5. In: ATLA (Alternatives to Laboratory Animals) 23, 129–147.

Bundesministerium für Ernährung, Landwirtschaft und Verbraucherschutz (BMELV) (Hg.) (2008): Tierversuchsdaten 2007. URL http://www.bmel.de/SharedDocs/Downloads/Tier/Tierschutz/2007-TierversuchszahlenGesamt.html [28.11.2014].

Bundesministerium für Ernährung, Landwirtschaft und Verbraucherschutz (BMELV) (Hg.) (2009): Tierversuchszahlen 2008. URL http://www.bmelv.de/cae/servlet/contentblob/765788/publicationFile/42877/2008-TierversuchszahlenGesamt.pdf [28.11.2014].

Bundesministerium für Ernährung und Landwirtschaft (BMEL) (Hg.) (2010): Tierversuchszahlen 2009. URL http://www.bmel.de/SharedDocs/Downloads/Tier/Tier schutz/2009-TierversuchszahlenGesamt.html [28.11.2014].

Bundesministerium für Ernährung und Landwirtschaft (BMEL) (Hg.) (2011): Tierversuchszahlen 2010. URL http://www.bmel.de/SharedDocs/Downloads/Tier/Tier schutz/2010-TierversuchszahlenGesamt.html [28.11.2014]

Bundesministerium für Ernährung und Landwirtschaft (BMEL) (Hg.) (2012): Tierversuchszahlen 2011. URL http://www.bmel.de/SharedDocs/Downloads/Tier/Tier schutz/2011-TierversuchszahlenGesamt.html [28.11.2014].

Bundesministerium für Ernährung und Landwirtschaft (BMEL) (Hg.) (2013): Tierversuchszahlen 2012. URL http://www.bmel.de/SharedDocs/Downloads/Tier/Tier schutz/2012TierversuchszahlenGesamt.html [28.11.2014].

Deutsche Arzneibuch-Kommission (Hg.) (2012): Deutsches Arzneibuch 2012. Stuttgart: Deutscher Apotheker Verlag.

Deutsche Forschungsgemeinschaft (DFG) (2004): Tierversuche in der Forschung. Herausgegeben von der Senatskommission für tierexperimentelle Forschung. Bonn: Lemmens Verlags- und Mediengesellschaft.

Deutsche Presse-Agentur (2002): Tierschutz kommt ins Grundgesetz. In: FAZ-NET (17. Mai 2002) URL http://www.faz.net/s/RubA24ECD630CAE40E483841DB 7D16F4211/Doc~E248816A509A5414F95CEF4509BBB5FF5~ATpl~Ecom mon~Scontent.html [28.11.2014].

Deutscher Bundestag (Hg.) (2011): Unterrichtung durch die Bundesregierung. Bericht über den Stand der Entwicklung des Tierschutzes 2011 (Tierschutzbericht 2011). Drucksache 17/6826 vom 22. August 2011. URL http://dip21.bundestag.de/dip21/btd/17/068/1706826.pdf [28.11.2014].

Europäische Arzneibuch-Kommission (Hg.) (2011): Europäisches Arzneibuch. Ausgabeversion 7. Stuttgart: Deutscher Apotheker Verlag.

Europäische Kommission (Hg.) (2010): Bericht der Kommission an den Rat und das Europäische Parlament – Sechster Bericht über die statistischen Angaben zur Anzahl der in den Mitgliedstaaten der Europäischen Union für Versuchs- und andere wissenschaftliche Zwecke verwendeten Tiere. KOM (2010) 511 endgültig/2. URL http://eur-lex.europa.eu/legal-content/DE/TXT/?uri=CELEX:52010DC0511R%2801%29 [28.11.2014].

Europäische Kommission (Hg.) (2013): Bericht der Kommission an den Rat und das Europäische Parlament – Siebenter Bericht über die statistischen Angaben zur Anzahl der in den Mitgliedstaaten der Europäischen Union für Versuchs- und andere wissenschaftliche Zwecke verwendeten Tiere. KOM (2013) 859 endgültig. URL http://eur-lex.europa.eu/LexUriServ/LexUriServ.do?uri=COM:2013:0859:FIN:de:PDF [28.11.2014].

European Science Foundation (ed.) (2001): Policy Briefing 15. Use of animals in research. August 2001. URL http://www.esf.org/fileadmin/Public_documents/Publications/ESPB15.pdf [28.11.2014].

Kommission der Europäischen Gemeinschaften (Hg.) (2007): Bericht der Kommission an den Rat und das Europäische Parlament – Fünfter Bericht über die statistischen Angaben zur Anzahl der in den Mitgliedstaaten der Europäischen Union für Versuchs- und andere wissenschaftliche Zwecke verwendeten Tiere. KOM (2007) 675 endgültig. URL http://eur-lex.europa.eu/LexUriServ/LexUriServ.do?uri=COM:2007:0675:FIN:DE:PDF [28.11.2014].

Russell, William M. S. / Burch, Rex L. (1959): The Principles of Humane Experimental Technique. London: Methuen.

Spielmann, Horst / Seiler, Andrea / Bremer, Susanne / Hareng, Lars / Hartung, Thomas / Ahr, Hans-Jürgen / Faustman, Elaine / Haas, Ulla / Moffat, Graham / Nau, Heinz / Vanparys, Phillipe / Piersma, Aldert / Sintes, Juan-Riego / Stuart, Jane (2006): The practical application of three validated in vitro embryotoxicity tests. In: ATLA (Alternatives to Laboratory Animals) 34, 527–538.

The European Partnership for Alternative Approaches to Animal Testing (ed.) (2006): 3 Rs Declaration. URL https://circabc.europa.eu/sd/d/3a0533fa-cfbf-4536-a7ca-f9c7c10f3eae/3rs-declaration.pdf. [28.11.2014].

III. Rechtliche Aspekte

Wolfgang Löwer und Tade M. Spranger

1. Einführende Bemerkungen

Der Umgang mit Tieren folgt unter rechtlichen Gesichtspunkten keiner einheitlichen Methodik oder Struktur, sodass nicht von der Existenz einer stringenten tierrechtlichen Normierung ausgegangen werden kann. Stattdessen wählt das Recht einen punktuellen bzw. sektoralen Ansatz, indem bestimmte Tierarten, vor allem aber bestimmte Nutzungen von Tieren, durch positivrechtliche Vorgaben erfasst werden. So finden sich etwa Bestimmungen zur Haltung spezifischer Nutztierarten, zu Handel und Haltung exotischer Arten, zu Haustieren oder zu einigen wildlebenden Tieren. Aktuelle rechtspolitische Diskussionen und Anregungen beziehen sich darüber hinaus auf invasive Arten sowie auf Zoo- oder Zirkustiere; besondere rechtspolitische Bedeutung kommt insoweit dem im Mai 2014 über das Bundesministerium für Ernährung und Landwirtschaft veröffentlichten Gutachten über Mindestanforderungen an die Haltung von Säugetieren zu. Diese Fragmentierung des Tierrechts wurde auch durch die Einführung der Staatszielbestimmung Tierschutz im Jahr 2002 nicht aufgehoben.

Eine schon aufgrund des medialen Widerhalls besonders prominente Rolle spielt in diesem vielschichtigen Diskurs die Auseinandersetzung um das Recht der Tierversuche. Das Tierversuchsrecht ist in Deutschland vergleichsweise neuen Datums. Zwar finden sich zentrale Elemente der späteren Gesetzgebung[1] etwa schon in einem Erlass des preußischen Kultusministers Gustav von Goßler aus dem Jahre 1885[2], eine einheitliche und detailreichere Kodifizierung erfolgte jedoch erst durch das (auch) dem nationalsozialistischem Gedankengut verpflichtete Reichstierschutzgesetz von 1933, welches nach 1949 zunächst in Kraft blieb.[3]

---

[1] Gefordert wurden bereits u. a. ernste Forschungs- bzw. wichtige Unterrichtszwecke, die Vorrangigkeit niederer Tiere sowie die Betäubung aller Versuchstiere.

[2] Vgl. Lorz / Metzger 2008: § 7, Rn. 2.

[3] Zur Historie vgl. Pfeiffer 2004.

Erst 1972 wurde in der Bundesrepublik ein neues Tierschutzgesetz verkündet, das seitdem diverse Novellierungen – zuletzt im Juli 2014[4] – erlebt hat. Die folgenden Ausführungen geben zunächst eine Übersicht über den Ist-Bestand des Tierversuchsrechts, bevor völker- und europarechtliche Vorprägungen und Einbettungen sowie aktuelle tierversuchsrechtliche Diskussionen wiedergegeben werden.

2. Nationales Tierversuchsrecht

Das deutsche Tierschutzrecht ist im Wesentlichen im Tierschutzgesetz sowie in der es konkretisierenden Tierschutz-Versuchstierverordnung normiert. Dabei wird das gesamte Tierschutzrecht von der Prämisse geleitet, dass sich aus der Verantwortung des Menschen für das Tier als Mitgeschöpf der Auftrag ergibt, dessen Leben und Wohlbefinden zu schützen[5]; niemand darf einem Tier ohne vernünftigen Grund Schmerzen, Leiden oder Schäden zufügen (§ 1 TierSchG). Das erst 1986 in das Tierschutzgesetz aufgenommene Prinzip der Mitgeschöpflichkeit konnte sich im Folgenden auch im verfassungsrechtlichen Kontext durchsetzen. Zwar wurde 2002 bei der Aufnahme der Staatszielbestimmung Tierschutz in das Grundgesetz auf eine explizite Benennung der Mitgeschöpflichkeit verzichtet; die Gesetzesbegründung verweist jedoch auf diesen Zusammenhang.[6] Gleichwohl soll die Mitgeschöpflichkeit unter verfassungsrechtlichen Kautelen nicht als rechtliche Pflicht, sondern »nur« als ethische Verantwortung verstanden werden.[7] Die Detailbestimmungen zum Tierversuchsrecht finden sich sodann im fünften Abschnitt des Tierschutzgesetzes (§§ 7 ff. TierSchG).

2.1 *Allgemeine Bestimmungen*

Gemäß § 7 Abs. 1 S. 1 TierSchG dienen die Vorschriften des gesamten Abschnitts dem Schutz von Tieren, die zur Verwendung in Tierversuchen bestimmt sind oder deren Gewebe oder Organe zu wissenschaftlichen Zwecken verwendet werden sollen. Zu diesem Zweck sind Tierver-

---

[4] Durch Artikel 3 des Gesetzes vom 28. Juli 2014.
[5] Vgl. zu den Grundlagen in der Tierethik: Jedelhauser 2011. Siehe auch Teil 4 (Ethische Aspekte) des vorliegenden Sachstandsberichts.
[6] Vgl. Deutscher Bundestag 2002.
[7] Vgl. Sachs / Murswiek 2011: Art. 20 a GG, Rn. 31b.

suche im Hinblick auf die den Tieren zuzufügenden Schmerzen, Leiden und Schäden, die Zahl der verwendeten Tiere sowie die artspezifische Fähigkeit der verwendeten Tiere, unter den Versuchseinwirkungen zu leiden, auf das unerlässliche Maß zu beschränken (§ 7 Abs. 1 S. 2 Nr. 1 TierSchG). Darüber hinaus sind die in § 7 Abs. 1 S. 2 Nr. 1 TierSchG genannten Tiere so zu halten, zu züchten und zu pflegen, dass sie nur in dem Umfang belastet werden, der für die Verwendung zu wissenschaftlichen Zwecken unerlässlich ist (§ 7 Abs. 1 S. 2 Nr. 2 TierSchG). Tierversuche dürfen schließlich gemäß § 7 Abs. 1 S. 3 TierSchG nur von Personen geplant und durchgeführt werden, die über die dafür erforderlichen Kenntnisse und Fähigkeiten verfügen.

Indem § 7 Abs. 1 S. 4 TierSchG die Bestimmung des § 1 TierSchG für unberührt erklärt, wird unterstrichen, dass die das gesamte Tierschutzrecht prägenden Leitprinzipien für den Sektor der Tierversuche nicht suspendiert werden. Dies führt freilich zu dem Folgeproblem, wie Leben und Wohlbefinden des Mitgeschöpfes Tier im Tierversuchskontext geschützt werden können. In diesem Zusammenhang stellt sich zunächst die Frage, welche Maßnahmen und Handlungen als sogenannte Tierversuche zu qualifizieren sind.

Nach § 7 Abs. 2 S. 1 TierSchG stellen Tierversuche Eingriffe oder Behandlungen an Tieren dar, wenn sie möglicherweise mit Schmerzen, Leiden oder Schäden für diese Tiere verbunden sind. Als Tierversuche gelten auch Maßnahmen an Tieren, die dazu führen können, dass Tiere geboren werden oder schlüpfen, die Schmerzen, Leiden oder Schäden erleiden. Soweit Handlungen am Erbgut von Tieren stattfinden und diese mit Schmerzen, Leiden oder Schäden für die erbgutveränderten Tiere oder deren Trägertiere verbunden sein können, fallen sie ebenfalls unter den Begriff der Tierversuche. Weitere Versuchszwecke sind in § 7 Abs. 2 S. 2 TierSchG geregelt; nicht als Tierversuch gilt hingegen gemäß § 7 Abs. 2 S. 3 TierSchG das Töten eines Tieres, soweit dies ausschließlich erfolgt, um dessen Organe oder Gewebe zu wissenschaftlichen Zwecken zu verwenden.

2.2 *Grundsatz der Unerlässlichkeit*

Nach § 7a Abs. 1 TierSchG dürfen Tierversuche nur bei sogenannter Unerlässlichkeit zu einem der folgenden Zwecke durchgeführt werden:

1. Grundlagenforschung,
2. sonstige Forschung mit einem der folgenden Ziele:
   a. Vorbeugung, Erkennung oder Behandlung von Krankheiten, Leiden, Körperschäden oder körperlichen Beschwerden bei Menschen oder Tieren,
   b. Erkennung oder Beeinflussung physiologischer Zustände oder Funktionen bei Menschen oder Tieren,
   c. Förderung des Wohlergehens von Tieren oder Verbesserung der Haltungsbedingungen von landwirtschaftlichen Nutztieren,
3. Schutz der Umwelt im Interesse der Gesundheit oder des Wohlbefindens von Menschen oder Tieren,
4. Entwicklung und Herstellung sowie Prüfung der Qualität, Wirksamkeit oder Unbedenklichkeit von Arzneimitteln, Lebensmitteln, Futtermitteln oder anderen Stoffen oder Produkten mit einem der in Nummer 2 Buchstabe a bis c oder Nummer 3 genannten Ziele,
5. Prüfung von Stoffen oder Produkten auf ihre Wirksamkeit gegen tierische Schädlinge,
6. Forschung im Hinblick auf die Erhaltung der Arten,
7. Aus-, Fort- oder Weiterbildung und
8. gerichtsmedizinische Untersuchungen.

Tierversuche zur Aus-, Fort- oder Weiterbildung im Sinne von S. 1 Nr. 7 dürfen nur an einer Hochschule, einer anderen wissenschaftlichen Einrichtung, einem Krankenhaus oder im Rahmen einer Aus-, Fort- oder Weiterbildung für Heil- oder Heilhilfsberufe oder naturwissenschaftliche Hilfsberufe durchgeführt werden.

Im Rahmen der Frage der Unerlässlichkeit ist nach § 7a Abs. 2 Nr. 1 TierSchG der jeweilige Stand der wissenschaftlichen Erkenntnisse zu berücksichtigen. Darüber hinaus ist nach § 7a Abs. 2 Nr. 1 TierSchG zu untersuchen, ob die Erreichung des jeweiligen Zwecks nicht auch durch andere Methoden oder Verfahren möglich ist. Versuche an Wirbeltieren oder Kopffüßern[8] dürfen nur insoweit durchgeführt werden, als die zu erwartenden Schmerzen, Leiden oder Schäden der Tiere im Hinblick auf den Versuchszweck ethisch vertretbar sind (§ 7a Abs. 2 Nr. 3 TierSchG). Die Zufügung von Schmerzen, Leiden oder Schäden ist dann erlaubt, wenn sie für den verfolgten Zweck unerlässlich sind; insbesondere dürfen sie nicht aus Gründen der Arbeits-, Zeit- oder Kostenersparnis

[8] Die nunmehr erfolgte Nennung von Kopffüßern geht auf neuere Erkenntnisse zurück, denen zufolge einige wirbellose Tiere über ein ähnliches Schmerzempfinden verfügen wie Wirbeltiere; der europäische Gesetzgeber hat diesen Umstand bereits in der Richtlinie 2010/63/EU berücksichtigt.

zugefügt werden (§ 7a Abs. 2 Nr. 4 TierSchG). Sofern der Gebrauch von Tieren mit der artspezifischen Fähigkeit, unter den Versuchseinwirkungen weniger stark zu leiden, für den verfolgten Zweck nicht ausreicht, erlaubt § 7a Abs. 2 Nr. 5 TierSchG auch die Durchführung von Versuchen an solchen Tieren, deren Leidensfähigkeit stärker entwickelt ist.

Als Konkretisierung der unter § 7a Abs. 1 TierSchG genannten Zwecke dürfen Tierversuche nach § 7a Abs. 3 TierSchG nicht zur Entwicklung oder Erprobung von Waffen, Munition und dazugehörigem Gerät durchgeführt werden. Das gilt gemäß § 7a Abs. 4 S. 1 TierSchG auch zur Entwicklung von Tabakerzeugnissen, Waschmitteln und Kosmetika. Allerdings darf das zuständige Bundesministerium nach § 7a Abs. 4 S. 2 TierSchG durch Rechtsverordnung mit Zustimmung des Bundesrates Ausnahmen zur Abwehr bestimmter Gesundheitsgefährdungen bestimmen, sofern die erforderlichen neuen Erkenntnisse nicht auf andere Weise erlangt werden können oder Ausnahmen zur Durchführung von Rechtsakten der Europäischen Gemeinschaft oder Europäischen Union festlegen.

2.3 *Genehmigungsverfahren*

Zur Durchführung von Tierversuchen an Wirbeltieren oder Kopffüßern bedarf es einer Genehmigung, die nur dann zu erteilen ist, wenn u. a. der verantwortliche Leiter des Versuchsvorhabens und sein Stellvertreter die erforderliche fachliche Eignung vor allem im Hinblick auf die Überwachung der Tierversuche haben und keine Tatsachen vorliegen, aus denen sich Bedenken gegen ihre Zuverlässigkeit ergeben (§ 8 Abs. 1 S. 2 Nr. 2 TierSchG). Darüber hinaus müssen nach § 8 Abs. 1 S. 2 Nr. 4 TierSchG die personellen und organisatorischen Voraussetzungen für die Durchführung der Tierversuche einschließlich der Tätigkeit des Tierschutzbeauftragten gegeben und die ordnungsgemäße Haltung der Tiere und ihre medizinische Versorgung sichergestellt sein (§ 8 Abs. 1 S. 2 Nr. 5 TierSchG). Einzuhalten sind nach § 8 Abs. 1 S. 2 Nr. 6 TierSchG auch Vorschriften zur Schmerzlinderung und Betäubung sowie zur erneuten Verwendung von Tieren und zur Verhinderung des Todes bzw. zur Vermeidung von Schmerzen und Leiden beim Tod eines Tieres.

Wird die Genehmigung gemäß § 8 Abs. 2 TierSchG einer Hochschule oder einer anderen Einrichtung erteilt, müssen die Personen, die die Tierversuche durchführen, bei der Einrichtung beschäftigt oder mit Zustimmung des verantwortlichen Leiters zur Benutzung der Einrichtung befugt sein.

Gemäß § 8 Abs. 3 TierSchG kann das Bundesministerium für Ernährung und Landwirtschaft (BMEL) im Einvernehmen mit dem Bundesministerium für Bildung und Forschung (BMBF) durch Rechtsverordnung mit Zustimmung des Bundesrates weitere Verfahrensvorschriften erlassen und eine Regelung zur Einstufung des Schweregrades von Tierversuchen im Sinne von Art. 15 Abs. 1 der Richtlinie 2010/63/EU (vgl. § 8 Abs. 4 TierSchG) festlegen. Weitere Ermächtigungen ergeben sich aus § 8 Abs. 5 und 6 TierSchG.

2.4 *Anzeigepflichten*

Gegenüber der zuständigen Behörde bestehende Anzeigepflichten bei Durchführung von Versuchsvorhaben, in deren Rahmen Wirbeltiere oder Kopffüßer verwendet werden, sind in § 8a Abs. 1 TierSchG geregelt. Sie gelten nach § 8a Abs. 2 TierSchG nicht für Versuchsvorhaben mit Primaten oder solche Versuche, die nach Maßgabe von Art. 15 Abs. 1 in Verbindung mit Anhang VIII der Richtlinie 2010/63/EU als »schwer« einzustufen sind.

Weitere mit dem Anzeigevorgang in Zusammenhang stehende Vorgaben darf das BMEL im Einvernehmen mit dem BMBF durch Rechtsverordnung mit Zustimmung des Bundesrates nach § 8a Abs. 5 TierSchG erlassen.

2.5 *Spezielle Ermächtigungen*

Weitere Ermächtigungen des BMEL sind in § 9 TierSchG niedergelegt. So darf es im Einvernehmen mit dem BMBF durch Rechtsverordnung mit Zustimmung des Bundesrates nähere Vorschriften erlassen über die Art und den Umfang der nach § 7 Abs. 1 S. 3 erforderlichen biologischen, tiermedizinischen, rechtlichen und ethischen Kenntnisse und zur Durchführung von Tierversuchen relevanten Fähigkeiten der Personen, die Tierversuche planen oder durchführen, sowie Anforderungen an den Nachweis und die Aufrechterhaltung der erforderlichen Kenntnisse und Fähigkeiten festlegen; in der Rechtsverordnung kann auch vorgeschrieben werden, dass Aufzeichnungen über die Maßnahmen, die zum Zwecke der Aufrechterhaltung der Kenntnisse und Fähigkeiten ergriffen werden, anzufertigen, aufzubewahren und der zuständigen Behörde auf Verlangen vorzulegen sind (§ 9 Abs. 1 TierSchG).

Das BMEL erhält nach § 9 Abs. 2 TierSchG auch die Ermächtigung, im Einvernehmen mit dem BMBF durch Rechtsverordnung mit Zustimmung des Bundesrates sowohl das Betäuben von Tieren, die in Tierversuchen verwendet werden, einschließlich der hierfür erforderlichen Kenntnisse und Fähigkeiten, oder die Anwendung schmerzlindernder Mittel oder Verfahren bei diesen Tieren vorzuschreiben als auch die Gabe von Mitteln, die das Äußern von Schmerzen verhindern oder beeinträchtigen, zu verbieten oder zu beschränken. Soweit artenschutzrechtliche Belange berührt sind, darf es auch Versuche an Primaten, Tieren bestimmter Herkunft und solchen, die besonders belastet sind, verbieten, beschränken oder an eine bestimmte Genehmigung oder an andere Anforderungen knüpfen (vgl. § 9 Abs. 3 TierSchG). Nach § 9 Abs. 5 S. 1 TierSchG sind über die Durchführung von Tierversuchen Aufzeichnungen zu machen. Das Bundesministerium wird ermächtigt, im Einvernehmen mit dem BMBF durch Rechtsverordnung mit Zustimmung des Bundesrates das Nähere über die Art und den Umfang der Aufzeichnungen nach S. 1 zu regeln; es kann dabei nach § 9 Abs. 5 S. 2 TierSchG vorschreiben, dass die Aufzeichnungen aufzubewahren und der zuständigen Behörde auf Verlangen vorzulegen sind.

3. Völkerrechtliche Vorgaben

3.1 *Universelles Völkerrecht*

Tierversuche sind bislang durch keinen spezifischen multilateralen völkerrechtlichen Vertrag geregelt worden, wie er etwa im Bereich des Artenschutzes besteht (Washingtoner Artenschutzübereinkommen).[9] Das bedeutet jedoch nicht, dass das Wertedreieck »Gesundheitsfortschritt, Forschung, Tierschutz« außerhalb der Betrachtung des Völkerrechts liegt.

3.1.1 UNESCO

So statuiert die Allgemeine Erklärung über Bioethik und Menschenrechte der UNESCO in Art. 2 lit. d das Ziel, »die Bedeutung der Freiheit wissenschaftlicher Forschung und den Nutzen anzuerkennen, der aus wissenschaftlichen und technischen Entwicklungen erwächst«[10]. Nach

---

[9] Vgl. Kloepfer 2004: § 11, Rn. 301.
[10] Deutsche UNESCO-Kommission 2012; vgl. Müller-Terpitz 2006: 233 ff.

Art. 3 Abs. 2 ist jedoch das Interesse und das Wohlergehen des Einzelnen dem alleinigen Interesse der Wissenschaft oder Gesellschaft vorrangig.

Der Umgang mit Tieren findet in dem Dokument nicht ausdrücklich Erwähnung. Allerdings sind die Ethikkommissionen nach Art. 19 lit. a aufgefordert, die »einschlägigen ethischen, rechtlichen, wissenschaftlichen und sozialen Fragestellungen im Zusammenhang mit Forschungsprojekten am Menschen zu beurteilen«; in diesem Kontext ist auch der Tierschutz zu berücksichtigen.

3.1.2 OECD

Aus den *OECD Guidelines for the Testing of Chemicals*[11] geht hervor, dass für die Verkehrsfähigkeit bestimmter Stoffe die Durchführung von Tierversuchen regulatorische Pflicht ist. In diesem Rahmen dienen die 3R-Prinzipien *(Replacement, Reduction, Refinement)* als Maßstab. Auch wenn die Guidelines kein verbindliches Vertragsrecht darstellen, tut dies ihrer Wirksamkeit keinen Abbruch, da von ihrer Einhaltung die unbehinderte Verkehrsfähigkeit von Produkten abhängt.

3.1.3 Europarat

In den Dokumenten des Europarats als regionaler internationaler Organisation[12] ist das Wertedreieck »Gesundheitsfortschritt, Forschung, Tierschutz« deutlicher ausgeprägt.

3.1.3.1 *Europäisches Übereinkommen zum Schutz der für Versuche und andere wissenschaftliche Zwecke verwendeten Wirbeltiere*

So hat sich der Europarat bereits im Jahr 1986 auf das Europäische Übereinkommen zum Schutz der für Versuche und andere wissenschaftliche Zwecke verwendeten Wirbeltiere[13] verständigt, das das deutsche und europäische Tierversuchsrecht wesentlich prägen sollte. Im Hinblick auf die Achtung der Tiere als leidensfähige Geschöpfe wird in der Präambel

---

[11] Zur OECD vgl. Ipsen 2004: § 46.

[12] Vgl. Europarat 1949. Zu seiner Aufgabenstellung gehören die Förderung wirtschaftlichen und sozialen Fortschrittes, die Beratung von Fragen von gemeinsamem Interesse sowie das gemeinschaftliche Vorgehen auf wirtschaftlichem, sozialem, kulturellem und wissenschaftlichem Gebiet (Art. 1 lit. a) und lit. b) der Satzung); vgl. zum Europarat auch Epping 2004: § 34, Rn. 1–8.

[13] Das Übereinkommen ist in dem Sinne völkerrechtlich verbindlich, als dass es die Staaten zum Erlass konventionskonformen nationalen Rechts verpflichtet. Vgl. dazu Hirt / Maisack / Moritz 2007: Rn. 24 ff.

»Tierschutz« ausdrücklich als Ziel benannt. Aus ihr geht jedoch auch hervor, dass es in Einzelfällen zu Interessenkonflikten kommen kann, da »der Mensch bei seinem Streben nach Wissen, Gesundheit und Sicherheit Tiere verwenden muss, wenn eine begründete Aussicht besteht, dass dadurch das Wissen gemehrt wird oder Ergebnisse erzielt werden, die von allgemeinem Nutzen für Mensch oder Tier sind, wie es auch bei der Verwendung der Tiere zur Erzeugung von Nahrungsmitteln und Kleidung oder als Lasttiere geschieht.«

Tierversuche sind nach Art. 2 nur zur Verhütung und Diagnose von Krankheiten, zu klinischen Versuchen für Arzneimittel und Physiologien, zum Umweltschutz, zur wissenschaftlichen Forschung, Bildung und Ausbildung sowie zu forensischen Untersuchungen zulässig. Soweit ein Verfahren unumgänglich ist, muss nach Art. 7 »die Auswahl der entsprechenden Tierart sorgfältig getroffen und, soweit erforderlich, gegenüber der zuständigen Behörde begründet werden; bieten sich mehrere Verfahren an, so sollte dasjenige Verfahren ausgewählt werden, bei dem eine möglichst geringe Anzahl von Tieren verwendet wird, die geringsten Schmerzen, Leiden, Ängste oder dauerhaften Schäden auftreten und die Wahrscheinlichkeit am größten ist, zufriedenstellende Ergebnisse zu erzielen.« Ferner muss gemäß Art. 8 jeder Versuch während der Gesamtdauer des Verfahrens unter Betäubung, Analgesie oder unter Anwendung anderer Methoden durchgeführt werden, die dem Zweck dienen, Schmerzen, Leiden, Ängste oder dauerhafte Schäden soweit wie möglich auszuschließen. Dies gilt nicht, wenn »die durch das Verfahren hervorgerufenen Schmerzen geringer sind als die Beeinträchtigung des Wohlbefindens der Tiere durch die Betäubung oder Analgesie« (Art. 8 lit. a) oder »eine Betäubung oder Analgesie mit dem Ziel des Verfahrens unvereinbar ist«, für die dann »geeignete Gesetzgebungs- und/oder Verwaltungsmaßnahmen ergriffen« (Art. 8 lit. b) werden, damit ein solches Verfahren nicht unnötigerweise durchgeführt wird. Als ethische Maßstäbe gelten damit auch hier der Grundsatz der Unumgänglichkeit des Verfahrens sowie das 3R-Prinzip.

3.1.3.2 *Zusatzprotokoll über biomedizinische Forschung*

Nach den Erwägungsgründen zum Zusatzprotokoll über biomedizinische Forschung soll der Fortschritt in den medizinischen und biologischen Wissenschaften dazu beitragen, Leben zu retten und die Lebensqualität zu verbessern. Die Forschung ist – vorbehaltlich des Zusatzprotokolls und der sonstigen Rechtsvorschriften zum Schutz menschlicher Lebewesen – nach Art. 4 grundsätzlich frei. Allerdings muss nach Art. 8 jede Forschung wissenschaftlich gerechtfertigt sein und allgemeine wissenschaftliche Qualitätskriterien erfüllen sowie in Übereinstimmung mit den einschlägigen Berufspflichten und Verhaltensregeln durchgeführt werden.

3.1.3.3 *Europäische Menschenrechtskonvention*

In der Europäischen Menschenrechtskonvention (EMRK)[14] werden Wissenschaft und Forschung nicht ausdrücklich geschützt. Daher hat der Europäische Gerichtshof für Menschenrechte (EGMR) den Freiheitsschutz für die Wissenschaft aus dem Gedanken entwickelt, dass sie – wie die Kunst – typischerweise auf Kommunikation angelegt ist und daher aus Art. 10 EMRK (Grundrecht der Kommunikationsfreiheit) abgeleitet werden kann.[15]

3.1.4 Weltärztebund

Als wirkungsmächtige Rechtserkenntnisquelle hat sich auch die vom Weltärztebund als berufsethische Grundlage formulierte Deklaration von Helsinki[16] erwiesen, die u. a. der Gesetzgebung für die Arzneimittelprüfung maßgebliche Impulse gegeben hat.[17] Die Deklaration ist hier insoweit von Bedeutung, als sie Tierversuche als notwendiges Element medizinischer Forschung identifiziert. Der Präambel 21 zufolge muss medizinische Forschung am Menschen »den allgemein anerkannten wissenschaftlichen Grundsätzen entsprechen sowie auf einer gründlichen Kenntnis der wissenschaftlichen Literatur, anderen relevanten Informationsquellen, ausreichenden Laborversuchen und, sofern angemessen, auf Tierversuchen basieren. Auf das Wohl der Versuchstiere muss Rücksicht genommen werden.«[18]

3.2 *Europarecht*

Das gegenwärtige höherrangige Vertragsrecht (Primärrecht) der Europäischen Union weist vorwiegend Regeln für das Wertedreieck »Gesund-

---

[14] Konvention zum Schutz der Menschenrechte und Grundfreiheiten vom 4. November 1950, mit späteren Änderungen.
[15] Vgl. Europäischer Gerichtshof für Menschenrechte 1999: 1195 ff.
[16] Vgl. Weltärztebund 2013.
[17] Vgl. Müller-Terpitz 2006: 234. Die Deklaration von Helsinki gilt als keine völkerrechtlich bindende Rechtsquelle, aber die Präambeln gelten als »ethische Grundsätze« und »wichtige Standesauffassungen«, die »nationale Regelwerke nachhaltig beeinflusst« haben. Vgl. ferner Spranger / Wegmann 2010.
[18] Weltärztebund 2013.

heitsfortschritt, Forschung, Tierschutz« auf, während sich das abgeleitete Unionsrecht, d.h. das ehemalige europäische Gemeinschaftsrecht, näher mit der Regulation von Tierversuchen befasst.

3.2.1 Primärrecht

Die Trias aus Wissenschaftsfreiheit, Gesundheitsschutz und Tierschutz ist im Primärrecht mit unterschiedlichem Geltungsmodus verankert. Die Grundrechtecharta (GRC)[19] ist dabei zum verpflichtenden Maßstab für die Ausnutzung der Gemeinschaftsgewalt geworden (Art. 6 Abs. 1 in Verbindung mit Art. 1 Abs. 3 EUV)[20].

3.2.1.1 *Zur Forschung*

Basierend auf der Menschenwürdegarantie enthält die GRC in Art. 13 unter der Überschrift »Freiheit von Kultus und Wissenschaft« ein dem deutschen Leser[21] vertrautes Freiheitsversprechen – »Kunst und Forschung sind frei« –, dem noch hinzugefügt wird: »Die akademische Freiheit wird geachtet.« Wie sich aus seiner Entstehungsgeschichte ergibt, wusste der Konvent mit einem solchen Freiheitsversprechen nicht viel anzufangen.[22] Die bereits zitierte kommunikationszentrierte Sicht der EMRK wurde vorgetragen, ohne dass die explizite Forschungsorientierung reflektiert worden wäre. Der Schutzbereich lässt sich mit der wohl allgemeingültigen Definition des Bundesverfassungsgerichts[23] dahingehend bestimmen, dass die planmäßige Suche nach neuen Erkenntnissen genuin ist,[24] was die Freiheit der Fragestellung, der Methode und die der Publikation sowie andere Freiheiten einschließt. Hiervon sind auch alle Erscheinungsformen der Forschung nach Träger und Systematik erfasst, d.h. die Industrieforschung, Hochschulforschung, Forschung in

---

[19] Charta der Grundrechte der Europäischen Union vom 7. Dezember 2000 in der am 12. Dezember 2007 in Straßburg angepassten Fassung.

[20] Vertrag über die Europäische Union (EUV) vom 7. Februar 1992 in der Fassung des Vertrages von Lissabon (in Kraft seit dem 1. Dezember 2009).

[21] Der Schutz der Wissenschaftsfreiheit ist ein spezifisch deutscher Beitrag zur Grundrechtsentwicklung; erst die jüngeren Verfassungen, beginnend mit Griechenland (1975), Portugal (1976), aber »bloß« als Förderauftrag, Spanien (1978) weisen entsprechende Freiheitsgewährleistungen auf. Zur weiteren Entwicklungs-Übernahme in die neuen Verfassungen nach Überwindung der Teilung Europas siehe Tettinger / Stern / Kempen 2006: Art. 13, Rn. 19; zur dogmengeschichtlichen Entwicklung siehe Löwer 2011: § 99, Rn. 4–9.

[22] Hinweise zur Entstehungsgeschichte in Löwer 2012: 40f.

[23] Vgl. Bundesverfassungsgericht 1973: 79–113.

[24] Übernommen für das Gemeinschaftsrecht auch bei Tettinger / Stern / Kempen 2006: Art. 13, Rn. 6.

Zentren und die translatorische und anwendungsorientierte Forschung. Nach einer konsistenten Auslegung des gesamten Unionsrechts wird darüber hinaus auch die Grundlagenforschung geschützt, da sich die Zielnorm des Art. 179 AEUV[25] im Abschnitt »Forschung, technologische Entwicklung, Raumfahrt« in der Lissabon-Fassung nicht mehr auf die angewandte Forschung beschränkt, sondern der Grundlagenforschung nun einen gleichberechtigten Stellenwert einräumt.[26]

Damit fallen Tierversuche zu allen denkbaren Zwecken in den Schutzbereich der Forschungsfreiheit der Charta. Unter der in Art. 13 S. 2 GRC gewährleisteten »akademischen Freiheit« ist die Lehrfreiheit zu verstehen, sodass auch die im Rahmen der universitären Ausbildung stattfindenden Tierversuche vom Schutzbereich erfasst sind. Der europäische Gesetzgeber ist also an die Forschungsfreiheit auch beim Erlass von Tierversuchsnormen gebunden. Nach dem Anwendungsbefehl von Art. 51 Abs. 1 GRC gilt dies ebenfalls für die Mitgliedstaaten, die Unionsrecht »durchführen« (z.B. bei Überführung einer Richtlinie in nationales Recht). In Fällen, in denen das Unionsrecht in Gestalt einer Richtlinie das Normprogramm für den nationalen Gesetzgeber nicht voll determiniert und damit Spielraum gewährt, greift nationaler Grundrechtsschutz.

3.2.1.2 *Zum Gesundheitsfortschritt*

Im Hinblick auf die Förderung des Gesundheitsschutzes durch die Forschung kann eine Vielzahl an primärrechtlichen Vorschriften herangezogen werden. So gewährleistet Art. 35 S. 1 GRC ein subjektives Recht auf Zugang zur Gesundheitsvorsorge. Art. 35 S. 2 fügt dabei hinzu: »Bei der Festlegung und Durchführung der Politik und der Maßnahmen der Union in allen Bereichen wird ein hohes Gesundheitsschutzniveau sichergestellt.« Dieses Ziel wird ebenfalls in der Querschnittsklausel des Art. 9 AEUV, die keine Rechtssetzungskompetenz gewährt[27], und auch als Ziel in Art. 6 AEUV im Sinne einer komplementären Unterstützung des nationalen Gesundheitspolitikums (ohne Rechtssetzungskompetenz)[28] bekräftigt. Darüber hinaus wird der Gesundheitsschutz nochmals als Zielnorm hochdifferenziert in Art. 168 AEUV aufgegriffen. Nach Art. 168 Abs. 1 Abs. 2 AEUV ist die Tätigkeit der Union »auf die Verbesserung

---

[25] Vertrag über die Arbeitsweise der Europäischen Union (AEUV) in der Fassung des Vertrags von Lissabon vom 13. Dezember 2007 (in Kraft seit dem 1. Dezember 2009).

[26] So Geiger / Kahn / Kotzur 2010: Art. 79 AEUV, Rn. 2; siehe auch Art. 179 Abs. 2 AEUV, der der Union eine Unterstützungskompetenz in der Fassung für Unternehmen, Forschungszentren und Hochschulen gibt.

[27] Vgl. Geiger / Kahn / Kotzur 2010: Art. 9, Rn. 2.

[28] Vgl. zutreffend Grabitz / Hilf / Nettesheim 2014: Art. 13, Rn. 4.

der Gesundheit der Bevölkerung, die Verhütung von Humankrankheiten und die Beseitigung von Ursachen für die Gefährdung der körperlichen und geistigen Gesundheit gerichtet. Sie umfasst die Bekämpfung der weit verbreiteten schweren Krankheiten, wobei die Erforschung der Ursachen, der Übertragung und der Verhütung dieser Krankheiten sowie Gesundheitsinformation und -erziehung gefördert werden; außerdem umfasst sie die Beobachtung, frühzeitige Meldung und Bekämpfung schwerwiegender grenzüberschreitender Gesundheitsgefahren.« Ferner darf die Union Maßnahmen zur Festlegung hoher Qualitäts- und Sicherheitsstandards für Arzneimittel und Medizinprodukte regeln (Art. 168 Abs. 4 lit. c AEUV).

3.2.1.3 *Zum Tierschutz*

Mit Art. 13 AEUV wird der Tierschutz gewissermaßen als Staatszielbestimmung[29] in einer eigenen Querschnittsklausel festgelegt: »Bei der Festlegung und Durchführung der Politik der Union in den Bereichen Landwirtschaft, Fischerei, Verkehr, Binnenmarkt, Forschung, technologische Entwicklung und Raumfahrt tragen die Union und die Mitgliedstaaten den Erfordernissen des Wohlergehens der Tiere als fühlende Wesen in vollem Umfang Rechnung; sie berücksichtigen hierbei die Rechts- und Verwaltungsvorschriften und die Gepflogenheiten der Mitgliedstaaten insbesondere in Bezug auf religiöse Riten, kulturelle Traditionen und das regionale Erbe.« Damit stellt das Unionsrecht auf primärrechtlicher Ebene klar, dass tierschützende Vorschriften die Grundfreiheiten der Unionsbürger einzuschränken vermögen[30], d. h. dass sie im Rahmen der Schrankennorm des Art. 52 Abs. 1 GRC[31] zur Rechtfertigung herangezogen werden können. Das gilt freilich nur nach Maßgabe des Grundsatzes der Verhältnismäßigkeit. Eigene Rechtssetzungskompetenzen der Union erwachsen aus der Querschnittsklausel nicht[32]; diese sind aus anderen Normen wie etwa der Harmonisierungskompetenz herzuleiten.

---

[29] Vgl. Geiger / Kahn / Kotzur 2010: Art. 8, Rn. 1.

[30] Siehe schon Europäischer Gerichtshof 2008: 6; 11–12.

[31] Art. 52 GRC lautet: »Jede Einschränkung der Ausübung der in dieser Charta anerkannten Rechte und Freiheiten muss gesetzlich vorgesehen sein und den Wissensgehalt dieser Rechte und Freiheiten decken. Unter Wahrnehmung des Grundsatzes der Verhältnismäßigkeit dürften Einschränkungen nur vorgenommen werden, wenn sie erforderlich sind und den von der Union anerkannten dem Gemeinwohl dienenden Zielsetzungen oder den Erfordernissen des Schutzes der Rechte und Freiheiten anderer tatsächlich entsprechen.«

[32] Vgl. dazu Löwer 2011: 1.

3.2.2 Sekundärrecht

Im Sekundärrecht sind Tierversuche teilweise verpflichtend vorgeschrieben. Beispielhaft können hier der Bereich der Arzneimittelzulassung[33] sowie das Stoffrecht[34] angeführt werden. Bestimmungen zur Zulässigkeit von Tierversuchen und weitere Anforderungen ergeben sich aus dem Richtlinienrecht.

3.2.2.1 *Tierversuchsrichtlinie (Richtlinie 86/609/EWG)*

Am 24. November 1986 hat der Rat der Europäischen Union die »Richtlinie zur Annäherung der Rechts- und Verwaltungsvorschriften der Mitgliedstaaten zum Schutz der für Versuche und andere wissenschaftliche Zwecke verwendeten Tiere« (Richtlinie 86/609/EWG) erlassen. Ziel dieser Richtlinie (RL) ist nach Art. 1 RL 86/609/EWG die Vermeidung von Wettbewerbsverzerrungen und Handelshemmnissen durch national divergierende Vorschriften. Im Hinblick auf die Generierung neuer Arzneimittel und Wirkstoffe ist dies unmittelbar einleuchtend: Tierversuche sind teuer und Teil der Kalkulation der vermarkteten Produkte, weshalb unterschiedliche regulatorische Anforderungen zu ungleichen Belastungen unter den Herstellern führen.

Die Richtlinie gilt nach Art. 3 RL 86/609/EWG für »die Verwendung von Tieren bei Versuchen, die für einen der folgenden Zwecke durchgeführt werden:

a) Entwicklung, Herstellung, Qualitäts-, Wirksamkeits- und Unbedenklichkeitsprüfungen von Arzneimitteln, Lebensmitteln und anderen Stoffen oder Produkten.
ii) zur Verhütung, Vorbeugung, Diagnose oder Behandlung von Krankheiten oder anderen Anomalien oder deren Folgen bei Menschen, Tieren oder Pflanzen;
ii) zur Beurteilung, Feststellung, Regulierung oder Veränderung physiologischer Merkmale bei Menschen, Tieren oder Pflanzen;
b) Schutz der natürlichen Umwelt im Interesse der Gesundheit oder das Wohlbefinden von Mensch oder Tier.«

Ferner dürfen gemäß Art. 4 RL 86/609/EWG Tiere gefährdeter Arten zu Versuchszwecken insoweit verwendet werden, als die Forschung der Erhaltung der Arten oder wesentlichen biomedizinischen Zwecken dient

[33] Siehe Art. 114 AEUV – Rechtsangleichung im Binnenmarkt.
[34] Siehe Richtlinie 75/318/EWG des Rates vom 20. Mai 1975 zur Angleichung der Rechts- und Verwaltungsvorschriften der Mitgliedstaaten über die analytischen, toxikologisch-pharmakologischen und ärztlichen oder klinischen Vorschriften und Nachweise über Versuche mit Arzneimitteln.

und nur die betreffenden Arten für diese Zwecke in Frage kommen. Von den Zwecken nicht erfasst sind damit Versuche in der Grundlagenforschung, Ausbildungsversuche im akademischen Studium sowie solche forensischer Art.

Zur Kontrolle müssen nach Art. 5 RL 86/609/EWG Überwachungsbehörden eingesetzt werden. Zudem dürfen Versuche nur von sachkundigen ermächtigten Personen nach Maßgabe des 3R-Prinzips durchgeführt werden (Art. 7 ff. RL 86/609/EWG). Gemäß Art. 12 RL 86/609/EWG müssen die Mitgliedstaaten das Meldeverfahren selbst festlegen. Einer ausdrücklichen Genehmigung bedarf es nach Art. 12 Abs. 2 S. 1 RL 86/609/EWG nur, wenn ein Tier einem Versuch unterzogen wird, in dessen Rahmen mit »erheblichen und möglicherweise länger anhaltenden Schmerzen zu rechnen ist«. Den Mitgliedstaaten steht es darüber hinaus selbstverständlich frei, »strengere Maßnahmen zum Schutz der für Versuchszwecke verwendeten Tiere oder zur Kontrolle und Beschränkung der Verwendung von Versuchstieren zu ergreifen« (Art. 24 S. 1 RL 86/609/EWG). Konkretisierend wird in Art. 24 S. 2 RL 86/609/EWG darauf hingewiesen, dass vor allem Versuche, für die es lediglich einer Anzeige bedarf, einem Genehmigungsverfahren unterzogen werden können.

3.2.2.2 *Entschließung des Rates*

Im November 1986 fasste der Rat als Rat der vereinigten Vertreter der Mitgliedstaaten (also nicht als Rat der Europäischen Gemeinschaft, sondern als »Regierungsvertreter in einer diplomatischen Konferenz«) außerhalb des eigentlichen Gemeinschaftsrechts eine »Entschließung«[35], nach der die zulässigen Versuchszwecke in genau derselben Weise wie im Europäischen Übereinkommen zum Schutz der für Versuche und andere wissenschaftliche Zwecke verwendeten Wirbeltiere des Europarates limitiert werden sollten.

3.2.2.3 *Ratifikation des Abkommens zum Schutz von Versuchstieren durch den Rat*

Das vom Europarat im Jahr 1986 beschlossene Abkommen zum Schutz von Versuchstieren wurde erst 12 Jahre später vom Rat ratifiziert.[36] Nach der Rechtsgrundlagenbestimmung des Beschlusses rechtfertigte die damalige Harmonisierungskompetenz – vor allem im Interesse der Warenverkehrsfreiheit – den völkerrechtlichen Vertragsschluss. Dass die Ver-

---

[35] Vgl. Ratsentschließung 1986: 2.
[36] Vgl. Ratsbeschluss 1999.

suchszwecke des Europaratsabkommens diese Kompetenzgrundlage überschritten, wurde jedoch nicht diskutiert. Die völkerrechtliche Vertragsschlusskompetenz bezog sich nur auf für die Gemeinschaft greifbare Gegenstände, was einigermaßen evident ist.[37]

Das Europaratsabkommen ist damit auch Teil des Gemeinschaftsrechts geworden. Die erste Tierversuchsrichtlinie (RL 86/609/EWG) blieb dahinter zurück, sodass die Gemeinschaft angehalten gewesen wäre, ihr Tierversuchsrecht der übernommenen völkerrechtlichen Verpflichtung anzupassen.

3.2.2.4 *Tierschutzrichtlinie (Richtlinie 2010/63/EU)*

Im Jahr 2010 ist die RL 86/609/EWG jedoch durch die »Richtlinie des Europäischen Parlaments und des Rates zum Schutz der für wissenschaftliche Zwecke verwendeten Tiere« (RL 2010/63/EU) ersetzt worden, die nun ausdrücklich auch Tierversuche in der Grundlagenforschung, der Ausbildung an Hochschulen oder Ausbildung zwecks Erwerb, Erhaltung oder Verbesserung von beruflichen Fähigkeiten sowie zum Zweck forensischer Untersuchungen erfasst (Art. 5). Nach den Erwägungsgründen sei eine Novellierung zur Angleichung des Schutzstandards der einzelnen Mitgliedstaaten notwendig gewesen, da einige Staaten deutlich weiterreichende Maßnahmen zum Schutz von Tieren ergriffen hätten.[38] Ferner sollte ein höherer Schutz der in wissenschaftliche Verfahren eingebundenen Tiere angestrebt werden.

Eine besondere Stellung kommt den 3R-Prinzipien auch in der neuen Richtlinie zu: »(1) Die Mitgliedstaaten gewährleisten, dass, wo immer dies möglich ist, anstelle eines Verfahrens eine wissenschaftlich zufrieden stellende Methode oder Versuchsstrategie angewendet wird, bei der keine lebenden Tiere verwendet werden. (2) Die Mitgliedstaaten gewährleisten, dass die Anzahl der in Projekten verwendeten Versuchstiere auf ein Minimum reduziert wird, ohne dass die Ziele des Projekts beeinträchtigt werden. (3) Die Mitgliedstaaten gewährleisten, dass die Zucht, Unterbringung und Pflege sowie die Methoden, die in Verfahren angewandt werden, verbessert werden, damit mögliche Schmerzen, Leiden, Ängste oder dauerhafte Schäden ausgeschaltet oder auf ein Minimum reduziert werden. (4) In Bezug auf die Wahl der Methoden wird dieser Artikel im Einklang mit Artikel 13 angewendet« (Art. 4).

Nach Art. 13 Abs. 1 dürfen Versuchsverfahren ferner nicht durchgeführt werden, wenn es zur Erreichung des angestrebten Ergebnisses

---

[37] Siehe dazu Löwer 2012: 13 ff.

[38] Vgl. Löwer 2012: 3.

eine andere, nach dem Unionsrecht anerkannte Methode ohne Verwendung eines lebenden Tiers gibt. Aus mehreren in Betracht kommenden Verfahren ist dasjenige gemäß Art. 13 Abs. 2 auszuwählen, das »in größtem Maße die folgenden Voraussetzungen erfüllt:

a) Verwendung der geringstmöglichen Anzahl von Tieren;
b) Verwendung von Tieren, die die geringste Fähigkeit zum Empfinden von Schmerzen, Leiden oder Ängsten haben oder die geringsten dauerhaften Schäden erleiden;
c) Verursachung der geringsten Schmerzen, Leiden, Ängste oder dauerhaften Schäden;

und bei dem die Wahrscheinlichkeit am größten ist, dass zufrieden stellende Ergebnisse geliefert werden.«

Art. 13 Abs. 3 S. 2 regelt darüber hinaus den Umgang mit Tieren, deren Tod unvermeidbar ist. Nach Art. 15 muss darüber hinaus der Schweregrad des Verfahrens eingestuft werden. Es ist dabei zwischen den Zuordnungskriterien »keine Wiederherstellung der Lebensfunktion«, »gering«, »mittel« und »schwer« zu differenzieren (Art. 15 Abs. 1). Gemäß Art. 15 Abs. 2 müssen – unter Vorbehalt der Anwendung der Schutzklausel nach Art. 55 Abs. 3 – die Mitgliedstaaten gewährleisten, dass kein Verfahren durchgeführt wird, das bei Tieren starke Schmerzen, schwere Leiden oder schwere Ängste verursacht, die aller Voraussicht nach lang anhalten und nicht gelindert werden können.

Im Hinblick auf den Schutz gefährdeter Tierarten werden in Art. 7 ff. neue Regelungen getroffen. Eine Sonderstellung kommt dabei nichtmenschlichen Primaten aufgrund ihrer genetischen Nähe zum Menschen und ihres ausgeprägten sozialen Verhaltens zu. Art. 8 differenziert dabei zwischen nicht artengeschützten Affenarten (Art. 8 Abs. 1), artengeschützten Affenarten (Art. 8 Abs. 2) und Menschenaffen (Art. 8 Abs. 3).

Verfahrensrechtliche Anforderungen an Tierversuche finden sich in Art. 36 ff. Von besonderer Relevanz ist dabei die sogenannte Projektbeurteilung. Der Versuch ist dabei nach Art. 38 Abs. 1 zulässig, wenn das Versuchsvorhaben in wissenschaftlicher oder pädagogischer Hinsicht gerechtfertigt oder gesetzlich vorgeschrieben ist, seine Zwecke die Verwendung von Tieren rechtfertigen und es auf weitgehend schmerzlose und umweltverträgliche Weise durchgeführt wird. Des Weiteren soll die Projektbeurteilung nach Art. 38 Abs. 2 folgende Aspekte umfassen:

»a) eine Beurteilung der Projektziele, des erwarteten wissenschaftlichen Nutzens oder des pädagogischen Werts;
b) eine Bewertung des Projekts im Hinblick auf die Erfüllung der Anforderung der Vermeidung, Verminderung und Verbesserung;

c) eine Bewertung und Zuordnung der Einstufung des Schweregrads der Verfahren;
d) eine Schaden-Nutzen-Analyse des Projekts, in deren Rahmen bewertet wird, ob die Schäden für die Tiere in Form von Leiden, Schmerzen und Ängsten unter Berücksichtigung ethischer Erwägungen durch das erwartete Ergebnis gerechtfertigt sind und letztlich Menschen, Tieren oder der Umwelt zugutekommen können;
e) eine Bewertung jeder der in den Artikeln 6 bis 12, 14, 16 und 33 genannten Begründungen; und
f) eine Entscheidung darüber, ob und wann das Projekt rückblickend bewertet werden sollte.«

Vor dem Hintergrund der rasanten Entwicklungen im Bereich des Tierschutzes sieht Art. 58 eine Pflicht zur Überprüfung der RL 2010/63/EU vor. So soll die Kommission die Richtlinie bis zum 10. November 2017 »unter Berücksichtigung der Fortschritte bei der Entwicklung alternativer Methoden, die keine Verwendung von Tieren und insbesondere von nichtmenschlichen Primaten einschließen«, überprüfen und, falls notwendig, Änderungen vorschlagen. Ferner soll die Kommission nach Rücksprache mit den Mitgliedstaaten und Interessenvertretern gegebenenfalls »regelmäßige thematische Überprüfungen der Vermeidung, Verminderung und Verbesserung der Verwendung von Tieren in Verfahren« durchführen. Dabei soll sie nichtmenschlichen Primaten, technologischen Entwicklungen und neuen Fortschritten in den Bereichen der Wissenschaft und des Tierschutzes besondere Beachtung schenken.

4. Besondere Konfliktfelder

Auf der Basis der vorangehenden normativen Übersicht verdienen schließlich zwei spezifische Konfliktfelder besondere Aufmerksamkeit: Zum einen soll die grundlegende und auch die Diskurse um das Tierversuchsrecht bestimmende Frage behandelt werden, in welcher Weise die Erstarkung des Tierschutzes zur Staatszielbestimmung Auswirkungen auf die vorbehaltlose Garantie der Forschungsfreiheit hat. Zum anderen soll der sogenannte Bremer Makaken-Fall zumindest in Grundzügen skizziert werden, weil die rechtliche Entscheidungsfindung in diesem Konflikt brennglasartig die Gemengelage aus Politik, Ethik und Recht beleuchtet.

4.1 *Staatsziel Tierschutz versus Forschungsfreiheit*

Das sich zwischen den Interessensphären des Tierschutzes einerseits und der Forschung andererseits aufbauende Spannungsfeld betrifft nicht nur die allgemeine Frage der Widerspruchsfreiheit eines auf Versuchstiere bezogenen Tierschutzes,[39] sondern auch und insbesondere die verfassungsrechtliche Frage der Stellung des Tierschutzes im Normengefüge des Grundgesetzes. Immer wieder und in verschiedensten Kontexten findet sich im rechtlichen wie im politischen Diskurs der Hinweis, dass der in Art. 20a GG genannte Tierschutz spezifische rechtliche Konsequenzen zeitige. Eine derartige konkret-individuelle Direktionskraft[40] ist Art. 20a GG jedoch nicht zu eigen.

Ausschlaggebend für diesen Befund ist der Umstand, dass es sich bei Art. 20a GG um eine sogenannte Staatszielbestimmung handelt.[41] Staatszielbestimmungen setzen bestimmte Themenfelder, Interessen oder Prinzipien qua Verfassung auf die Agenda der jeweils agierenden Staatsgewalten. Die Klassifizierung als Staatszielbestimmung unterstreicht so die unbestrittene Relevanz einer Thematik und zwingt die staatlichen Einrichtungen zugleich, sich mit dieser Thematik auseinanderzusetzen und in etwaig erforderliche Güterabwägungen einzustellen. Das Bundesverfassungsgericht hat diese vergleichsweise beschränkte Wirkung von Staatszielbestimmungen regelmäßig betont. In Bezug auf die Haltung von Legehennen führte das Bundesverfassungsgericht so zuletzt im Jahr 2010 aus:

»Art. 20a GG verpflichtet die staatliche Gewalt zum Schutz der Tiere [...]. Mit der Aufnahme des Tierschutzes in diese Grundgesetznorm sollte der ethisch begründete Schutz des Tieres, wie er bereits Gegenstand des Tierschutzgesetzes war, gestärkt werden [...]. Das Tier ist danach als je eigenes Lebewesen zu schützen [...]. Als Belang von Verfassungsrang ist der Tierschutz, nicht anders als der in Art. 20a GG schon früher zum Staatsziel erhobene Umweltschutz, im Rahmen von Abwägungsentscheidungen zu berücksichtigen und kann geeignet sein, ein Zurücksetzen anderer Belange von verfassungsrechtlichem Gewicht – wie etwa die Einschränkung von Grundrechten – zu rechtfertigen [...]; er setzt sich aber andererseits gegen konkurrierende Belange von verfassungsrechtlichem Gewicht nicht notwendigerweise durch [...].

---

[39] Hierzu bereits Caspar 1997: 567 ff.

[40] Vgl. Sachs / Huber 2011: Präambel, Rn. 44.

[41] Zur Entstehungsgeschichte von Art. 20a GG siehe Hirt / Maisack / Moritz 2007: Art. 20a GG, Rn. 1–4; Spranger 2000; ders. 2002.

Den normsetzenden Organen, die dem Staatsziel Tierschutz mit geeigneten Vorschriften Rechnung zu tragen haben, kommt dabei ein weiter Gestaltungsspielraum zu […]. Schon weil ein angemessener Schutz der Tiere in vielen Bereichen – u. a. wenn es um die Bedingungen der Haltung von Tieren in großer Zahl zu wirtschaftlichen Zwecken geht – nur auf der Grundlage spezieller Fachkenntnisse, Erfahrungen und systematisch erhobener Informationen möglich ist, liegt es nahe, durch geeignete Verfahrensnormen sicherzustellen, dass bei der Setzung tierschutzrechtlicher Standards solche Informationen verfügbar sind und genutzt werden […]. Eine bestimmte Ausgestaltung der Art und Weise, in der dies geschieht, lässt sich aus Art. 20a GG nicht ableiten.«[42]

Für den speziellen Fall des Tierversuchsrechts ergeben sich aus dieser normativen Verortung verschiedene Konsequenzen: Da sich Art. 20a GG im Kollisionsfall nicht automatisch gegen andere Rechte und Interessen durchsetzt, ist stets eine Güterabwägung erforderlich, die ihrerseits nicht nur die Bedeutung der inkriminierten Verfassungsgüter im jeweiligen Einzelfall, sondern auch die Relevanz der betroffenen Berechtigungen als solche in den Blick nimmt. Tierversuche, die im wissenschaftlichen Kontext bzw. mit wissenschaftlichem Anspruch unternommen werden, unterfallen jedoch dem Schutz der Wissenschafts- bzw. Forschungsfreiheit nach Art. 5 Abs. 3 S. 1 GG. Anders als die meisten anderen Grundrechte, die in Gestalt sogenannter »Schranken« die Voraussetzungen benennen, unter denen ein staatlicher Eingriff gerechtfertigt werden kann, ist die Forschungsfreiheit als schrankenloses Grundrecht konzipiert. Dies bedeutet nach herrschender Verfassungsdogmatik zweifellos nicht, dass unter den Schutz der Forschungsfreiheit fallende Vorhaben keinerlei Beschränkungen ausgesetzt werden könnten; die betreffenden Grenzziehungen müssen jedoch besonders sorgfältig erfolgen und sich zudem auf Güter von Verfassungsrang stützen können.

Kollidiert also der verfassungsrechtliche Tierschutz mit der verfassungsrechtlichen Forschungsfreiheit, so steht ein vergleichsweise schwaches Staatsziel einem ungewöhnlich stark konstruierten Individualgrundrecht gegenüber. Diese Kollisionslage führt, wie auch in der genannten Entscheidung des Bundesverfassungsgerichts anklingt, nicht automatisch zu einem Vorrang der Forschungsfreiheit. Es ist jedoch gleichermaßen nicht zu verkennen, dass einige Grundrechte im Falle einer Kollision mit Art. 20a GG eher zurücktreten als andere. Würden etwa tierschutzbezo-

---

[42] Bundesverfassungsgericht 2011: 289.

gene Regularien die Berufsfreiheit einschränken[43], so kann in der Regel unproblematisch auf die sogenannte Drei-Stufen-Lehre[44] rekurriert werden, der zufolge Eingriffe in die Modalitäten der Berufsausübung bereits durch jede verhältnismäßige Gemeinwohlerwägung gerechtfertigt werden können. Bei der basalen Verbürgung der Forschungsfreiheit greifen vergleichbare Mechanismen nicht; dies gilt umso mehr, als dass auch ungewöhnliche oder nicht durch die »herrschende Meinung« geteilte Ansätze unzweifelhaft den uneingeschränkten Schutz des Art. 5 Abs. 3 S. 1 GG genießen.

Unter verfassungsrechtlichen Kautelen sollte die Wirkkraft des Art. 20a GG im speziellen Verhältnis zur Forschungsfreiheit somit nicht überschätzt werden. Gerade im kritischen Bereich des Versuchstierrechts vermag die Staatszielbestimmung Tierschutz somit keine umfassende oder stets durchschlagende Wirkung zu entfalten. Eine Desavouierung des Tierschutzgedankens kann hierin freilich nicht erblickt werden; vielmehr handelt es sich um eine zwingende Konsequenz aus der Konstruktion des Art. 20a GG als bloße Staatszielbestimmung.

4.2 *Der »Bremer Makaken-Fall«*

Die vorstehend beschriebenen verfassungsrechtlichen Parameter lassen sich auch in der gerichtlichen Aufarbeitung des »Bremer Makaken-Falls« identifizieren. Angesichts der über diesen Aspekt hinausreichenden rechtlichen Implikationen dieses Falls und vor dem Hintergrund des kaum noch überschaubaren medialen Echos auf das gesamte Genehmigungsverfahren ist es gerechtfertigt, diese Konstellation gesondert zu würdigen.

4.2.1 Faktische Ausgangslage

Den sachlichen Hintergrund der Auseinandersetzungen bilden die Versuche des Bremer Neurobiologen Andreas Kreiter, der u. a. mit Makaken arbeitet. Das tierexperimentelle »setting« wurde durch das Oberverwaltungsgericht Bremen (OVG) wie folgt beschrieben: »Die methodische Grundlage bilden dabei Versuche, bei denen die Gehirntätigkeit der Affen während der Erfüllung bestimmter Verhaltensaufgaben erforscht wird

[43] Siehe beispielsweise zur gewerblichen Zucht sogenannter Kampfhunde Bundesverfassungsgericht 2004: 141 ff.

[44] Vgl. Bundesverfassungsgericht 1958: 1035.

(sogenannte chronische Versuche): Die Tiere sitzen in einem sogenannten Primatenstuhl vor einem Bildschirm und drücken beim Erscheinen bestimmter Zeichen eine Taste. Ihre Mitwirkung wird dadurch erreicht, dass sie beim Drücken der Taste jeweils eine Belohnung in Form von Wasser erhalten. Im Primatenstuhl ist der Kopf der Tiere fixiert; die Gehirnaktivität wird durch in das Gehirn eingeführte Elektroden gemessen. Um den Kopf fixieren zu können, wird auf den Schädel der Affen operativ eine Haltungsvorrichtung angebracht. Außerdem werden operativ Öffnungen für das Einführen der Elektroden angelegt.

In der Versuchswoche können die für die Versuche eingesetzten Tiere allein durch ihre Mitwirkung am Versuch Wasser erlangen. Am Wochenende erhalten sie eine zusätzliche Wassermenge. Die Tiere werden vor ihrem Einsatz bei den Versuchen über eine längere Zeit hinweg darauf trainiert, auf die optischen Reize durch Drücken der Tasten zu reagieren und dadurch das Wasser zu erlangen.

Die Tiere werden nicht alle gleichzeitig für die Versuche eingesetzt. In den Perioden, in denen sie nicht eingesetzt werden, haben sie freien Zugang zu Wasser.

Diese Versuchsanordnung wird in ihrer Grundfiguration weltweit in der Neurowissenschaft praktiziert, in Deutschland u. a. am Max-Planck-Institut für Biologische Kybernetik der Universität Tübingen (Prof. Dr. Lo.) und in der Abteilung Kognitive Neurowissenschaften des Deutschen Primatenzentrums Göttingen (Prof. Dr. Tr.).«[45]

Für die Durchführung der Tierversuche wurden ab 1998 mehrere befristete tierschutzrechtliche Genehmigungen erteilt. Die entsprechenden Bescheide enthielten zudem verschiedene tierschutzrechtliche Auflagen, »etwa im Hinblick auf die zulässige tägliche Aufenthaltsdauer der Affen im Primatenstuhl und eine darauf bezogene Aufzeichnungspflicht. Weiter wurde zur Auflage gemacht, dass die Makaken nach jedem operativen Eingriff einem Tierarzt mit speziellen Fachkenntnissen vorzustellen sind, eine regelmäßige Gesundheits- und Verhaltenskontrolle durch einen mit Primaten vertrauten Tierarzt durchzuführen ist und mit diesen Laboruntersuchungen zur Beantwortung spezieller Fragen, wie z. B. des Blutstatus im Hinblick auf mögliche Auswirkungen der Deprivation, abzustimmen sind.«[46]

Am 22. März 2007 beschloss die Bremer Bürgerschaft einen »geordneten Ausstieg aus den invasiven Tierversuchen an Makaken«[47]. Eine

---

45 Oberverwaltungsgericht Bremen 2013: 669.

46 Oberverwaltungsgericht Bremen 2013: 669.

47 Bremische Bürgerschaft 2007.

aufgrund dieses Beschlusses durch den Wissenschaftssenator eingesetzte Expertenkommission führte kurz darauf eine Evaluierung des Forschungsvorhabens durch und kam zu dem Ergebnis, dass der Forschungsansatz internationales Profil habe und grundlegende Einsichten in kognitive Leistungen wie Wahrnehmung, Aufmerksamkeit und Gedächtnis verschaffe; die Betreuung und Haltung der Versuchstiere seien beispielhaft.[48] Ein Mitte 2008 gestellter Antrag auf weitere tierschutzrechtliche Genehmigung des Forschungsvorhabens wurde ungeachtet u.a. eines positiven Votums der nach § 15 TierSchG eingerichteten Tierschutzkommission im Oktober 2008 durch die zuständige Senatorin für Arbeit, Frauen, Gesundheit, Jugend und Soziales abgelehnt.

Zur Begründung wurde angeführt, dass zwar sowohl die Fixierung der Tiere im Primatenstuhl über mehrere Stunden hinweg als auch das Flüssigkeitsmanagement für sich betrachtet jeweils nur eine mäßige Belastung darstellen würden, die Kumulation über eine erhebliche Dauer hinweg führe jedoch zu einer Qualifikation als erhebliche Belastung. »In diesem Zusammenhang müsse auch die Menschenähnlichkeit und hohe Empfindungsfähigkeit der Affen berücksichtigt werden. Es sei ethisch nicht vertretbar, die Tiere diesen erheblichen Belastungen auszusetzen, um neurobiologisches Grundlagenwissen zu erlangen. Zwar erstrecke sich das Versuchsspektrum des Klägers jetzt neben der reinen Grundlagenforschung auch ansatzweise auf anwendungsorientierte Forschung, das ändere mit Rücksicht auf die erheblichen Belastungen der Tiere aber nichts an der ethischen Unvertretbarkeit.«[49]

Der gegen diese Ablehnung gerichtete Widerspruch wurde nach Einholung zusätzlicher Stellungnahmen zurückgewiesen. Zwar erkannte die Widerspruchsbehörde die erhebliche Bedeutung der betreffenden Forschungsmaßnahmen an. Das ändere aber nichts daran, dass der zu erwartende Nutzen der Forschung die festgestellte Belastung der Tiere nicht ethisch rechtfertigen würde. Als Maßstab für die ethische Vertretbarkeit müsse insoweit die Sozialmoral der Bevölkerung herangezogen werden. In der Gesellschaft sei ein deutlicher Wertewandel zugunsten des Tierschutzes zu verzeichnen. Dieser Wertewandel spiegele sich auch im nationalen Recht wider – etwa in der Einführung des Tierschutzes als Staatszielbestimmung in Art. 20 a GG im Jahr 2002. Im Unionsrecht gebe es ebenfalls Bestrebungen, den Schutz von Versuchstieren zu verbessern.[50]

---

48 Vgl. Oberverwaltungsgericht Bremen 2013: 669.

49 Oberverwaltungsgericht Bremen 2013: 669.

50 Vgl. Oberverwaltungsgericht Bremen 2013: 669.

4.2.2 Berufungsverfahren

Hierauf wurde durch Andreas Kreiter Klage erhoben. Das in der ersten Instanz zuständige VG Bremen hat dann im Jahre 2010 die Beklagte unter Aufhebung der entgegenstehenden Bescheide verpflichtet, den Genehmigungsantrag unter Beachtung der Rechtsauffassung des Gerichts neu zu bescheiden.[51] In dem anschließenden Berufungsverfahren hat das zuständige OVG Bremen ungeachtet einiger prozessrechtlicher Details vor allem grundlegende Aspekte des materiellen Tierversuchsrechts angesprochen und einer Klärung zugeführt.

Zunächst stellt das OVG klar, dass bei der Entscheidung, ob ein Tierversuch ethisch vertretbar im Sinne von § 7 Abs. 3 TierSchG ist, die versuchsbedingte Belastung der Tiere und die Bedeutung des Forschungsvorhabens gegeneinander abzuwägen sind. Das Gericht versteht dabei die Abwägung als einen rechtlich strukturierten – und durch Art. 20a GG auch verfassungsrechtlich determinierten[52] – Vorgang, bei dem es darum geht, zwischen den beiden Abwägungseckpunkten Wissenschaftsfreiheit und Tierschutz einen Ausgleich zu erzielen, der dem Grundsatz der Verhältnismäßigkeit genügt.

Hierfür müssen zunächst »die Schmerzen, Leiden oder Schäden, die den Tieren durch die Versuche zugefügt werden, zutreffend erfasst und bewertet werden.«[53] Lassen sich die üblichen Belastungsgrade gering/leicht, mäßig/mittel und erheblich/schwer nicht anhand der für standardisierte Tierversuche vorliegenden Belastungskataloge ermitteln, so hat die entsprechende »Prüfung auf Einzelfallbasis [...] unter Einbeziehung des einschlägigen veterinärkundlichen Sachverstandes zu erfolgen.«[54]

Die der Belastung des Tieres gegenüberzustellende wissenschaftliche Relevanz des Forschungsvorhabens muss sodann anhand objektiver Kriterien und unter Berücksichtigung der Spezifika wissenschaftlichen Arbeitens ermittelt werden: »Diesbezüglich kann sowohl – im Rahmen der anwendungsorientierten Forschung – der praktische Nutzen als auch – im Rahmen der Grundlagenforschung – der abstrakte Erkenntnisgewinn von Belang sein. In beiden Fällen ist zu berücksichtigen, dass Wissenschaft grundsätzlich ein von Fremdbestimmung freier Bereich autonomer Verantwortung ist. Der in Art. 5 Abs. 3 S. 1 GG garantierten Wissenschafts- und Forschungsfreiheit liegt auch der Gedanke zugrunde, dass eine von gesellschaftlichen Nützlichkeits- und politischen Zweckmäßig-

[51] Verwaltungsgericht Bremen 2010: 1044 ff.

[52] So auch Bundesverwaltungsgericht 2014: 450 ff.

[53] Bundesverwaltungsgericht 2014: 450 ff.

[54] Bundesverwaltungsgericht 2014: 451; vgl. Oberverwaltungsgericht Bremen 2013: 669.

keitsvorstellungen freie Wissenschaft Staat und Gesellschaft am besten diene […]. Deshalb ist stets, wenn es um die Bewertung der Bedeutung des Vorhabens geht, auf die Eigengesetzlichkeit des jeweiligen Wissenschaftszweigs Rücksicht zu nehmen.«[55]

Das Gericht weist in diesem Zusammenhang explizit darauf hin, dass hier eine konkrete und einzelfallbezogene Abwägung zu erfolgen hat, bei der für pauschalierende Betrachtungsweisen kein Platz ist.[56] Somit ist es nur folgerichtig, dass die Genehmigungsfähigkeit eines Tierversuches nach §7 Abs. 2 oder 3 TierSchG in vollem Umfang als gerichtlich überprüfbare Rechtsfrage qualifiziert wird. Einer eingeschränkten gerichtlichen Kontrolle unterliegen lediglich diejenigen Elemente der Genehmigungsentscheidung, die einen spezifischen Wissenschaftsbezug aufweisen.[57] Mit dieser deutlichen Positionierung bricht das OVG eine Lanze für die rechtsstaatliche einwandfreie Prüfung tierschutzrechtlicher Parameter; umgekehrt wird eher politisch motivierten Gesetzesinterpretationen ein deutlicher Riegel vorgeschoben.

Soweit der jeweilige Antragsteller gemäß §8 Abs. 3 Nr. 1 TierSchG im Genehmigungsverfahren wissenschaftlich begründet darzulegen hat, dass die Voraussetzungen des §7 Abs. 2 und 3 TierSchG vorliegen, soll hierdurch zunächst lediglich eine Plausibilitätskontrolle der Genehmigungsbehörde ermöglicht werden. Welche Prüfmöglichkeiten der Genehmigungsbehörde im Einzelnen zustehen, bestimmt sich dann aber vor allem anhand verfassungsrechtlicher Parameter. Das OVG Bremen weist hier zu Recht darauf hin, dass jede behördliche Nachprüfung im Lichte der Wissenschaftsfreiheit, aber auch der Staatszielbestimmung Tierschutz zu erfolgen hat. Eine verfassungskonforme Interpretation des §8 Abs. 3 Nr. 1 TierSchG hat demnach in folgendem Rahmen zu erfolgen:

»Das Genehmigungskriterium der wissenschaftlich begründeten Darlegung kann […] uneingeschränkt Geltung für diejenigen Entscheidungselemente der Genehmigungsentscheidung beanspruchen, die einen spezifischen Wissenschaftsbezug aufweisen. Das betrifft etwa die Frage der Zuordnung zu einem der in §7 Abs. 2 S. 1 Nr. 1–4 genannten Versuchszwecke, die Frage der Unerlässlichkeit i.S.v. §7 Abs. 2 S. 2 TierSchG sowie insbesondere die Frage der wissenschaftlichen Bedeutung des Versuchsvorhabens, die im Rahmen der Abwägung von §7 Abs. 2 TierSchG relevant ist. Das Genehmigungskriterium der wissenschaftlich begründeten Darlegung nimmt insoweit auf die wissenschaft-

---

55 Bundesverwaltungsgericht 2014: 451; Oberverwaltungsgericht Bremen 2013: 669.
56 Vgl. Bundesverwaltungsgericht 2014: 451; Oberverwaltungsgericht Bremen 2013: 669.
57 Vgl. Bundesverwaltungsgericht 2014: 450ff.

lichen Eigengesetzlichkeiten Rücksicht. Es stellt sicher, dass dem antragstellenden Wissenschaftler nicht außerwissenschaftliche Beurteilungsmaßstäbe aufgedrängt werden, was im Hinblick auf Art. 5 Abs. 3 S. 1 GG verfassungsrechtlich bedenklich wäre […].

Andererseits weist die Frage, wie die Belastung der Versuchstiere einzustufen ist, keinen solchen spezifischen Wissenschaftsbezug auf. Es handelt sich um eine nach veterinärkundlichen Maßstäben zu beurteilende Fachfrage. Dass diese Frage gerade für den Tierschutz eine maßgebliche Bedeutung besitzt, liegt auf der Hand. Die verfassungsrechtliche Aufwertung, die der Tierschutz durch die Ergänzung von Art. 20a GG erlangt hat, gebietet es, in diesem Punkt eine vollständige gerichtliche Überprüfung vorzunehmen.«[58]

Zwischen diesen Polen gilt es somit im jeweiligen Einzelfall zu vermitteln. Der anzustrebende Zustand der sogenannten praktischen Konkordanz besagt dabei, dass die betroffenen Rechte und Interessen möglichst weitgehend zur Entfaltung kommen sollen. Bei der vorzunehmenden Abwägung handelt es sich nach Auffassung des OVG Bremen gerade aufgrund des verfassungsrechtlichen Gewichtes, den Art. 20a GG dem Tierschutz vermittelt, um eine gerichtlich voll überprüfbare Rechtsentscheidung.[59] Aus der Sicht mancher Tierschützer mag diese Begründung zu einem eher ungewollten Ergebnis führen: Denn gerade die normenhierarchische Aufwertung des Tierschutzes durch Aufnahme in den Kreis verfassungsrechtlich geschützter Güter führt so dazu, dass außer- oder überrechtlichen Erwägungen im Kontext von § 8 Abs. 3 Nr. 1 TierSchG der Weg abgeschnitten wird.

Das Oberverwaltungsgericht hebt diese Konsequenz seiner Bewertung, die unter rechtlichen Gesichtspunkten zwingend sein dürfte, im Folgenden nochmals – und unter erneutem Hinweis auf die Relevanz der Wissenschaftsfreiheit[60] – ausdrücklich hervor:

»Für administrative Entscheidungsspielräume ist in diesem abgestuften Entscheidungsprozess kein Raum. Entgegen ihrer Ansicht steht der Beklagten bei der Entscheidung über die ethische Vertretbarkeit keine Befugnis zu einer abschließenden administrativen Normkonkretisierung zu.

Soweit es um die Entscheidungselemente geht, die einen spezifischen Wissenschaftsbezug aufweisen, ist dies offenkundig. § 8 Abs. 3 Nr. 1

---

[58] Oberverwaltungsgericht Bremen 2013: 669; aber beachte Bundesverwaltungsgericht 2014: 450 ff.

[59] Vgl. Oberverwaltungsgericht Bremen 2013: 669.

[60] Vgl. Bundesverwaltungsgericht 2014: 450 ff.

TierSchG zieht diesbezüglich der behördlichen Kontrolle, indem diese auf eine qualifizierte Plausibilitätskontrolle beschränkt wird, ausdrücklich Grenzen. Ein administrativer Konkretisierungsspielraum würde der Wertung, die in dieser gesetzlichen Regelung zum Ausdruck kommt, widersprechen.

Soweit es um die Entscheidungselemente geht, die keinen spezifischen Wissenschaftsbezug aufweisen (Ermittlung und Bewertung der Belastung der Versuchstiere; Verhältnismäßigkeit im engeren Sinne) ist eine Befugnis zur administrativen Normkonkretisierung ebenfalls ausgeschlossen. Die Garantie effektiven Rechtschutzes (Art. 19 Abs. 4 GG) gebietet es, dass die Gerichte die Verwaltungstätigkeit in tatsächlicher und rechtlicher Hinsicht grundsätzlich vollständig nachprüfen. […] Allein der Umstand, dass für die Beurteilung der Belastung der Versuchstiere veterinärkundlicher Sachverstand erforderlich ist, kann keine Einschätzungsprärogative der Behörde begründen. Dass die Ausfüllung unbestimmter Rechtsbegriffe wissenschaftlichen Sachverstands bedarf, steht ihrer vollständigen gerichtlichen Überprüfung nicht entgegen.«[61]

Vor diesem Hintergrund kommt das Gericht schließlich auch zu der wegweisenden Feststellung, dass in § 8 Abs. 3 Nr. 1 TierSchG a. F. zwar davon die Rede ist, dass die Behörde die Genehmigung bei Vorliegen der Voraussetzungen erteilen darf, dass hiermit aber – anders als sonst bei »darf«-Bestimmungen üblich – kein Ermessensspielraum der Behörde einhergeht: »Sind die tatbestandlichen Voraussetzungen nach § 7 Abs. 2 und 3 TierSchG erfüllt, muss die Behörde die Genehmigung erteilen. […] Der unmittelbare Verfassungsbezug lässt es nicht zu, der Tierschutzbehörde in Fällen, in denen der antragstellende Wissenschaftler die Genehmigungsvoraussetzungen des § 7 Abs. 2 und 3 TierSchG erfüllt, noch einen Raum für eigene Zweckmäßigkeitsüberlegungen zuzugestehen […].«[62] Da vorliegend die Genehmigungsvoraussetzungen erfüllt waren, musste die zuständige Behörde die beantragte Genehmigung folglich erteilen. Insbesondere erachtet das Gericht die betreffenden Versuche dabei als ethisch vertretbar.

Die von der Behörde »vorgenommene Abwägung, die zum Ergebnis einer ethischen Unvertretbarkeit geführt hat, begegnet [hingegen] durchgreifenden rechtlichen Bedenken.«[63] Möglich wird diese aus ethischer Sicht gewiss nicht unproblematische Wertung durch die Qualifizierung

---

[61] Oberverwaltungsgericht Bremen 2013: 669; hierzu vgl. auch Bundesverwaltungsgericht 2014: 450 ff.

[62] Oberverwaltungsgericht Bremen 2013: 669.

[63] Bundesverwaltungsgericht 2014: 450 ff.

der »ethischen Vertretbarkeit« als gerichtlich nachprüfbaren Rechtsbegriff. Insbesondere unter den Aspekten der Rechtssicherheit und der Normenklarheit dürfte diese Sichtweise jedoch alternativlos sein, da die Inkorporation einer ethischen Prüfklausel in ein positivrechtlich ausgestaltetes Regelwerk zu einer homonymen Begrifflichkeit führt.

4.2.3 Nichtzulassung der Revision

Am Anfang des Jahres 2014 hat das Bundesverwaltungsgericht die Beschwerde der beklagten Behörde gegen Nichtzulassung der Revision zurückgewiesen. Das Bundesverwaltungsgericht vertritt insoweit die Auffassung, dass die Angelegenheit keine grundsätzliche Bedeutung im Sinne von § 132 Abs. 2 Nr. 1 VwGO aufweist und dass das Urteil des Oberverwaltungsgerichts auch nicht an einem Verfahrensmangel gemäß § 132 Abs. 2 Nr. 3 VwGO leidet. Was auf den ersten Blick eher wie die Auseinandersetzung mit prozessrechtlichen Feinheiten des Revisionsrechts anmutet, weist bei näherer Betrachtung aber auch einen materiell interessanten Kern auf.

Das Gericht verneint in Bezug auf die Frage behördlicher Spielräume die grundsätzliche Bedeutung der Rechtssache unter Hinweis auf die mittlerweile in Kraft getretene Änderung des TierSchG[64], die ihrerseits der Umsetzung der Richtlinie 2010/63/EU[65] gedient hat. Im Zuge dieser Anpassung wurde die vorstehend bereits angesprochene »darf«-Bestimmung des § 8 Abs. 3 Nr. 1 TierSchG durch die Neufassung des § 8 Abs. 1 TierSchG ersetzt. Hiernach gilt nunmehr, dass die Genehmigung bei Vorliegen der Genehmigungsvoraussetzungen zu erteilen »ist«. Das Bundesverwaltungsgericht weist in diesem Zusammenhang ausdrücklich darauf hin, dass der »Gesetzentwurf […] augenscheinlich davon aus[ging], dass mit der geänderten Formulierung keine materielle Rechtsänderung verbunden sei.«[66] Zusätzlich verweist der Senat darauf, dass auch die von der Bundesregierung mit Zustimmung des Bundesrats erlassene Allgemeine Verwaltungsvorschrift zur Durchführung des Tierschutzgesetzes vom 9. Februar 2000 diesem Gesetzesverständnis entspricht. Damit stellt das Bundesverwaltungsgericht inzidenter zugleich klar, dass es die Rechtsauffassung des OVG Bremen teilt und dass diese Einschätzung

---

[64] Vgl. Art. 1 des Gesetzes zur Änderung des Tierschutzgesetzes vom 4. Juli 2013.

[65] Richtlinie 2010/63/EU des Europäischen Parlaments und des Rates vom 22. September 2010 zum Schutz der für wissenschaftliche Zwecke verwendeten Tiere (Tierversuchsrichtlinie).

[66] Bundesverwaltungsgericht 2014: 453.

zugleich auch den gesetzgeberischen Willen widerspiegelt. Weitere substanzielle Ausführungen finden sich schließlich zu der Frage, ob bzw. inwieweit Vorhaben im Bereich der Grundlagenforschung im Rahmen der erforderlichen Güterabwägung Spezifika aufweisen:

»[Die Vorinstanz] hat darauf hingewiesen, dass der Wissenschaftsfreiheit auch der Gedanke zugrunde liege, dass eine von gesellschaftlichen Nützlichkeits- und politischen Zweckmäßigkeitsüberlegungen freie Wissenschaft Staat und Gesellschaft am besten diene, und daraus gefolgert, dass auf die Eigengesetzlichkeit des jeweiligen Wissenschaftszweigs Rücksicht zu nehmen sei. Das Oberverwaltungsgericht hat damit aber keineswegs gesagt, dass die Bedeutung eines Versuchsvorhabens der Grundlagenforschung in der Abwägung gegenüber dem Tierschutz entkoppelt von einem jedenfalls möglichen Nutzen für die Menschen zu bestimmen sei und damit letztlich stets dem Tierschutz vorgehe. Vielmehr hat es auf der Grundlage der wissenschaftlich begründeten Darlegungen des Klägers und einer entsprechenden Würdigung des Versuchsvorhabens dessen konkrete Bedeutung den Belastungen der Versuchstiere gegenübergestellt. Dass dabei in Fällen der Grundlagenforschung ein mehr oder weniger abstrakt bleibender, zu erwartender Erkenntnisgewinn in die Abwägung einzustellen ist, dessen tatsächlicher Nutzen sich vorweg nicht konkret ausmachen lässt, liegt in der Eigenart der Grundlagenforschung und bedarf keiner revisionsgerichtlichen Klärung.«[67]

Auch insoweit billigt das Bundesverwaltungsgericht nicht nur die Einschätzung des OVG Bremen; vielmehr wird unter Hinweis auf die Eigengesetzlichkeiten der Grundlagenforschung der Prüfungsmaßstab mit Blick auf die Bedeutung der Wissenschaftsfreiheit in gewisser Weise relativiert.

5. Ausblick

Die jüngst zur Umsetzung der Richtlinie 2010/63/EU erfolgte Neufassung des Tierschutzgesetzes, aber auch die rechtspolitischen wie gesellschaftlichen Auseinandersetzungen im Bremer »Makaken-Fall« verdeutlichen die ungebrochene Relevanz tierschutzrechtlicher Normsetzung. Angesichts rascher und permanent fortschreitender Erkenntnisse beispielsweise in Bezug auf die Fortentwicklung erforderlicher Schutzstandards, aber auch mit Blick etwa auf kognitive Fähigkeiten von Tieren, die dem geltenden Regime für Versuchstiere nicht unterfallen, steht zu erwar-

[67] Bundesverwaltungsgericht 2014: 453

ten, dass die kommenden Jahre dem politischen Diskurs allenfalls eine kurze Verschnaufpause bringen werden.

Zitierte Gesetze, Verordnungen und europäische Richtlinien

Beschlussprotokoll zur Konvention zum Schutze der Menschenrechte und Grundfreiheiten vom 4. November 1950 (Bundesgesetzblatt 1952 II, 685, 686, 953) mit späteren Änderungen.

Charta der Grundrechte der Europäischen Union vom 14. Dezember 2007. In: Amtsblatt der Europäischen Union, Nr. C 303 vom 14. Dezember 2007, 1.

Europäische Menschenrechtskonvention: Konvention zum Schutz der Menschenrechte und Grundfreiheiten vom 4. November 1950 (Bundesgesetzblatt 1952 II, 685, 686, 953), zuletzt geändert mit Wirkung zum 1. Juni 2010 durch das Protokoll Nr. 14 vom 13. Mai 2004 (Bundesgesetzblatt 2006 II, 1198).

Gesetz zu dem Europäischen Übereinkommen vom 18. März 1986 zum Schutz der für Versuche und andere wissenschaftliche Zwecke verwendeten Wirbeltiere (Bundesgesetzblatt 1990 II, 1486).

Ratsbeschluss: Beschluss des Rates vom 23. März 1998 über den Abschluss des Europäischen Übereinkommens zum Schutz der für Versuche und andere wissenschaftliche Zwecke verwendeten Wirbeltiere durch die Gemeinschaft (1999/575/EG). In: Amtsblatt der Europäischen Union, Nr. L 222 vom 24. August 1999, 29 f.

Ratsentschließung: Entschließung der im Rat vereinigter Vertreter der Regierungen der Mitgliedstaaten der Europäischen Gemeinschaften vom 24. November 1986 zum Schutz der für Versuche und andere wissenschaftliche Zwecke verwendeten Tiere. In: Amtsblatt der Europäischen Union, Nr. C 331 vom 23. Dezember 1986, 2.

Richtlinie 2010/63/EU des Europäischen Parlaments und des Rates vom 22. September 2010 zum Schutz der für wissenschaftliche Zwecke verwendeten Tiere. In: Amtsblatt der Europäischen Union, Nr. L 276 vom 20. Oktober 2010, 33.

Richtlinie 86/609/EWG vom 24. November 1986 zur Annäherung der Rechts- und Verwaltungsvorschriften der Mitgliedstaaten zum Schutz der für Versuche und andere wissenschaftliche Zwecke verwendeten Tiere. In: Amtsblatt der Europäischen Union, Nr. L 358 vom 18. Dezember 1986, 1.

Richtlinie 75/318/EWG des Rates vom 20. Mai 1975 zur Angleichung der Rechts- und Verwaltungsvorschriften der Mitgliedstaaten vom 20. Mai 1975 über die analytischen, toxikologisch- pharmakologischen und ärztlichen oder klinischen Vorschriften und Nachweise über Versuche mit Arzneimittelspezialitäten. In: (Amtsblatt der Europäischen Union, Nr. L 147 vom 9. Juni 1975, 1.

Tierschutzgesetz in der Fassung der Bekanntmachung vom 18. Mai 2006 (Bundesgesetzblatt 2006 I, 1206, 1313), zuletzt geändert durch Artikel 3 des Gesetzes vom 28. Juli 2014 (Bundesgesetzblatt 2014 I, 1308).

Vertrag über die Europäische Union (EUV) in der Fassung des Vertrags von Lissabon vom 13. Dezember 2007. In: Amtsblatt der Europäischen Union, Nr. C 303 vom 14 Dezember 2007, 1.

Vertrag über die Arbeitsweise der Europäischen Union in der Fassung der Bekanntmachung vom 9. Mai 2008. In: Amtsblatt der Europäischen Union, Nr. C 115 vom 9. Mai 2008, 47, zuletzt geändert durch Art. 2 Änderungsbeschluss 2012/419/ EU vom 11. Juli 2012. In: Amtsblatt der Europäischen Union, Nr. L 204 vom 31. Juli 2012, 131.

Verwaltungsgerichtsordnung in der Fassung der Bekanntmachung vom 19. März 1991 (Bundesgesetzblatt 1991 I, 686), zuletzt geändert durch Gesetz vom 8. Juli 2014 (Bundesgesetzblatt 2014 I, 890).

Rechtsprechung

Bundesverfassungsgericht (1973): Urteil vom 29. Mai 1973. 1 BvR 424/71 u. 325/72. In: Neue Juristische Wochenschrift 27, 1176 ff.

Bundesverfassungsgericht (1958): Urteil vom 11. Juni 1958. 1 BvR 596/56. In: Neue Juristische Wochenschrift 1958, 1035.

Bundesverfassungsgericht (2004): Urteil vom 16. März 2004. 1 BvR 1778/01. In: Entscheidungen des Bundesverfassungsgerichts. Band 110. Tübingen: Mohr Siebeck, 141 ff.

Bundesverfassungsgericht (2011): Beschluss vom 12. Oktober 2010. 2 BvF 1/07. In: Neue Zeitschrift für Verwaltungsrecht 5, 298 ff.

Bundesverwaltungsgericht (2014): Beschluss vom 20. Januar 2014. 3 B 29/13. In: Neue Zeitschrift für Verwaltungsrecht 7, 450 ff.

Europäischer Gerichtshof (2008): Urteil vom 17. Januar 2008. Joined cases C 37/06 und C 58/06. In: Amtsblatt der Europäischen Union, Nr. C 64 vom 8. März 2008, 6.

Europäischer Gerichtshof für Menschenrechte (1999): Urteil vom 28. Oktober 1999. 28396/95. In: Neue Juristische Wochenschrift (2001) 16, 1195 ff.

Oberverwaltungsgericht Bremen (2013): Urteil vom 11. Dezember 2012. 1 A 180/10; 1 A 367/10. In: Zeitschrift für Umweltrecht 7–8, 425 ff.

Verwaltungsgericht Bremen (2010): Urteil vom 28. Mai 2010. 5 K 1274/09. In: Deutsches Verwaltungsblatt, 1044–1048.

Literatur

Bremische Bürgerschaft (2007): Plenarprotokoll zur 80. Sitzung am 22. März 2007. URL http://www.bremische-buergerschaft.de/fileadmin/volltext.php?look_for=1&buergerschaftart=1&dn=D16L1317.DAT&lp=16&format=pdf&ppnr=16/80 [28.11.2014].

Caspar, Johannes (1997): Tierschutz für Versuchstiere – ein Widerspruch in sich? In: Neue Zeitschrift für Verwaltungsrecht (NVwZ), 567–569.

Deutscher Bundestag (2002): Drucksache 14/8860. URL http://dip21.bundestag.de/dip21/btd/14/088/1408860.pdf [28.11.2014].

Deutsche UNESCO-Kommission e.V. (2012): Die Allgemeine Erklärung über Bioethik und Menschenrechte. URL http://www.unesco.de/erkl_bioethik_05_text.html [28.11.2014].

Europarat (1949): Satzung des Europarats vom 5. Mai 1949. In: Europa-Archiv 4, 2241–2244.

Europarat (1986): Europäisches Übereinkommen vom 18. März 1986 zum Schutz der für Versuche und andere wissenschaftliche Zwecke verwendeten Wirbeltiere (SEV-Nr.: 123).

Epping, Volker (2004): Regionale Internationale Organisationen. In: Ipsen, Knut (Hg.): Völkerrecht. 5. Aufl. München: C. H. Beck.

Geiger, Rudolf / Khan, Daniel-Erasmus / Kotzur, Markus (2010): EUV/AEUV. Vertrag über die Europäische Union und Vertrag über die Arbeitsweise der Europäischen Union. 5. Aufl. München: C. H. Beck [zitiert als Geiger / Khan / Kotzur 2010].

Grabitz, Eberhard / Hilf, Meinhard / Nettesheim, Martin (Hg.): Das Recht der Europäischen Union. 52. Aufl. München: C. H. Beck [zitiert als Grabitz / Hilf / Nettesheim].

Hirt, Almuth / Maisack, Christoph / Moritz, Johanna (2007): Tierschutzgesetz. 2. Aufl. München: Vahlen.

Ipsen, Knut (Hg.) (2004): Völkerrecht. 5. Aufl. München: C. H. Beck.

Jedelhauser, Rita (2011): Das Tier unter dem Schutz des Rechts. Basel: Helbing Lichtenhahn (Basler Studien zur Rechtswissenschaft 83).

Kloepfer, Michael (2004): Naturschutzrecht, Tierschutzrecht, Umweltagrarrecht. In: Kloepfer, Michael / Kohls, Malte / Ochsenfahrt, Volker (Hg.): Umweltrecht. 3. Aufl. München: C. H. Beck.

Lorz, Albert / Metzger, Ernst (2008): Tierschutzgesetz Kommentar. 6. Aufl. München: C. H. Beck.

Löwer, Wolfgang (2011): Freiheit von Forschung und Lehre. In: Merten, Detlef / Papier, Hans-Jürgen (Hg.): Handbuch der Grundrechte in Deutschland und Europa, Bd. IV. Grundrechte in Deutschland: Einzelgrundrechte I. Freiburg: C. F. Müller.

Löwer, Wolfgang (2012): Tierversuchsrichtlinie und nationales Recht. Tübingen: Mohr Siebeck.

Maisack, Christoph, (2012): Zur Neuregelung des Rechts der Tierversuche. In: Natur und Recht 34, 745–751.

Müller-Terpitz, Ralf (2006): Das Recht der Biomedizin. Textsammlung mit Einführung. Berlin: Springer.

Pfeiffer, Julius L. (2004): Das Tierschutzgesetz vom 24. Juli 1972. Die Geschichte des deutschen Tierschutzrechts von 1950 bis 1972. Frankfurt am Main: Peter Lang (Rechtshistorische Reihe: 294).

Sachs, Michael (Hg.): Grundgesetz Kommentar. 6. Aufl. München: C. H. Beck [zitiert als Sachs / Murswiek 2011 und Sachs / Huber 2011].

Spranger, Tade M. (2000): Auswirkungen einer Staatszielbestimmung »Tierschutz« auf die Forschungs- und Wissenschaftsfreiheit. In: Zeitschrift für Rechtspolitik 33, 285–290.

Spranger, Tade M. (2002): Staatsziel Tierschutz – Konsequenzen für die Forschung. In: Zentralblatt für Gynäkologie 124, 161–164.

Spranger, Tade M. / Wegmann, Henning (2010): Zur aktuellen Revision der Deklaration von Helsinki. In: Arztrecht 1, 6–11.

Tettinger, Peter J. / Stern, Klaus (2006): Kölner Gemeinschaftskommentar zur Europäischen Grundrechte-Charta. München: C. H. Beck [zitiert als Tettinger / Stern / Kempen 2006].

Weltärztebund (2013): Deklaration von Helsinki. Ethische Grundsätze für die medizinische Forschung am Menschen, verabschiedet von der 18. Generalversammlung im Juni 1964, zuletzt revidiert durch die 64. WMA-Generalversammlung im Oktober 2013. URL http://www.bundesaerztekammer.de/downloads/DeklHelsinki 2013.pdf [28.11.2014].

IV. Ethische Aspekte

Christina Pinsdorf

1. Einleitung

Die Erhebung des Tierschutzes zum grundgesetzlich fundierten Staatsziel entspricht laut Begründung des Gesetzesentwurfs einem gesellschaftlichen Bewusstseinswandel.[1] Dass Tiere nicht mehr als bloße Gegenstände klassifiziert werden, mit denen der Mensch nach seinem Belieben verfahren kann, sondern der Umgang mit ihnen für moralisch relevant und ethisch beurteilbar befunden wird, spiegeln auch die zeitgenössischen Debatten der philosophischen Ethik wider.[2] Bezüglich der Ansicht, dass Tiere keine moralisch indifferenten Entitäten sind, herrscht weitgehender Konsens – hinsichtlich konkreter Anwendungsfragen für den Bereich der Forschung an Tieren besteht jedoch grundlegende Uneinigkeit. So existieren diverse und teilweise disparate Beurteilungen der Notwendigkeit, moralischen Rechtfertigungsfähigkeit und ethischen Vertretbarkeit von Tierversuchen. Da aber sowohl die Sachlage als auch die jeweils vorgebrachten Argumentationen einen hohen Komplexitätsgrad aufweisen, greift eine strikte Unterscheidung zwischen zwei Lagern, die entweder für oder gegen den Einsatz von Tieren zu Forschungszwecken votieren, zu kurz. Vielmehr reichen die Ansichten zur ethischen Vertretbarkeit der Forschung an Tieren von völliger Unbedenklichkeit über Balancierungsvorschläge menschlichen Nutzens und tierlichen Leidens zur Bestimmung eines grundlegenden moralischen Dilemmas zwischen Forschungsfreiheit und Tierschädigung bis hin zur strikten Zurückweisung jeglicher Art von Tierversuchen. Befürworter der Nutzung von Tieren in

---

[1] Vgl. Art. 20a GG.

[2] Das Aufkommen moralphilosophischer, rational fundierter Literatur zum Thema der ethischen Vertretbarkeit einer Forschung an Tieren ist auf die 1970er Jahre zu datieren. Hier ist als erstes Peter Singers *Animal Liberation* (1975) zu nennen; es folgen Bernard Rollins *Animal Rights and Human Morality* (1981), Tom Regans *The Case for Animal Rights* (1984/1988) und Steve Sapontzis' *Morals, Reason, and Animals* (1987) (vgl. Rollin 2012a: 23). Im Recht galten Tiere vor der Einführung des Gesetzes zur Verbesserung der Rechtsstellung des Tieres im bürgerlichen Recht vom 20. August 1990 noch als Sachen.

der Forschung verweisen u. a. auf den enormen Beitrag, den die Forschung an Tieren zu unserem Verständnis biologischer Prozesse, zur Entdeckung bedeutender biomedizinischer Verfahren – wie verschiedener Therapiemöglichkeiten oder präventiver Behandlungen durch Antibiotika, Insulin, Impfungen oder Organtransplantationen – geleistet habe.[3] Auch wird betont, dass bei der Entwicklung zahlreicher moderner Medikamente die Forschung an Tieren ein wichtiger Bestandteil gewesen sei. Insofern sich eine Notwendigkeit von Tierversuchen aus dem sittlichen Prinzip der Solidarität gegenüber hilfsbedürftigen Mitmenschen ergäbe, könnten sie sogar als moralisch geboten gelten.[4] Tierversuchsgegner stellen demgegenüber teilweise die wissenschaftliche Aussagekraft der Forschung an Tieren in Frage, da sie die Übertragbarkeit der erlangten Ergebnisse auf den Menschen anzweifeln. Wieder andere lehnen den Einsatz von Tieren zu Forschungszwecken auf der Basis ethischer Bedenken ab. Tiere für menschliche Zwecke Verfahren zu unterziehen, die ihnen Schmerzen und Leiden zufügen, von denen sie selbst nicht profitieren und in die sie nicht einwilligen können, wird als moralisch inakzeptabel beurteilt. Darüber hinaus wird angemerkt, dass nicht alle Tierversuche dem medizinischen Fortschritt dienen und fragwürdig sei, ob sie dennoch nötig und zu rechtfertigen seien. Bedenken solcher Art richten sich etwa an die Grundlagenforschung, bei der die Brauchbarkeit oder Anwendbarkeit des generierten Wissens nicht immer eindeutig ist, an bestimmte Formen von Toxizitätstests, die besonders großes Leiden bei Tieren verursachen können und an jede Form von Tierversuchen für Kosmetika, Reinigungsmittel, Waffen- oder Tabakprodukte.

Neben Fragen der rechtlichen Normierung wirft die Forschung an Tieren naturwissenschaftliche Fragen auf, die die grundsätzliche Übertragbarkeit von Ergebnissen aus Tiermodellen auf den Menschen betreffen, und ethische Fragen, die die Vertretbarkeit der Schadenszufügung beim Tier beleuchten. Der vorliegende Teil ist der Untersuchung ethischer Aspekte der Forschung an Tieren gewidmet. Fällt die Durchführung von Tierversuchen überhaupt in einen Bereich, der moralisch bewertbar ist? Dürfen Menschen Individuen anderer Spezies Schmerzen, Leid und schließlich ihren Tod verursachen, um Ziele zu erreichen, von denen sie vornehmlich selbst profitieren?[5] Selbst wenn die Forschung an

---

[3] Vgl. Nuffield Council on Bioethics (ed.) 2005: XVII.

[4] Vgl. Deutsche Forschungsgemeinschaft (Hg.) 2004: 27 ff.

[5] Vgl. Nuffield Council on Bioethics (ed.) 2005: XX. Erkenntnisse aus Tierversuchen kommen teilweise auch Tieren zugute. Auch findet Forschung an Tieren für ausschließlich tierliche Belange statt. Darüber hinaus werden Kenntnisse aus der Humanmedizin, wie beispiels-

Tieren aus naturwissenschaftlicher Perspektive valide und auf den Menschen übertragbare Ergebnisse zeitigt, bleibt die Frage offen, ob sie aus moralischen Gründen legitim, diskutabel oder sogar unvertretbar ist.

Für die Klärung der Frage, ob Tierversuche zum Wohle des Menschen moralisch gerechtfertigt werden können, liegt es nahe, den moralischen Status von Menschen mit dem etwaigen moralischen Status von Tieren in Beziehung zu setzen. In der philosophischen Tradition haben sich bezüglich eines moralischen Status von Tieren drei wesentliche Ansätze herausgebildet: Anthropozentrismus, Pathozentrismus und Biozentrismus.

Gemäß anthropozentrischen Positionen sind allein Menschen dem Raum des Moralischen zuzuordnen, sodass der Umgang mit Tieren keine Fragen moralischer Angemessenheit um ihrer selbst willen aufwirft. Nach anthropozentrischer Sichtweise besitzt ausschließlich der Mensch intrinsischen Wert und damit einen absoluten moralischen Status. Tieren kommt hingegen kein genuin moralischer Status zu; der Umgang mit ihnen kann höchstens in Relation zum Menschen moralisch relevant werden. Aus der Sicht des Pathozentrismus sind Menschen nicht die alleinigen moralisch relevanten Entitäten. Vielmehr weiten pathozentrische Ansätze den Bereich moralischer Berücksichtigungswürdigkeit auf alle empfindungsfähigen Wesen aus. Für einen gemäßigten Pathozentrismus sind Menschen innerhalb der Hierarchie der Organismen *(scala naturae)* an oberster Stelle anzusiedeln. Es folgen nicht-humane Primaten, Wal- und andere Säugetiere, sodann andere Wirbeltiere und schließlich die nur wenig entwickelten Tierspezies wie Einzeller. Für einen egalitären Pathozentrismus existieren zwischen Menschen und Tieren gleitende Übergänge und keine kategorische Demarkationslinie. Alle empfindungsfähigen Wesen gelten hier als moralisch Gleiche, sodass Forschungsstudien an Menschen und Versuche an Tieren, die in vergleichbarer Weise leiden, analog verhandelt werden sollten und konsequent als ethisch gleichermaßen bedenklich oder unbedenklich eingestuft werden müssten. Für biozentrische Positionen sind alle lebendigen Wesen moralisch berücksichtigungswürdig. Da der Wert des Lebens hier absolut gesetzt wird und das Leben eines Individuums nicht gegen das eines anderen aufgerechnet werden kann, vertreten Anhänger des Biozentrismus oftmals zugleich einen Egalitarismus. Der namhafte Biozentriker Albert Schweitzer propagierte für den Menschen eine Haltung der *Ehrfurcht vor dem Leben* und machte deutlich, dass Menschen moralische Schuld auf

---

weise die Ultraschalldiagnose, das Röntgen oder die Computertomographie, für die moderne Tiermedizin genutzt (vgl. Deutsche Forschungsgemeinschaft (Hg.) 2004: 14).

sich laden, wenn sie anderen Lebewesen schaden.[6] Da die Schädigung anderer Lebewesen wiederum unweigerlich zum Zyklus des Lebens gehöre, sei sie in vielen Fällen zwar unvermeidbar, müsse jedoch vom Menschen bewusst reflektiert und nach Möglichkeit umgangen werden.[7] Letztlich stellt der ethische Ansatz Schweitzers den moralischen Akteur vor unauflösbare Dilemmata.[8] Eine andere Reaktion auf die moralische Auszeichnung von Lebewesen als *Subjekte eines Lebens*[9] ist die Forderung fundamentaler Tierrechte, die die Abschaffung jeglicher Ausbeutung von Tieren zu ihrem Ziel hat.

Die Positionen zur moralischen Berücksichtigungswürdigkeit von Tieren reichen somit von der Annahme einer manifesten Grenze zwischen Mensch und Tier über die Auffassung einer *scala naturae* mit brüchigen oder gleitenden Übergängen bis hin zu einem Postulat der Gleichheit aller (empfindungsfähigen) Lebewesen.

Kann nun aber die Frage nach der ethischen Rechtfertigungsfähigkeit von Tierversuchen dadurch entschieden werden, dass eine der genannten Positionen zum moralischen Status von Tieren als überzeugendste ausgezeichnet wird? Viele Auseinandersetzungen im Bereich der Forschung an Tieren schlagen genau diesen Weg ein. Abschnitt 2 liefert einen Überblick über die tierethischen Positionen, die gegenwärtig einschlägig sind. Oftmals wird diese Herangehensweise jedoch als schlechte Problemlösungsstrategie zurückgewiesen.[10] Selbst wenn nachweisbar sei, dass Menschen einen genuin höheren moralischen Status besäßen als Tiere, wenn also die Grundprämisse des Anthropozentrismus bestätigt werden könnte, sei dies bei Weitem noch kein Argument für die ethische Vertretbarkeit von Tierversuchen im Dienste des Menschen. Denn es könne argumentiert werden, dass die moralisch höher gestellte Entität Mensch gerade als solche besondere Fürsorgepflichten gegenüber den niederen Tieren habe.[11] Andererseits sei auch im Falle der Gültigkeit moralischer

---

6 Vgl. Schweitzer 1996/1997.

7 Vgl. Schweitzer 1996/1997.

8 Schweitzer benennt selbst einige Beispiele, in denen Tiere als Futtermittel geopfert werden müssen, um andere Tiere am Leben erhalten zu können; persönlich erlebte er dies etwa mit einem Fischadler, für dessen Ernährung er täglich frischen Fisch opferte (siehe Schweitzer 1997: 158). Trotz bestehender und unauflösbarer Konflikte der lebensrettenden Lebensvernichtung bleibe jede Schädigung von Leben böse und bürde dem Menschen moralische Schuld auf (vgl. Schweitzer 1996: 339 ff. sowie Schweitzer 1997: 97 f.).

9 Vgl. Regan 1984/1988, 1997 und 2012.

10 Vgl. Nuffield Council on Bioethics (ed.) 2005; Heeger 2012: 13.

11 Siehe Heeger 2012: 13.

Gleichheit bei gleicher Empfindungsfähigkeit die Ableitung eines Verbots leidensverursachender Tierversuche nicht zwingend. So könnte etwa für die Ausübung solcher Studien sowohl an Menschen als auch an Tieren votiert werden.[12] In Übereinstimmung mit der Empfehlung des *Nuffield Council on Bioethics* aus dem Jahr 2005 präferiert Robert Heeger eine andere Strategie, um die ethische Vertretbarkeit der Forschung an Tieren zu prüfen und rückt hierbei die moralisch relevanten Eigenschaften und Fähigkeiten von Menschen und Tieren in den Fokus. Im Abschnitt 3 wird diese Herangehensweise nachvollzogen, bei der methodisch zunächst mögliche Eigenschaften und Fähigkeiten identifiziert werden, die eine Entität als moralisch berücksichtigungswürdig auszeichnen. Im Anschluss werden im Abschnitt 4 mögliche Bewertungen bzw. Gewichtungen der jeweiligen Eigenschaften und Fähigkeiten hinsichtlich der moralischen Vertretbarkeit von Tierversuchen betrachtet.

2. Tierethische Argumentationsgrundlagen

Gemäß seinem dualistischen Weltbild differenziert René Descartes (1596–1650) zwischen zwei Dimensionen, der des Denkens *(res cogitans)* und der des Körpers *(res extensa)*.[13] Dem ersten Bereich ordnet er ausschließlich den Menschen als rationales Wesen zu, während er die Tiere zum großen Bereich der beweglichen Sachen zählt.[14] Nach cartesischer Auffassung haben Tiere keine Interessen – zumindest keine moralisch relevanten. Tiere sind für Descartes vielmehr mechanische Dinge, deren schreiende Laute, die zunächst der Art des Menschen Schmerzen auszudrücken vergleichbar scheinen, tatsächlich eher dem Quietschen einer mangelhaft geölten Maschine entsprechen.[15] Noch bis ins 19. Jahrhundert verteidigt man die *Vivisektion* (Eingriffe am lebenden Tier) auf der Basis, Tieren jede Form von Bewusstsein, Schmerz- oder Leidensfähigkeit abzusprechen und sie für empfindungs*un*fähige, moralisch irrelevante Objekte zu erklären.[16]

---

[12] Siehe Heeger 2012: 13 f.

[13] Vgl. Descartes *Meditationes:* 78.

[14] Auch für das antike römische Recht galten Tiere als Sachen. Nach deutschem Recht sind Tiere zwar keine Sachen mehr, werden jedoch nach Sachenrecht verhandelt (vgl. § 90a Bürgerliches Gesetzbuch).

[15] Vgl. Descartes *Discours:* 58/59.

[16] Vgl. Ahne 2007: 74. Zur Geschichte der Forschung an Tieren siehe auch Monamy 2009: 8–34.

Heute besteht ein grundsätzlicher Konsens darüber, dass Tiere keine moralisch indifferenten Entitäten sind.[17] Vor dem Hintergrund ihrer Fähigkeit, Freude und Leid zu empfinden, gelten Tiere als moralisch zu berücksichtigende Wesen. Selbst solche Positionen, die die Bedeutsamkeit des menschlichen Wohls weit über der Bedeutsamkeit des Wohlergehens von Tieren ansiedeln, behaupten nicht, dass Tiere bloße Sachen seien, mit denen der Mensch willkürlich umgehen dürfe. Auch wird heute fast flächendeckend vertreten, dass empfindungsfähige Tiere *um ihrer selbst willen* moralisch berücksichtigungswürdig sind und dass die Pflichten, die der Mensch als moralisches Subjekt ihnen gegenüber hat, direkt aus der Empfindungsfähigkeit der Tiere folgen und nicht erst mittelbar in Relation zum Menschen abgeleitet werden müssen. Insofern haben traditionelle anthropozentrische Positionen, wie sie etwa von Thomas von Aquin (1225–1274) oder Immanuel Kant[18] (1724–1804) vertreten wurden, kaum noch Anhänger und werden immer stärker durch pathozentrische Ansätze abgelöst.[19] Dass Tiere einen moralischen Status haben, gilt insofern als unstrittig; inwiefern ihr moralischer Status jedoch dem moralischen Status des Menschen entspricht oder von ihm abweicht, ist umstritten. Anthropozentrisch orientierte Kritiker beurteilen die Zuschreibung eines moralischen Status an Tiere häufig als fehlgeleitete Anthropomorphisierung (Vermenschlichung) tierlicher Eigenschaften und Fähigkeiten, die eher auf subjektiven Gefühlsregungen oder Intuitionen, denn auf stichhaltigen Argumenten beruhe. Phänomene wie die moralische Bevor-

---

[17] Vgl. u. a. Krebs 1997; Wolf 2009.

[18] Kants prominenteste Textstelle zum Umgang mit Tieren findet sich im § 17 der *Metaphysischen Anfangsgründe der Tugendlehre*, dem zweiten Teil der *Metaphysik der Sitten:* »In Ansehung des lebenden, obgleich vernunftlosen Teils der Geschöpfe ist die gewaltsame und zugleich grausame Behandlung der Tiere der Pflicht des Menschen gegen sich selbst weit inniglicher entgegengesetzt, weil dadurch das Mitgefühl an ihrem Leiden im Menschen abgestumpft und dadurch eine der Moralität im Verhältnisse zu anderen Menschen sehr diensame natürliche Anlage geschwächt und nach und nach ausgetilgt wird; obgleich ihre behende (ohne Qual verrichtete) Tötung oder auch ihre, nur nicht bis über Vermögen angestrengte Arbeit (dergleichen auch wohl Menschen sich gefallen lassen müssen) unter die Befugnisse des Menschen gehören; dahingegen die martervollen physischen Versuche zum bloßen Behuf der Spekulation, wenn auch ohne sie der Zweck erreicht werden könnte, zu verabscheuen sind« (Kant TL: 443). Gerade im letzten Satz klingt eine auf die Gegenwart übertragbare Skepsis gegenüber dem Einsatz von Tierversuchen für Zwecke der Grundlagenforschung sowie der Idee des heutigen *Replacement*-Kriteriums an.

[19] Weniger pathozentrisch als vielmehr teleologisch ist die Ausrichtung des Versuchs von Christine Korsgaard, Kants Argumentation für die sogenannte Menschheitsformel – »Handle so, daß du die Menschheit, sowohl in deiner Person als in der Person eines jeden anderen, jederzeit zugleich als Zweck, niemals bloß als Mittel brauchest« (Kant GMS: 429) – für die Tierethik fruchtbar zu machen (siehe Korsgaard 2004).

zugung niedlicher vor ästhetisch weniger ansprechenden Tierarten, das Frisieren und Ankleiden von Haustieren oder mediale Inszenierungen von Tierbabys aus Zoos scheinen diese Ansicht zu bekräftigen. Zugleich existieren jedoch zahlreiche ethische Theorien, die sich mit der moralischen Berücksichtigungswürdigkeit von Tieren auf eine sehr differenzierte und philosophisch anspruchsvolle Weise auseinandersetzen. Schließlich ist die Frage nach dem moralischen Status der Tiere ein möglicher Weg, konkrete Anwendungsfragen wie die nach der ethischen Vertretbarkeit von Tierversuchen zu klären.[20]

2.1 *Tierschutzposition*

Zeitgenössische pathozentrische Positionen des Tierschutzes sind vielgestaltig und umfassen sowohl Ansätze, die menschliche und tierliche Interessen gleichrangig gewichten, als auch Ansätze, für die menschliche Interessen gegenüber tierlichen Interessen stets zu priorisieren sind (Vorrangigkeitsthese). Ausgehend vom Interessenegalitarismus der ersten Position (Gleichheitsthese) erstreckt sich ein Kontinuum zur zweiten Position strikter Vorrangigkeit, auf dem sich die Interessen der Versuchstiere im Vergleich zu den menschlichen Interessen graduell abstufen lassen. In den USA dominiert die sogenannte *reasonable pro-research position*, deren Vertreter von der genuinen Vorrangigkeit menschlicher Interessen überzeugt sind. Gegenüber dieser Position, die am einen Ende des Meinungskontinuums steht, ist die Tierrechtsbewegung, die die gleiche Gewichtung menschlicher und tierlicher Interessen proklamiert, am anderen Ende anzusiedeln.[21] Die *reasonable pro-research position* stellt die Belange des Menschen eindeutig in den Mittelpunkt ihrer Argumentation, ohne dabei aber die Interessen der Tiere auszublenden. Ihr Vertreter Baruch A. Brody fasst die Thesen der *reasonable pro-research position* wie folgt zusammen:[22]

1. Tiere haben Interessen – zumindest das Interesse nicht zu leiden –, die von durchgeführten Versuchen oder von den Bedingungen, denen sie vor, während oder nach der an ihnen unternommenen Forschung ausgesetzt sind, nachteilig beeinflusst werden können.
2. Negative Auswirkungen eines Versuchsvorhabens auf die Interessen der Versuchstiere sind von moralischer Relevanz und müssen

[20] Vgl. Wolf 2009: 78.
[21] Vgl. Brody 2012: 57.
[22] Vgl. Brody 2012: 54.

für die Annahme bzw. Ablehnung des Versuchsvorhabens berücksichtigt werden.

3. Negative Auswirkungen eines Versuchsvorhabens auf die Interessen der Versuchstiere können durch seine antizipierten Vorteile für den Menschen gerechtfertigt werden.
4. Für die Beurteilung eines Versuchsvorhabens als gerechtfertigt wiegen menschliche Interessen schwerer als die Interessen der Versuchstiere.

Grundsätzlich umstritten sind die Thesen 3 und 4. Entgegen den Forderungen Tom Regans[23] besagt die dritte These, dass Tiere kein Recht auf Schutz ihrer Interessen haben, wenn es um das Wohl von Menschen geht. These 4 vertritt im Gegensatz zu Peter Singer[24], dass menschliches Wohlergehen für die Rechtfertigung eines Versuchsvorhabens *per se* ausschlaggebender ist als die damit verbundene Schädigung von Versuchstieren. Für die *reasonable pro-research position* ist die Verursachung unverminderter Schmerzen beim Versuchstier akzeptabel, wenn diese für die Durchführung des Versuchs notwendig ist und das Versuchstier während oder nach dem Vorgang eingeschläfert wird.[25] Dass das Leiden des Versuchstiers möglicherweise so erheblich sein könnte, dass es den Forschungsnutzen für den Menschen überwiegt, wird selbst bei einem nur mäßigen Forschungsnutzen nicht erwogen.[26] Sind die antizipierten Belastungen für die Versuchstiere allerdings zu gravierend, lassen sich in diesem Rahmen durchaus drastische Veränderungen eines Forschungsvorhabens und somit ein erheblicher Forschungsmehraufwand begründen.[27]

Im Gegensatz zur jungen und besonders wissenschaftsnahen *reasonable pro-research position* sind für den moralphilosophisch fundierten Tierschutz eher der klassische Utilitarismus und die Mitleidsethik einschlägig. Für beide Strömungen ist die Leidensfähigkeit von Lebewesen das maßgebliche Kriterium ihrer moralischen Berücksichtigungswürdigkeit. So bilanzieren utilitaristische Positionen Nutzensummen, die sich auf das Glück respektive die Abwesenheit von Leiden beziehen, um moralisch richtige Handlungen zu bestimmen. Die Folgen einer moralisch ge-

[23] Vgl. Abschnitt 2.2 (»Tierrechtsposition«).
[24] Siehe unten im vorliegenden Abschnitt.
[25] Vgl. Brody 2012: 56.
[26] Vgl. Brody 2012: 56.
[27] Vgl. Brody 2012: 60.

botenen Handlung maximieren das Wohlergehen bzw. minimieren das Leiden der größten Zahl. Demgegenüber untersuchen mitleidsethische Positionen oftmals primär das moralische Motiv für Handlungen und die Art und Weise, wie das Wohl oder Wehe eines anderen Wesens für einen moralischen Akteur unmittelbar relevant sein können.[28] Im Folgenden sollen exemplarisch zwei zeitgenössische Positionen des Utilitarismus und der Mitleidsethik, die sich intensiv mit der Problematik der Forschung an Tieren auseinandersetzen, vorgestellt werden.

Im Rahmen des sogenannten Präferenzutilitarismus werden konkrete moralische Beurteilungen der Forschung an Tieren vorgenommen. So auch von Peter Singer, einem der bedeutendsten Tierschutzdenker unserer Zeit, der mit seinem 1975 erschienenen Werk »Animal Liberation« (»Die Befreiung der Tiere«) die Entstehung der neuen Tierschutzbewegung prägte. Als Vertreter des Präferenzutilitarismus liegt Singers Fokus für die Beurteilung moralischer Berücksichtigungswürdigkeit unmittelbar auf dem Phänomen des (Selbst)Bewusstseins sowie der Fähigkeit eines Wesens, Interessen bzw. Präferenzen auszubilden. Da Singer zufolge eine der fundamentalsten Präferenzen für alle Wesen, die Präferenzen auszubilden vermögen, die Freiheit von Schmerz und Leiden darstellt, kann sein Ansatz indirekt im Horizont pathozentrischer Theorien verortet werden. Innerhalb seiner Theorie, die die Befreiung von Tieren fordert, macht er das Argument eines *Anti-Speziesismus* stark.[29] Ähnlich der Grundlagen des Rassismus oder Sexismus beruhen die Überzeugungen des Speziesismus laut Singer auf unbegründbaren Vorurteilen und willkürlichen Bevorteilungen der eigenen Gruppe – hier der eigenen biologischen Gattung »Mensch«.[30] Im Übertrag auf den Kontext der Forschung an Tieren zeigt ein Forscher, »wenn er einen Versuch an einem nichtmenschlichen Wesen vornimmt, den er an einem Menschen auf einer gleichen oder niedrigeren Stufe der Empfindungsfähigkeit, des Bewusstseins oder der Fähigkeit zum Selbstbezug nicht ausführen würde, eine Vorein-

---

[28] Vgl. Wolf 2009: 79.

[29] So später auch Rollin in *Animal Rights and Human Morality* (1981). Tom Regan bemüht ebenfalls das Anti-Speziesismusargument und führt die Wortprägung auf Richard Ryder (1975) zurück.

[30] »Der Rassist verstößt gegen das Prinzip der Gleichheit, indem er den Interessen von Mitgliedern seiner eigenen Rasse ein größeres Gewicht gibt, wenn ein Gegensatz zwischen deren Interessen und den Interessen der Angehörigen einer anderen Rasse besteht. Der Sexist verstößt gegen das Prinzip der Gleichheit, indem er die Interessen seines eigenen Geschlechts vorzieht. Auf ähnliche Weise läßt der Speziesist zu, daß die Interessen seiner eigenen Spezies die größeren Interessen von Mitgliedern anderer Arten unterdrücken. Das Muster ist in allen diesen Fällen identisch« (Singer 1982: 28).

genommenheit zugunsten seiner eigenen Spezies«[31]. Da Singer jede Art von Parteilichkeit innerhalb ethischer Argumentationen ablehnt, fordert er auch von Wissenschaftlern und Forschern die Einhaltung des Prinzips gleicher Interessenabwägung. Infolgedessen müssten Versuche mit empfindungsfähigen Tieren ebenso bewertet werden wie Versuche mit vergleichbar befähigten Menschen. Auch wenn nach Singer Forschung an Tieren nicht gänzlich untersagt werden muss, so ist ihre ethische Unbedenklichkeit doch an sehr hohe Anforderungen geknüpft. In der Konsequenz dürfte zudem eine sehr gut begründete Forschung an Menschen nicht *per se* untersagt sein.

Es gibt gleichwohl Philosophen, die den mehrheitlich verurteilten Speziesismus vehement verteidigen. Für Carl Cohen beispielsweise macht es einen moralisch äußerst relevanten Unterschied, ob ein Individuum der Spezies »Mensch« oder der Spezies »Katze« angehört. Denn nur Menschen beteiligen sich an ethischer Reflexion, sind autonom, sind Mitglieder einer moralischen Gemeinschaft und erkennen gerechte Forderungen an, auch dann, wenn sie ihren eigenen Interessen entgegenstehen.[32] Auch wenn nicht alle menschlichen Individuen *hic et nunc* alle rationalen Fähigkeiten, die der Menschen normalerweise besitze, ausüben können, weil sie etwa an einer schweren Erkrankung oder Behinderung leiden, so sei dies kein Grund, sie aus der moralischen Gemeinschaft auszuschließen. Es handele sich hier um eine Frage der Gattung und das, was etwa auch Menschen mit schwerer geistiger Behinderung noch innehaben, sei etwas, das Tiere niemals haben könnten.[33] Zum Wohle aller Menschen spricht sich Cohen auf utilitaristischer Grundlage für eine Intensivierung der Forschung an Tieren aus und versteht diese sogar als unsere Pflicht.[34] Regan weist diese Forderungen mit dem Hinweis zurück, dass zwischen dem moralisch relevanten Kriterium der Empfindungsfähigkeit und der rationalen Autonomiefähigkeit kein Zusammenhang bestehe, der Cohens Argumentation zu rechtfertigen vermöge.[35] Zuweilen wird für die Rechtfertigung von Tierversuchen zum alleinigen Wohle des Menschen auch das Prinzip der Nähe bemüht. Leiden verursachende Tierversuche lassen sich demnach damit begründen, dass dem Menschen leidende Mitmenschen näher stehen als leidende Tiere. So wie Hilfspflichten gegenüber

[31] Singer 1997: 24.
[32] Vgl. Cohen 2012: 209.
[33] Vgl. Cohen 2012: 208.
[34] Vgl. Cohen 2012: 211 f.
[35] Vgl. Regan 2012: 118.

eigenen Familienangehörigen und Freunden verbindlicher seien als gegenüber fremden Personen, seien Pflichten gegenüber Menschen elementarer als solche gegenüber nicht-humanen Lebewesen.[36]

Als Urheber der Mitleidsethik und philosophischer Wegbereiter des modernen Tierschutzgedankens in Deutschland ist Arthur Schopenhauer (1788–1860) anzuführen.[37] Zu Lebzeiten verurteilt er die aktive Verursachung tierlichen Leidens durch Menschen als Misshandlung von Tieren und beurteilt auch die Nutzung von Tieren zu Forschungszwecken kritisch. Ursula Wolf, eine zeitgenössische Vertreterin der Mitleidsethik,[38] moniert, dass das Prinzip der Vermeidung unnötigen Leidens im Bereich der Forschung an Tieren zu kurz greift. Wenn wir Tiere zu Forschungszwecken einsetzen, so Wolf, haben wir sie in eine Situation gebracht, in der sie entweder aufgrund der Umstände nicht für sich selbst sorgen können oder sogar die entsprechenden Fähigkeiten verloren haben.[39] Insofern haben wir nicht nur die passive Pflicht, diesen Tieren kein übermäßiges Leid zuzufügen, sondern auch die aktive Pflicht, positiv für das Wohlergehen der Versuchstiere zu sorgen.[40] Des Weiteren macht Wolf auf den ihrer Meinung nach moralisch relevanten Unterschied zwischen der *aktiven* Leidensverursachung beim Versuchstier und dem *passiven* Zulassen bereits bestehender Leiden beim Menschen aufmerksam.[41] Wolfs Ansicht nach sind Tierversuche nur dann ethisch vertretbar, wenn sie kein Leid erzeugen. Sobald die Verursachung von Schmerzen für das Tier unvermeidlich sei, müsse der entsprechende Tierversuch unter Narkose stattfinden und solle das Tier, falls leiderzeugende Folgeschäden weder behandelt noch zügig behoben werden können, einem schmerzfreien Tod zugeführt werden.[42] Tierversuche mit geringer Belastung, wie Blut-

---

36 Vgl. Scharmann 1994: 196.
37 Siehe Schopenhauer 1977.
38 Siehe Wolf 1990.
39 Vgl. Wolf 2009: 81.
40 Vgl. Wolf 2009: 81.
41 Vgl. Wolf 1997: 69. Ein ähnliches Anliegen verfolgt auch Robert Bass, wenn er auf den Unterschied zwischen möglichem Nutzen und faktischem Leiden hinweist, den es zu bedenken gelte: »There must be some discounting, whereby possible benefits count for less than actual benefits, and actual harms for more than possible harms« (Bass 2012: 94).
42 Vgl. Wolf 2009: 84. Solange man das Töten von Tieren für die Produktion menschlicher Konsumgüter akzeptiere, könne man Forschern das Töten von Versuchstieren schon gar nicht vorwerfen (vgl. Wolf 2009: 86 f.). Für eine ausführliche Diskussion der ethischen Vertretbarkeit des Tötens von Versuchstieren siehe Ach 1999: 181–193 sowie Klein 2000: 98–107.

abnahmen oder Hauttests, dürfen Wolfs Ansicht nach zwar nicht in häufiger Wiederholung, jedoch gelegentlich durchgeführt werden.[43]

Dieter Birnbacher, der sowohl einen präferenzutilitaristischen Ansatz vertritt als auch große Sympathien für die Mitleidsethik Schopenhauers hegt, fühlt sich in Fragen zur Forschung an Tieren der Tierschutzposition zugehörig.[44] Für die Einordnung leidensverursachender Tierversuche bemüht er eine vierstufige Skala des amerikanischen Landwirtschaftsministeriums. »Hier wird zwischen verschiedenen Graden der Schädigung unterschieden: 1. little or no pain or distress, 2. minor pain or distress of short duration, 3. significant but unavoidable pain or distress und 4. severe pain or distress or chronic unrelieved pain.«[45] Für die Grundlagenforschung zieht Birnbacher nur Tierversuchsformen mit einer potenziellen Leidenserzeugung des Grades 1 oder 2 als ethisch unbendenklich in Betracht. Bei Tierversuchen, die medizinischen Zwecken, dem Umweltschutz oder der Stoff- und Produktprüfung dienen, hält er zusätzlich Belastungskategorie 3 für tolerabel.[46] Bezüglich der von Birnbacher verwendeten Skala ergänzt Wolf den in Punkt 2 angeführten Aspekt der »short duration« um den bedeutsamen Aspekt »infrequent«, da auch solche Interventionen von kurzer Dauer bei häufiger Wiederholung zu einer großen Belastung der Tiere führen können. Im Gegensatz zu Birnbacher sind nach Wolfs Einschätzung alle Tierversuche der Belastungsstufe 3 und 4 ohne die entsprechende Vorsorge einer Narkotisierung o. Ä. unzulässig.[47]

Da die Leidensfähigkeit alle empfindungsfähigen Wesen als Objekte der Moral auszeichnet, gilt sie, im Vergleich zu den exklusiven Kriterien der Vernunft- und Moralfähigkeit, als besonders integratives Kriterium moralischer Berücksichtigungswürdigkeit. Häufig wird jedoch das Leiden von Menschen aufgrund ihrer rationalen Fähigkeiten als schwerwiegender im Vergleich zu tierlichem Leiden eingestuft. Da Menschen Selbstbewusstsein besitzen, habe Leiden für sie eine andere Qualität als für Tiere; nur der Mensch habe etwa »ein kulturell vermitteltes Interesse an einem sinnvollen Lebensganzen«[48]. Menschen können ihre eigene Zu-

---

[43] Vgl. Wolf 2009: 85.
[44] Vgl. Birnbacher 2009b: 116.
[45] Birnbacher 2009b: 121 f.
[46] Vgl. Birnbacher 2009b: 122.
[47] Vgl. Wolf 2009: 85.
[48] Patzig 1993: 158.

kunft antizipieren und empfundene Leiden oder Ängste in die Zukunft projizieren bzw. sich an vergangenes Leid erinnern. Für Günter Patzig ist die qualitative Differenz zwischen menschlicher und tierlicher Leidensfähigkeit als der entscheidende Rechtfertigungsgrund für deren Ungleichbehandlung zu werten.[49] Andererseits wird angeführt, dass auch Säugetiere über eine Schmerzerinnerung verfügen.[50] Unter Bezugnahme auf Charles Darwin betont Bernard Rollin, dass nicht-humane Tiere nicht nur leidensfähig sind, sondern ihnen sogar auch die gesamte Bandbreite an Emotionen – wie Angst, Einsamkeit, Langeweile oder Frustration – zugänglich ist.[51] Ein maßgeblicher Bereich empfundenen Leids betrifft beim Menschen die Sorgen und den Kummer, den Angehörige und Freunde auslösen können. Das Betrauern verstorbener Artgenossen etwa lässt sich auch bei einigen Tieren beobachten. Gelegentlich wird wiederum darauf verwiesen, dass das Leiden der Tiere schwerwiegender einzustufen sein könnte, da sie sich nicht wie Menschen von ihrem eigenen Leiden distanzieren und kein mögliches Ende ihres Leidens antizipieren können; auch stehe ihnen darüber hinaus kein möglicher Trost in Form von Hoffnung oder Glaube zur Verfügung.[52]

2.2 *Tierrechtsposition*

Als Vater moderner Tierrechtler gilt Jeremy Bentham (1748–1832), der als Mitbegründer des Utilitarismus auch die Leidensfähigkeit von Tieren innerhalb genuiner Interessenabwägungen berücksichtigte, ihnen Rechte zugestand[53] und die berühmte These formulierte: »The question is not, Can they reason? nor, Can they talk? but, Can they suffer?«[54]

Grundsätzlich gibt es verschiedene Dimensionen, innerhalb derer Rechte für Tiere postuliert werden. Im Folgenden soll die Forderung *moralischer* Rechte für Tiere in den Blick genommen werden.[55] Im Gegensatz zu juri-

[49] Vgl. Patzig 1993: 158.
[50] Vgl. Wolf 2009: 83.
[51] Vgl. Rollin 2012a: 24.
[52] Vgl. Höffe 1984b: 85 ff.; vgl. Rollin 2012a: 27.
[53] »Why should the law refuse its protection to any sensitive being? The time will come when humanity will extend its mantle over everything which breathes. We have begun by attending to the condition of slaves; we shall finish by softening that of all the animals which assist our labours or supply our wants.« (Bentham *Penal Law:* 562).
[54] Bentham *Principles:* 283.
[55] Vgl. bezüglich objektiver sowie subjektiv justiziabler Rechte Teil 3 (Rechtliche Aspekte) des vorliegenden Sachstandsberichts.

dischen Rechten, die ausschließlich innerhalb einer bestimmten Rechtsgemeinschaft Geltung beanspruchen, weisen moralische Rechte den Anspruch universaler Geltung auf.[56] Wenn ein moralisches Recht hinreichend stichhaltig begründet werden kann, soll es ohne Einschränkung gelten. Hinsichtlich der Begründung moralischer Rechte für Tiere ist eine ebenso große Varianz zu verzeichnen wie bezüglich der Schutzgüter, auf die sich die geforderten Rechte beziehen.[57] Gemeinhin fordern heutige Tierrechtler, wie Tom Regan oder Paola Cavalieri[58], ebenso wie ihre Vorgänger, etwa Henry Salt[59] oder Leonard Nelson[60], die Übertragung einiger Rechte, die dem Menschen zugestanden werden, auf Tiere. Konkret wird für Tiere u. a. das Recht auf Freiheit von unnötigen Schmerzen und Leiden im Sinne des Gebots der Leidensminimierung, das Recht auf körperliche Integrität im Sinne eines Schädigungsverbots, das Recht auf Leben im Sinne eines Tötungsverbots und das Recht auf Schutz vor radikaler Instrumentalisierung im Sinne eines Verbots zum bloßen Einsatz als reines Mittel z. B. in Tierversuchen, beansprucht.[61] In der Regel werden für Tiere Anspruchsrechte[62] geltend gemacht, die sich aus Pflichten des Menschen Bestimmtes zu tun oder zu unterlassen ergeben. Überwiegend werden negative Anspruchsrechte veranschlagt, die vom Menschen bestimmte Unterlassungen erfordern.[63] Darüber hinaus gelten Tieren zugestandene Rechte zumeist nicht absolut, sondern *prima facie* und können gegen andere Rechte abgewogen werden. Insofern impliziert das Postulat eines Rechts auf Leben nicht, dass Tiere unter keinen Umständen getötet werden dürfen. So gilt etwa in unserem Rechtssystem, dass die Tötung

---

56 Vgl. Birnbacher 2009a: 59.

57 Für eine überblicksartige Darstellung der Debatte siehe Rowlands 2009.

58 Es ist das erklärte Ziel von Cavalieri, den Geltungsbereich der Menschenrechte auf alle Lebewesen, die die Eigenschaft der Intentionalität aufweisen – ihr zufolge somit mindestens auf Säugetiere und Vögel – auszuweiten (vgl. Cavlieri 2002 sowie 2008a/b).

59 Salt bezichtigt Wissenschaftler, die innerhalb ihrer Forschungsprojekte Versuche an Tieren vornehmen, der Haltung, Tiere als bloße Automaten ohne Geist und Seele zu betrachten. Für ihn bündeln sich die Grausamkeit und Unmenschlichkeit des Umgangs mit Tieren in der Methode der Vivisektion. Vor dem Hintergrund seiner Forderung von Tierrechten weist er jeglichen Missbrauch von Tieren zurück (vgl. Salt 1894). Für einen Vergleich der Positionen von Salt, Regan und Singer siehe Flury 1999.

60 Nelson fordert einen identischen Extensionsbereich von Menschenrechten und Tierrechten und spricht sich für ein striktes Tötungsverbot sowie einen ethischen Vegetarismus aus (vgl. Nelson 1970 sowie 1972).

61 Vgl. Birnbacher 2009a: 52.

62 Abwehrrechte, die darauf abzielen, dass der Rechtsträger nicht daran gehindert werden darf etwas zu tun – etwa seine Meinung frei zu äußern – stehen für gewöhnlich nicht im Fokus der Tierrechtsdebatte.

63 Vgl. Birnbacher 2009a: 52.

von Tieren in Situationen der Notwehr oder zum Zwecke der Erlösung von Leiden durch eine fachkundig ausgeführte Euthanasie gestattet ist.[64] Tieren zuerkannte Rechte orientieren sich an ihren jeweiligen Eigenschaften und Fähigkeiten. So werden kognitiv höher entwickelten Tieren Rechte zugestanden, die nicht für alle empfindungsfähigen Tiere gelten. Anders als Regan[65] betrachtet Donna Yarri das Recht auf Freiheit von unnötigen Schmerzen und Leiden als das fundamentalste Recht, das Tieren zuerkannt werden sollte.[66] In Übereinstimmung mit Regan fordert sie einen respektvollen Umgang mit Tierindividuen und das Zugeständnis weiterer Rechte, wie jenes auf eine nicht übermäßig beschnittene Freiheit, ein nicht unnötig verkürztes Leben oder jenes auf Ausübung arttypischer Verhaltensweisen.[67]

Tom Regan, einer der bedeutendsten zeitgenössischen Tierrechtler, rückt weniger das Zufügen von Schmerzen, Leiden oder Schäden in den Mittelpunkt seiner Kritik bezüglich der Forschung an Tieren. Vielmehr stößt er sich an der Instrumentalisierung der Versuchstiere, die als bloße Forschungsgegenstände ohne jeden Respekt behandelt würden.[68] Dass Versuchstiere beispielsweise innerhalb von Dokumenten zu Forschungsvorhaben unter dem Gliederungspunkt »Material und Methoden« aufgeführt werden, wird bisweilen auch von anderen Autoren als Indiz für ihre Degradierung zum bloßen Forschungsgegenstand gewertet.[69] Dabei sei das zentrale moralische Recht, das Tieren als *Subjekten eines Lebens*[70] zukomme, das Recht auf Achtung ihres inhärenten Werts. Dieses werde nicht erst durch die Verursachung von Schmerzen, Leiden oder Schäden verletzt, sondern bereits durch die ausbeuterische Nutzung der Tiere als solche. Weil Tieren ihr eigenes Leben etwas bedeute und sie dieses als besser oder schlechter erfahren, seien Menschen und Tiere in moralischer Hinsicht gleich.[71] Da das rationale Prinzip »Gleiches gleich zu behandeln« gelte, sei schon logisch nicht aufrechtzuerhalten, dass ein

64 Vgl. Birnbacher 2009a: 52.
65 Siehe unten im vorliegenden Abschnitt.
66 Vgl. Yarri 2005: 136.
67 Vgl. Yarri 2005: 147.
68 Siehe Regan 1984/1988: 277.
69 Vgl. etwa Ahne 2007: 31.
70 Lebewesen seien dann als *Subjekte eines Lebens* zu bezeichnen, wenn sie u.a. Überzeugungen und Wünsche haben, über Wahrnehmung, Erinnerung, einen Sinn für die Zukunft sowie Gefühle von Lust und Schmerz verfügen, eine psychophysische Identität über die Zeit hinweg aufweisen und ihr individuelles Wohlergehen verfolgen (Regan 1984/1988: 243).
71 Vgl. Regan 2012: 116.

dem Menschen zugefügter Schaden für moralisch bedeutsam befunden werde, wohingegen derselbe einem Tier zugefügte Schaden für moralisch irrelevant erklärt werde.[72] Zu den Schäden, die Versuchstieren innerhalb experimenteller Prozeduren entstehen, zählt Regan das Erblinden, die Zerstörung des Gehörs, die Schädigung des Gehirns, das Abtrennen von Körperteilen, das Zerdrücken von Organen, das Auslösen von Herzinfarkten, Geschwüren, Lähmungen oder Krämpfen. Des Weiteren zählt er das erzwungene Einatmen von Tabakrauch, Trinken von Alkohol, Einnehmen verschiedener Drogen wie Heroin oder Kokain sowie final die Elektrokution, das Ertrinken, Ersticken, Verhungern oder Verbrennen auf.[73] Zum Thema Forschung an Tieren sagt er konkret:

»Labortiere sind nicht unsere »Vorkoster«, wir sind nicht ihre Könige. Weil diese Tiere routinemäßig und systematisch so behandelt werden, als wäre ihr Wert auf ihre Nützlichkeit für andere reduzierbar, werden sie routinemäßig und systematisch mit einem Mangel an Respekt behandelt; und so werden ihre Rechte routinemäßig und systematisch verletzt. Dies ist nicht allein der Fall, wenn sie für banale, redundante, unnötige oder gar törichte Forschungszwecke verwandt werden; dies gilt ebenso für Forschungen, die einen wirklichen Nutzen für die Menschheit versprechen. [...] Was erforderlich ist, ist nicht nur die Verfeinerung oder die Reduktion von Tierversuchen, sind nicht nur größere, sauberere Käfige, ist nicht nur ein großzügiger Gebrauch von Betäubungsmitteln oder das Verbot von Mehrfachoperationen, ist nicht einfach nur die Verbesserung des Systems. Erforderlich ist vielmehr die Abschaffung des ganzen Systems. Das Beste, was wir tun können, wenn es um die Verwendung von Tieren in der Wissenschaft geht, ist – sie nicht zu verwenden. Hier liegt dem Rechtsansatz zufolge unsere Pflicht.«[74]

Für Regan gilt unumstößlich, dass, wenn Menschen moralische Rechte haben, Tiere sie ebenfalls haben.[75] Im Ergebnis verlangt diese Betrachtungsweise die unbedingte Berücksichtigung tierlicher Interessen[76], den absoluten Respekt vor dem Subjektsein der Tiere, ihre Nicht-Instrumentalisierung und in der Konsequenz die kategorische Abschaffung der Praxis einer Forschung an Tieren.[77]

---

72 Vgl. Regan 2012: 117.

73 Vgl. Regan 2012: 108. Siehe auch Garrett 2012: 7.

74 Regan 1997: 45.

75 Vgl. Regan 2012: 117.

76 Für Tom Regan sind mit Interessen sowohl Präferenz- als auch Wohlergehensinteressen adressiert (Regan 1984/1988).

77 »When all is said and done, the only adequate moral response to vivisection is empty cages, not larger cages.« (Regan 2012: 122).

Kritiker von Tierrechten wenden ein, dass ausschließlich solche Subjekte als Träger von Rechten in Betracht kommen können, die um ihre Rechte wissen und für diese eintreten können. Aufgrund dessen lehnt Carl Cohen, der sich selbst als moralisch gerechtfertigten Speziesist versteht, die Zuschreibung jeglicher Rechte an Tiere grundlegend ab.[78] Die anspruchsvolle Voraussetzung rationaler Fähigkeiten als notwendiges Charakteristikum potenzieller Träger von Rechten kann in den Augen der meisten Tierethiker jedoch nicht bestehen. In Anbetracht der Tatsache, dass auch und gerade vulnerablen Personengruppen wie Menschen mit schwerer geistiger Behinderung, komatösen Patienten oder demenziell Erkrankten Rechte zugesprochen werden, weisen sie die genannten Bedingungen als inkonsistent mit unserer sonstigen Rechtspraxis aus. Zudem führen sie an, dass sich sogenannte gesetzliche Vertreterschaften etabliert haben, innerhalb derer die Rechte von Individuen, die selbst nicht dazu in der Lage sind sie geltend zu machen, von Dritten z.B. in Gestalt eines Stellvertreters, Sachverwalters oder Vormunds eingefordert werden. So gelten für hochentwickelte Tierspezies wie Menschenaffen oder Waltiere, deren Eigenschaften und Fähigkeiten oftmals für das Vorhandensein rudimentärer Formen von Selbstbewusstsein sprechen, in einigen Ländern bereits juridische Rechte.[79] Selbstverständlich benennen auch Befürworter von Tierrechten Bedingungen für die Zuschreibung von Rechten. So können ihnen zufolge Rechte sinnvollerweise nur solchen Wesen zugeschrieben werden, die von der Gewährung oder Versagung eines Rechtsanspruchs subjektiv betroffen sind.[80] Insofern sei Empfindungsfähigkeit eine notwendige Voraussetzung für die Zuschreibung von Rechten. Ein Wesen, das weder aktual noch potenziell empfindungsfähig ist, sei kein mögliches Subjekt eines moralischen Anspruchsrechts.[81]

---

[78] Vgl. Cohen 2012: 206 f. »Animals [...] lack this capacity for free moral judgment. They are not beings of a kind capable of exercising or responding to moral claims. *Animals therefore have no rights, and they can have none*« (Cohen 2012: 207).

[79] Neuseeland hat als erster Staat nicht-humanen Primaten innerhalb seines Tierfürsorgegesetzes besondere Rechte verliehen (vgl. Teil 6 des Animal Welfare Act). In Spanien wurde die Einführung vergleichbarer Rechte für große Menschenaffen ebenfalls sehr konkret diskutiert (vgl. Singer 2008). Auch in Deutschland gibt es einige Befürworter der Idee subjektiver juridischer Rechte für höchstentwickelte Tierindividuen (vgl. Giordano Bruno Stiftung 2014).

[80] Vgl. Birnbacher 2009a: 49.

[81] Vgl. Birnbacher 2009a: 50.

2.3 *Vergleich von Tierschutz- und Tierrechtsposition*

Im Vergleich zur traditionellen Tierschutzbewegung zeichnet sich die Tierrechtsbewegung durch das Erheben radikalerer Forderungen aus. Während Tierschützer der Forschung an Tieren unter bestimmten Bedingungen zustimmen, ist für Tierrechtler eine grundsätzliche Ablehnung von Tierversuchen typisch.[82] Die Position der Tierrechtler ist zumeist deontologisch, die der Tierschützer konsequentialistisch fundiert, sodass letztere durchaus Abwägungen anhand möglicher Handlungsfolgen vornehmen, während erstere kategorische Postulate formulieren. Im Unterschied zur Tierschutzposition beansprucht die Tierrechtsposition neben der erforderlichen Vermeidung unnötigen Leidens und Schadens zugleich ein Recht auf Leben sowie ein Recht auf Schutz vor totaler Instrumentalisierung.[83]

Wie die Erläuterungen zu Regan bereits gezeigt haben, ist es für Tierrechtler üblich, jede Form der Instrumentalisierung von Tieren strikt zurückzuweisen.[84] Der ebenfalls bereits vorgestellte und dem Bereich des Tierschutzes zuzuordnende Utilitarist Peter Singer lässt Abwägungen innerhalb der Beurteilung von Tierversuchen zu und stützt sich hierbei auf einen Vergleich zwischen der Schädigung des Versuchstiers einerseits und dem daraus gewonnenen Nutzen für den Menschen andererseits.[85] Der Tierschutz wie auch das Tierschutzrecht machen weniger die grundsätzliche Instrumentalisierung von Tieren durch den Menschen als vielmehr die sach-, art-, und tiergerechte Haltung und Nutzung bzw. den entsprechenden Umgang mit Tieren zu ihrem Schwerpunkt.[86] Aufgrund

---

82 Vgl. Birnbacher 2009b: 115.

83 Vgl. Birnbacher 2009a: 52.

84 Siehe Regan 1984/1988, 1997 und 2012.

85 Siehe Singer 1982, 1994 und 1997. »Wenn ein Tier oder auch ein Dutzend Tiere Experimente erleiden müßten, um tausende zu retten, dann würde ich [Singer] es in Hinblick auf die gleiche Interessenabwägung für richtig halten, daß sie leiden.« (Singer 1994: 96).

86 Die begriffliche Unterscheidung zwischen »artgerecht« und »tiergerecht« ist einer differenzierten Auseinandersetzung mit der Materie dienlich. Während mit »artgerecht« die Zugehörigkeit eines Tierindividuums zu seiner Art in den Vordergrund gerückt wird, wird mit »tiergerecht« stärker auf den Umstand verwiesen, dass Nutztiere bzw. Labortiere längst domestiziert worden sind und sich heute natürlicherweise in Lebensräumen vorfinden, die für ihre wildlebenden Artgenossen widernatürlich wären. Es besteht jedenfalls die Annahme, dass sich das Leben, die Aufgaben und die Ansprüche domestizierter Tiere so stark verändert haben, dass sie teilweise zwar nicht artgerecht, wohl aber tiergerecht, d. h. unter Berücksichtigung der konkreten Bedürfnisse des Tierindividuums, gehalten werden können. So sei etwa die Kastration von Rammlern, die ihrem ausgeprägten Sexualtrieb in Gefangenschaft nicht nachkommen können, zwar nicht artgerecht, wohl aber tiergerecht, da sie dem Wohlergehen zuträglich sei. Ebenso sei beispielsweise die Verfütterung von Kraftfutter an Hochleistungs-

bestehender Unterschiede bezüglich der Härte und Reichweite der Forderungen lehnen Vertreter der Tierrechtsbewegung die traditionelle Tierschutzbewegung oftmals ab. Sie kritisieren die grundsätzliche Akzeptanz von Tierschützern gegenüber einer Ungleichbehandlung von Mensch und Tier und bestehen ihrerseits auf deren Abschaffung (Abolitionismus).[87] Angebliche Errungenschaften des Tierschutzes werden mit dem Argument zurückgewiesen, dass sie bloß eine bessere Ausbeutung der Tiere mit größerer gesellschaftlicher Akzeptanz erreichten. Einige Tierrechtler begrüßen wiederum Vorstöße des Tierschutzes, da sie zumindest das öffentliche Problembewusstsein für den Umgang mit Tieren schärfen.

2.4 *Animal Welfare*

Die sogenannte *Animal Welfare*-Bewegung ist der Überzeugung, dass Probleme im Umgang mit Tieren auf wissenschaftlicher Basis verhandelt werden müssen – mit einem Maximum an Mitgefühl und einem Minimum an Sentimentalität.[88] In ihren Anfängen monierte die *Animal Welfare*-Bewegung das Fehlen einer solch wissenschaftlichen Herangehensweise im menschlichen Umgang mit Tieren vorwiegend in Bezug auf den landwirtschaftlichen Sektor, weitete ihr Augenmerk jedoch schnell auch auf den Bereich der Forschung an Tieren aus. Der Begriff *Animal Welfare* bezieht sich auf das Wohlbefinden der Tiere und umfasst sowohl ihr physisches Wohl als auch ihr mentales Wohlergehen.[89] Die wissenschaftliche Ausrichtung des *Animal Welfare* zeigt sich in der Überzeugung, dass gute Wissenschaft nur mit gut versorgten Tieren möglich ist.[90] Da starke Belastungen und/oder Angstzustände der Versuchstiere die Versuchsergebnisse beeinflussen, gilt eine Forschung an verängstig-

---

tiere nicht artgerecht, in Anbetracht ihrer Situation jedoch tiergerecht. In Fachkreisen der Tierhaltung hat sich die Bezeichnung »tiergerecht« trotz vieler Kontroversen etabliert. In der philosophischen Ethik wird bisweilen fast ausschließlich die »artgerechte« Tierhaltung thematisiert.

[87] Viele Tierrechtler verstehen sich als Kämpfer für einen moralischen Fortschritt, der schon durch die Sklavenbefreiung und die Emanzipationsbewegung Erfolge verzeichnen konnte.

[88] Vgl. Haynes 2010: xii. Der Ansatz des *Animal Welfare* ist seinem Selbstverständnis nach objektiver und weniger sentimental in der Beurteilung des richtigen Umgangs mit Tieren als die Tierschutz-, Tierbefreiungs- oder Tierrechtsbewegung (vgl. Haynes 2010: ix).

[89] Vgl. *Brambell Committee Report* von 1965, zitiert nach Haynes 2010: xii. Siehe hierzu auch Council of Europe (ed.) 2006.

[90] Vgl. Haynes 2010: xiii.

ten und leidenden Tieren als nicht aussagekräftig und somit nutzlos.[91] Insofern können für die Bedeutsamkeit der Berücksichtigung tierlichen Wohlbefindens nicht nur ethische, sondern auch wissenschaftliche Gründe angeführt werden.

Fürsprecher der *Animal Welfare*-Position nehmen zumeist eine moderate Haltung gegenüber Fragen zur Forschung an Tieren ein. Im Gegensatz zu den Vertretern des Abolitionismus, die für die Abschaffung der gesamten Forschung an Tieren eintreten, vertritt die *Animal Welfare*-Bewegung, dass es durchaus Umstände gibt, in denen eine Forschung an Tieren ethisch vertretbar ist.[92] Der Tierschutzposition näher als der Tierrechtsposition, spricht sich die *Animal Welfare*-Bewegung für eine mittlere Position aus, die sie als effektivere Strategie zur Verbesserung der Lebensbedingungen von Versuchstieren beurteilt.[93] Da es zur heutigen Zeit unrealistisch und möglicherweise ethisch auch nicht geboten sei, Tierversuche gänzlich abzuschaffen, sei es erstrebenswerter, die Bedingungen, unter denen Tiere zu Forschungszwecken leben müssen, so weit als möglich zu verbessern. Von den meisten Vertretern des *Animal Welfare* wird vorausgesetzt, dass ein schmerzfreier Tod für Tiere, die keine bewusste Vorstellung von ihrem eigenen Lebensende haben, keinen Schaden und ein länger andauerndes Leben entsprechend keinen Nutzen für sie darstellt.[94]

Marian Stamp Dawkins, eine der renommiertesten Vertreterinnen des *Animal Welfare*, destilliert in ihrer unlängst erschienenen Monographie »Why Animals Matter« zwei wesentliche Fragen der Debatte heraus: 1. Was ist der tierlichen Gesundheit förderlich? und 2. Was will das Tier?[95] Ein Zustand tierlichen Wohlergehens sei ein Zustand, in dem das Tier sowohl gesund sei als auch habe, was es wolle; er berücksichtige die Bedürfnisse und den Willen des Tieres gleichermaßen.[96] Dawkins zufolge bilden die Gesichtspunkte der tierlichen Gesundheit und des tierlichen Willens die zwei Säulen des *Animal Welfare*. Vor diesem Hintergrund weist sie die These zurück, die Bestimmung des *Animal Welfare* sei besonders komplex und bedürfe diverser, umfangreicher sowie multikri-

---

[91] Vgl. Deutsche Forschungsgemeinschaft (Hg.) 2004: 36f.

[92] Vgl. Haynes 2010: ix. So auch andere prominente Vertreter des *Animal Welfare* wie Peter Sandøe 2008 oder Lennart Nordenfelt 2006.

[93] Vgl. Haynes 2010: ix, Fußnote 5.

[94] Vgl. Haynes 2010: xiv.

[95] Vgl. Dawkins 2012.

[96] Vgl. Dawkins 2012: 142.

terieller Maßnahmen.[97] Gemäß ihrer Überzeugung können alle umständlichen Forderungen vielmehr auf die zwei genannten Säulen reduziert werden. Darüber hinaus spricht sie sich gegen eine romantisierende Beurteilung des Lebens von Tieren in der freien Natur und die sich daraus ergebende Orientierung des Wohls von Tieren in Gefangenschaft an einem möglichst natürlichen Verhalten aus.[98] Nur weil ein Verhalten in der Wildnis für eine Spezies natürlich sei, sei es nicht unmittelbar gut oder erstrebenswert für ein Exemplar in menschlicher Haltung. Dawkins weist darauf hin, dass Tiere nicht nur angeborene Verhaltensweisen ausführen können, sondern gerade in Gefangenschaft lernen, gänzlich arbiträre und merkwürdige Handlungen zu vollziehen, wie etwa Computer zu bedienen oder Schalter umzulegen.[99] Diese neuen, unnatürlichen Aufgaben, deren Erledigung zumeist mit Futter belohnt werde, könnten auf die Tiere motivierend wirken, ihnen sogar Spaß bereiten und die Langeweile nehmen. Zudem kritisiert sie manche Auflagen, die sich auf die Gestaltung und Anreicherung der Umwelt von Tieren in Gefangenschaft beziehen, dahingehend, dass sie eher nach dem Geschmack und den Vorstellungen des menschlichen Betrachters ausgerichtet seien als an der tatsächlichen Steigerung tierlichen Wohlergehens. Die Schaffung eines reicheren Umfelds oder weiterer Bewegungsmöglichkeiten werde *per se* positiv bewertet – ohne vorherige Prüfung, ob das Tier die neuen Angebote tatsächlich nutze, sie sich positiv auf seine Gesundheit auswirkten und insofern wirklich eine Verbesserung erzielten.[100] Da Tiere nicht auf die Frage, was ihr Wille sei, antworten können, müsse der Mensch seinen Fokus weg von der Interpretation von Worten und hin zu der Interpretation von Verhalten richten, um herauszufinden, was Tiere eigentlich wollen.[101] Man müsse beobachten, wo Tiere hingehen, was sie meiden, was sie in der Wildnis als Ressourcen verwenden etc. Auf diese Weise könne man beispielsweise herausfinden, dass Labormäuse, wenn sie die direkte Wahl haben, Massivböden gegenüber Drahtgittern bevorzugen und Nistkästen verwenden, wenn sie ihnen angeboten werden. Wenn ihnen einerseits Massivboden ohne Nistmaterial und andererseits Drahtgitter mit

[97] Vgl. Dawkins 2012: 144f. Dawkins kritisiert hier u.a. die Formulierungen des *European Union Welfare Quality Reports*, die ebenfalls die enorme Komplexität des *Animal Welfare* in den Vordergrund rücken.
[98] Vgl. Dawkins 2012: 146f.
[99] Vgl. Dawkins 2012: 165.
[100] Vgl. Dawkins 2012: 143.
[101] Vgl. Dawkins 2012: 151f. Zur Verhaltensforschung bei Tieren siehe auch Manning / Dawkins 1998.

Nistmaterial zur Verfügung stehen, wählen die meisten Mäuse letztere Option und scheinen somit Nistmaterial noch stärker als massiven Untergrund zu bevorzugen.[102] Dawkins unterstreicht mit diesem Beispiel die große Bedeutung der Beobachtung tierischen Verhaltens für eine artgerechte Gestaltung der Haltungsbedingungen von Versuchstieren.

Neben der herausragenden Bedeutung, die die *Animal Welfare*-Bewegung insgesamt der Verhaltensbeobachtung von Tieren zuschreibt, fordert sie die Ausrichtung aller an den sogenannten *Five Freedoms*. Die ursprünglich für den Kontext der Nutztierhaltung entwickelten *Fünf Freiheiten* wurden in dem für die *Animal Welfare*-Bewegung prägenden *Brambell Report* von 1965 niedergelegt und werden heute international als zu erstrebender Standard für jeglichen Umgang von Haltern mit ihren Tieren anerkannt. Sie fordern für Tiere die folgenden Freiheiten:

1. »Freedom from hunger and thirst – by providing enough fresh water and the right type and amount of food to keep them fit.
2. Freedom from discomfort – by making sure that animals have the right type of environment including shelter and somewhere comfortable to rest.
3. Freedom from pain, injury and disease – by preventing them from getting ill or injured and by making sure animals are diagnosed and treated rapidly if they do.
4. Freedom to behave normally – by making sure animals have enough space, proper facilities and the company of other animals of their own kind.
5. Freedom from fear and distress – by making sure their conditions and treatment avoid mental suffering.«[103]

Auch für die moderne Verhaltensbiologie bildet das Wohlergehen der Tiere ein zentrales Forschungsthema, wobei die tiergerechteste Haltung für spezifische Arten mit verschiedenen Verfahren, wie z.B. Verhaltensbeobachtungen, Hormonmessungen[104] oder Präferenztests, ermittelt werden soll. Untersuchungen an Säugetieren verweisen stets auf die hochrangige Bedeutung, die der Ausgestaltung der Umwelt und dem sozialen Kontakt mit Artgenossen hinsichtlich des Wohlbefindens der Tiere zukommt.[105] Vor dem Hintergrund dieser und ähnlicher Forschungsergebnisse können allgemeine Prinzipien formuliert werden, wie das Wohlergehen der Tiere durch entsprechende Haltungsbedingungen ge-

---

102 Vgl. Dawkins 2012: 158.

103 The Royal Society for the Prevention of Cruelty to Animals 2012.

104 Zentral ist hierfür die Messung der Konzentration von Stresshormonen wie Cortisol oder Adrenalin, die teilweise nicht-invasiv aus Kot- und Speichelproben, teilweise aus geringen Blutvolumina bestimmbar ist (vgl. Sachser 2009: 4).

105 Vgl. Sachser 2009: 3.

steigert werden kann. Aktuelle Forschungen belegen, wie wichtig adäquate Sozialisationsbedingungen für Säugetiere und ihre späteren Kommunikations- und Interaktionsfähigkeiten mit anderen Artgenossen sind.[106] Auch der Strukturierung der Lebenswelt kommt eine herausragende Rolle für eine positive Beeinflussung des tierlichen Wohlergehens zu. Abgesehen von den von Dawkins angeprangerten Exzessen, wirkt sich das sogenannte *Environmental Enrichment*[107] auf zahlreiche Faktoren wie Lernverhalten, Problemlösefähigkeit, Explorationsfreudigkeit, Aggressionsreduktion, Spielverhalten und das gesamte Wohlbefinden der Tiere positiv aus.

Im Gegensatz zu bloß strukturierten *(enriched)* Käfigen werden in sogenannten super-strukturierten *(super-enriched)* Käfigen für Labormäuse – die zwei Ebenen, Treppen, Seile und einen Kletterbaum bereitstellen – signifikant bessere Ergebnisse für das Verhaltensprofil der Mäuse erzielt und mögliche Verhaltensstörungen wie Wandlecken oder Gitternagen vermieden.[108] Labormäuse, die weltweit am häufigsten zu Forschungszwecken eingesetzt werden, werden jedoch fast ausschließlich in unstrukturierten *(impoverished)* Käfigen (Standardgröße: 37 × 21 × 15 cm) und somit weder art- noch tiergerecht gehalten.[109]

3. Moralisch relevante Eigenschaften und Fähigkeiten

Der aktuelle Diskurs zum Tierschutz wird von Ansätzen bestimmt, die die Schutzwürdigkeit von Tieren an ihre (mentalen) Eigenschaften und Fähigkeiten koppeln und für unterschiedliche Tierspezies ihren Eigenschaften und Fähigkeiten entsprechend verschiedene Grade moralischer Berücksichtigungswürdigkeit begründen. Im Gegensatz dazu gelten kulturgeschichtliche oder religiöse Gründe der verschiedenen Wertschätzung bestimmter Tierarten, trotz ihrer langen Traditionslinien, als überholt. Wie zuvor bereits ausgeführt, findet auch der normative Anthropozentrismus, der allein Menschen für unmittelbar moralisch berücksichtigungswürdig erachtet, keinen großen Zuspruch mehr. Vielmehr wird heute verbreitet die Ansicht vertreten, dass all jene Wesen moralisch be-

---

[106] Vgl. Sachser 2009: 6.

[107] Eine reichhaltig ausgestaltete Lebenswelt wird als »enriched environment«, eine kaum oder nicht strukturierte Umwelt als »impoverished envrionment« bezeichnet (vgl. Sachser 2009: 10).

[108] Vgl. Sachser 2009: 14.

[109] Vgl. Sachser 2009: 11.

rücksichtigungswürdig sind, die sich durch spezifische moralisch relevante Eigenschaften auszeichnen. Der normative Status von Wesen sei nicht einfach empirisch ablesbar, wie Fellfarbe oder Körpergröße, sondern werde durch moralische Subjekte und ihre Bewertung moralisch relevanter Eigenschaften bestimmt.[110] Trotz der gerechtfertigten Zurückweisung des normativen Anthropozentrismus bleibt ein epistemischer Anthropozentrismus insofern unumgänglich. Menschen können nur aus ihrer (menschlichen) Perspektive heraus erkennen und urteilen. Über die Eigenschaften und Fähigkeiten von Tieren können sie oftmals sogar nur mutmaßen, denn je fremder eine Spezies für den Menschen ist, desto größer wird seine epistemische Unsicherheit bezüglich der Identifikation und Interpretation moralisch relevanter Eigenschaften und Fähigkeiten. Vor dem Hintergrund mannigfacher Studien kommen Wissenschaftler heute gleichwohl zu dem Ergebnis, dass auch zahlreiche Tierspezies über Eigenschaften und Fähigkeiten verfügen, die beim Menschen als moralisch relevant klassifiziert werden. In diesem Zusammenhang wird besonders kritisch diskutiert, dass Menschen, die *aktual nicht* über die moralisch besonders auszeichnenden Eigenschaften und Fähigkeiten des Selbstbewusstseins, der Rationalität oder der Sprache verfügen, in der sittlichen Wertordnung weiterhin über alle Tiere gestellt werden.[111] Embryonen, Föten, Menschen mit schwerer geistiger Behinderung, komatösen Patienten oder schwer demenziell Erkrankten wird ein höherer moralischer Status zugesprochen als hochentwickelten Tieren wie Delfinen oder Primaten, obwohl letztere über viele der moralisch besonders relevanten Eigenschaften und Fähigkeiten *aktual* verfügen. Grundsätzlich entspricht es dem Sachstand der ethischen Debatte zur Forschung an Tieren, dass die folgenden vier Eigenschaften und Fähigkeiten hinsichtlich der Auszeichnung einer Entität als moralisch berücksichtigungswürdig wesentlich sind: Empfindungsfähigkeit, höhere kognitive Fähigkeiten, Gedeihensfähigkeit und Geselligkeit.[112] Wenn auch in verschiedenen Graden, so können doch Eigenschaften und Fähigkeiten einiger oder sogar aller genannten Bereiche verschiedenen Tieren zugeschrieben werden.[113]

---

[110] Vgl. Blumer 2003: 319.
[111] Vgl. Blumer 2003: 319.
[112] Siehe Heeger 2012: 14.
[113] Umstritten ist u. a. die Frage, ob auch Körpergröße als moralisch relevantes Merkmal für die ethische Beurteilung von Tierversuchen zu berücksichtigen ist. Körpergröße ist zwar nicht an sich von moralischer Relevanz, insofern sie aber mit höheren kognitiven Fähigkeiten korreliert, ist sie zumindest indirekt von Bedeutung hinsichtlich der Kriterien für moralische Berücksichtigungswürdigkeit. Siehe hierzu auch Hagen / Schnieke / Thiele 2012.

3.1 *Empfindungsfähigkeit*

Innerhalb der Tierethik ist das entscheidende Kriterium für die Zuschreibung moralischer Berücksichtigungswürdigkeit die Empfindungs- bzw. Leidensfähigkeit. Für Ethik und Recht generiert die pathozentrische Sichtweise einen konsensfähigen Standard. Für die moralische Relevanz der Empfindungsfähigkeit werden verschiedene Gründe angeführt. Ganz allgemein wird auf das Gleichheitsprinzip verwiesen, dass die gleiche Berücksichtigung gleicher Interessen gebietet. Unter der Voraussetzung, dass alle empfindungsfähigen Wesen ein grundlegendes Interesse an Freiheit von Schmerzen und Leiden sowie der Maximierung von Lust haben, gelte gemäß dem Gleichheitsprinzip, dass die Interessen aller empfindungsfähigen Wesen moralisch zu berücksichtigen seien.[114] Es sei für empfindungsfähige Wesen nicht indifferent, sondern liege in ihrem Interesse, wie sie behandelt werden; empfindungsfähigen Wesen könne Gutes getan oder Schaden zugefügt werden.[115] Genauer zeichnen sich empfindungsfähige Wesen dadurch aus, dass sie Gefühle erleben bzw. mentale Zustände haben, die angenehm oder unangenehm sein können. Somit lassen sich die grundlegenden moralischen Prinzipien des Wohltuns *(beneficence)* sowie der Schadensvermeidung *(non-maleficence)* auf Handlungen an empfindungsfähigen Wesen anwenden.[116]

Auch wenn es unter der gegebenen Voraussetzung epistemischer Unsicherheit schwierig ist, das subjektive Erleben von Tieren zu bestimmen, werden in der wissenschaftlichen Praxis zahlreiche Untersuchungen vorgenommen, die Aussagen über die Zustände von Tieren ermöglichen sollen. Hierbei kommt der Auswertung klinischer Symptome, der Untersuchung des Entscheidungsverhaltens, der Kenntnis ethologischer sowie ökologischer Daten und der Berücksichtigung physiologischer wie neurologischer Eigenschaften eine tragende Funktion zu. Neben die naturwissenschaftlichen Daten treten allgemeine Kenntnisse, methodologische Beobachtungen und Empathievermögen hinzu, um Aussagen über speziesspezifische Empfindungen und Bedürfnisse von Tieren treffen zu können.[117] Auf diese Weise seien für den Bereich der Forschung an Tieren konkrete Parameter identifizierbar, die das Wohlergehen der Versuchstiere grundlegend beeinflussen. Da Menschen aber insbesondere

---

[114] Vgl. Heeger 2012: 22.
[115] Vgl. Heeger 2012: 14.
[116] Vgl. Schicktanz 2002. Siehe hierzu insbesondere Beauchamp / Childress 2009.
[117] Vgl. Nuffield Council on Bioethics (ed.) 2005: XXIII.

unter Bezugnahme auf ihre Mitmenschen von Schmerz- und Leidenserfahrungen sprechen, könne die Verwendung des verfügbaren Vokabulars zu einer Vermenschlichung (Anthropomorphisierung) von Tieren führen. Dies gelte es mit Hilfe wissenschaftlicher Klassifikationen, sogenannten Taxonomien, zu vermeiden.[118] Über die Jahre werden die taxonomischen Grenzen, auf deren Grundlage ein wissenschaftlicher Erweis der Empfindungsfähigkeit von Wesen erbracht werden soll, verschoben und neuesten Erkenntnissen angepasst.[119] Lange Zeit galten wirbellose Tiere aufgrund ihres nur eingeschränkt entwickelten Nervensystems als nicht empfindungsfähig. Neuere Studien, die über verfeinerte Untersuchungstechniken verfügen und immer sensiblere Erfassungen empfindungsbasierter Daten vornehmen, deuten allerdings darauf hin, dass nicht nur Wirbeltiere, sondern auch zahlreiche wirbellose Tierspezies über ein »gut organisiertes Nervensystem und schmerzverarbeitende Systeme verfügen«[120], und dass Schmerzwahrnehmung möglicherweise nicht notwendig an das Vorhandensein eines *zentralen* Nervensystems gekoppelt sein muss.[121] Nach derzeitigem Forschungsstand könne zudem gut begründbar angenommen werden, dass nahezu alle Wirbeltiere und einige andere Arten, wie etwa die Cephalopoden (Kopffüßer), Zugang zu einer großen Bandbreite von Empfindungen haben.[122] *Unangenehme* Empfindungen können Phänomene von Schmerzen bis Leiden umfassen. Hierbei wird Schmerz zumeist als negative Erfahrung einer tatsächlichen oder potenziellen Schädigung der Physis definiert und Leid als besonders unangenehmer emotionaler Zustand der Bedrängnis, Furcht oder Angst charakterisiert.[123] Das Leiden eines Tieres sei anhand typischer verhal-

---

118 Vgl. Nuffield Council on Bioethics (ed.) 2005: XXIII.

119 »The 2005 Opinion of the EFSA Scientific Panel on Animal Health and Welfare related to aspects of the biology and welfare of animals used for experimental and other scientific purposes (EFSA-Q-2004–105) concluded that while the scientific evidence for pain experience in cyclostomes, cephalopods and decapods crustaceans was as clear as for many vertebrates, taxa for which evidence of sentience was insufficient but not unlikely included salticid spiders, free-swimming tunicates, social insects and amphioxus.« (Hagen 2012: 1).

120 Mather 2001: 153; vgl. auch Ahne 2007: 75.

121 Vgl. Ahne 2007.

122 Vgl. Heeger 2012: 15; ausführlicher DeGrazia 1996: 97–128. Cephalopoden, zu denen auch die Tintenfische zählen, waren in der Richtlinie 86/609/EWG vom 24. November 1986 nicht enthalten, sind jedoch in den Geltungsbereich der neuen Richtlinie zur Forschung an Tieren (Richtlinie 2010/63/EU vom 20. Oktober 2010) aufgenommen worden.

123 Je nach Auslöser der Reaktion wird nochmals zwischen Furcht und Angst unterschieden. Furcht resultiere eher aus einer unmittelbar wahrgenommenen Gefahr, die typischerweise von einem bereits bekannten Objekt im direkten Umfeld ausgehe; Angst werde hingegen durch etwas hervorgerufen, das als Bedrohung der eigenen physischen oder psychologischen Integrität wirke.

tensmäßiger und/oder physiologischer Merkmale erkennbar, wie »(1) motor tension, as seen in shakiness and jumpiness, (2) autonomic hyperactivity (sweating, pounding heart, increased pulse and respiration, diarrhoea), (3) inhibition of behavioural repertoire in novel situations, and (4) hyper-attentiveness, as seen in vigilance and scanning«[124]. Je nach Spezies bestehen gravierende qualitative Unterschiede in der Erfahrung von Schmerz und Leiden; grundsätzlich führe das Erleben unangenehmer Empfindungen aber zu einem Vermeidungs- oder Fluchtverhalten. *Angenehme* Empfindungen umfassen Phänomene wie Freude und Vergnügen. Sie wirken motivierend und führen zu einem Verhalten, das sie zu bewahren bzw. andauern zu lassen erstrebe. Aus wissenschaftlicher Perspektive gebe es einige Gründe, die für die Existenz angenehmer Empfindungen bei Tieren sprechen: »(1) Like the aversive mental states pleasure has a function. [...] It attracts one to what is generally beneficial. (2) There are physiological indications: neural pathways apparently associated with pleasure have been located in the brains of mammals, birds, and fish. (3) There are common sense observations of many animals acting as if they experience pleasure. Enjoyment stands for preferring, liking or desiring a pleasurable experience.«[125] Tiere seien zwar unfähig, Glückseligkeit – einen Zustand, der auf einem langfristigen Werturteil über das eigene Leben basiert und selbstbewussten Lebensformen wie der des Menschen vorbehalten ist – zu empfinden, aber definitiv dazu in der Lage, in momentanen Situationen frei von negativen Empfindungen bzw. voller positiver Gefühle zu sein.

3.2 *Höhere kognitive Fähigkeiten*

Geht man von der Annahme aus, dass *alle* empfindungsfähigen Wesen ein *vergleichbares* Interesse an Freiheit von Schmerzen und Leiden haben, müssen andere Kriterien hinzugezogen werden, wenn die moralische Berücksichtigungswürdigkeit empfindungsfähiger Tiere genauer bestimmt werden soll. Weil jedem Tier in Relation zu seinen besonderen Eigenschaften und Fähigkeiten spezifischer Schaden zugefügt werden könne, verlangen einige Autoren über das basale Kriterium der Leidensfähigkeit hinauszugehen und detailliertere Kriterien heranzuziehen.[126] Sie rücken so weiterführende Aspekte wie höhere kognitive Fähigkeiten, den Kom-

---

[124] Heeger 2012: 15.
[125] Heeger 2012: 15.
[126] Vgl. Heeger 2012: 16; vgl. auch Marks 2012: 17.

plexitätsgrad des Mentalen, Soziabilität und Gedeihensfähigkeit der Tiere in den Blick, um Art und Intensität tierlichen Leidens differenzierter betrachten zu können. Die kognitiven Fähigkeiten von Tieren und die Komplexität ihres Verhaltens sind nicht nur für die Tierethik, sondern auch für einige andere Disziplinen von großem Interesse und eröffnen u.a. ein Forschungsfeld für die Neurowissenschaften, die Psychologie, die Wissenschaftsphilosophie oder die Philosophie des Geistes. Immer häufiger werden vormals exklusiv dem Menschen zugeschriebene mentale Fähigkeiten auch bei Tieren – insbesondere bei nicht-humanen Primaten, Waltieren und Krähenvögeln – nachgewiesen. Ungeklärt bleibt bisweilen die Frage, ob diese Tiere auch hinsichtlich ihres moralischen Status neu eingeordnet werden müssten. Einige Tierethiker halten es für den richtigen Weg, Tiere beim Nachweis einer unvermutet großen Nähe zu den mentalen Kapazitäten des Menschen aufzuwerten und die Beurteilung ihres moralischen Status von ihrer Ähnlichkeit zum Menschen abhängig zu machen. Kritiker halten dies für den genau falschen Ansatz, da er die Andersartigkeit der Tiere missachte und die Idee der Tierethik schlechthin unterminiere.[127]

Aufgrund der verbreiteten Überzeugung – je höher die kognitiven Fähigkeiten eines Tieres, desto größer sein Schmerzempfinden und seine Leidensfähigkeit – wird in zahlreichen Richtlinien die Verwendung von Versuchstieren mit eingeschränkten kognitiven Fähigkeiten favorisiert. In der Praxis heißt dies, dass der Einsatz von wirbellosen gegenüber Wirbeltieren und Nichtsäugern gegenüber Säugetieren bevorzugt wird.[128] Neuere Studien weisen allerdings darauf hin, dass der Zusammenhang zwischen den kognitiven Vermögen eines Tieres und seiner Fähigkeit, Schmerz zu empfinden, nicht in dieser einfachen Gleichung aufgehe. Vielmehr könne das Schmerzempfinden durch gesteigerte kognitive Fähigkeiten sowohl zu- oder abnehmen, je nachdem, um welche Art von Schmerz es sich handele. Akuter Schmerz sei möglicherweise für Tiere mit höheren kognitiven Fähigkeiten weniger belastend als für geringer entwickelte Spezies – bei permanentem und unkontrollierbarem Schmerz gelte vermutlich das Gegenteil.[129] Auch unabhängig von ihrem Einfluss auf das

[127] Vgl. Hagen 2012: 2.

[128] Vgl. Yeates 2012: 24. So auch Patzig: »Versuche an Heuschrecken und Drosophila sind solange als völlig verschieden von Versuchen z.B. an Hunden, Katzen und Primaten zu behandeln, als davon ausgegangen werden kann, daß die Schmerzempfindlichkeit und Angstbereitschaft bei Insekten um Größenordnungen niedriger liegt, als bei den hochentwickelten Säugern.« (Patzig 1993: 154).

[129] Siehe Yeates 2012.

Schmerzempfinden werden höhere kognitive Fähigkeiten als besonders relevant für weitere Eigenschaften und Fähigkeiten eingestuft, die Tiere als moralisch berücksichtigungswürdige Entitäten ausweisen könnten. Resultate der jüngeren biologischen Forschung legen nahe, dass mehr Tiere als angenommen über höhere kognitive Fähigkeiten verfügen.[130] So lassen sich bei zahlreichen Tieren neben den Fähigkeiten, Behagen und Unbehagen empfinden zu können auch erstaunlich flexible Problemlösungsstrategien und anspruchsvolle Lernformen wie Modelllernen nachweisen. Auch die bei einigen Tieren beobachtbare Fähigkeit zu träumen gelte als Indikator für höhere Bewusstseinsleistungen.[131] In diesem Zusammenhang wird oftmals angemerkt, dass wir moralisch dazu verpflichtet seien, Wesen mit Eigenschaften und Fähigkeiten, die Selbstbewusstsein voraussetzen, in ihrem Subjektsein zu respektieren. Im Kontext wissenschaftlicher Forschung ist diese Aussage zunächst auf Personen zu beziehen und erfordert deren freie und informierte Einwilligung *(informed consent)* für jeden Einsatz innerhalb einer wissenschaftlichen Studie.[132] Auch wenn Tiere nur in abgestufter Form über Selbstbewusstsein verfügen und ihrer Nutzung als Forschungsobjekte innerhalb experimenteller Versuche nicht in der elaborierten Weise von Menschen zustimmen oder widersprechen können, seien sie gleichwohl in der Lage, ihr Unwohlsein mittels ihres Verhaltens auszudrücken.[133]

Bei Tieren mit höheren kognitiven Fähigkeiten besteht jedenfalls die Annahme, dass man ihnen größeren und andersartigen moralisch relevanten Schaden zufügen kann als kognitiv kaum entwickelten Tieren. Im Folgenden werden die vier Fähigkeiten – Selbstbewusstsein, Sprache, moralische Handlungsfähigkeit und Autonomie – vorgestellt, die als wesentliche Kriterien für eine höhere kognitive Entwicklung gelten.

3.2.1 Selbstbewusstsein

Die überwiegende Mehrheit der Tiere ist sicher nicht in dem für vernunftfähige Personen typischen Sinne selbstbewusst, der Abstraktions- und Reflexionsfähigkeit voraussetzt. Daher wird es seitens einiger Autoren für sinnvoll befunden, zwischen verschiedenen Dimensionen von

---

[130] Vgl. Metzinger 2008.

[131] Vgl. Metzinger 2008: 68.

[132] Vgl. Heeger 2012: 16.

[133] Hinsichtlich der vermeintlichen Nichteinwilligungsfähigkeit von Versuchstieren bemerkt Sapontzis, dass man nur die Käfige zu öffnen brauche, um zu wissen, ob Versuchstiere partizipieren möchten oder nicht (vgl. Sapontzis 1987).

Selbstbewusstsein zu unterscheiden.[134] Als basale Form von Selbstbewusstsein könne etwa das Körperbewusstsein aufgefasst werden – das Bewusstsein davon, dass der eigene Körper von anderen Dingen verschieden ist. Im Verhalten äußere sich die eigene Körperwahrnehmung etwa als Reaktion auf die Verschmutzung des eigenen Fells oder Gefieders, das sogleich geputzt wird. Darüber hinaus gebe es eine Art von Selbstbewusstsein, das auf sozialen Kompetenzen beruhe. Dank sozialem Selbstbewusstsein können viele Tiere ihre Beziehungen zu anderen Mitgliedern einer Gruppe verstehen, Erwartungen abschätzen und innerhalb dieser Erwartungen auf Ziele hinarbeiten. Samtäffchen zeigen beispielsweise ein umfangreiches Wissen über die Eigenheiten der sozialen Relationen innerhalb ihrer Gruppe. Dieses Wissen impliziere bereits ein beachtliches Verständnis von ihrer eigenen Rolle innerhalb der Sozialstruktur. Viele Arten höher entwickelter Säugetiere, wie andere Affenarten, Elefanten oder Delfine, haben ein derartiges Selbstbewusstsein entwickelt. Schließlich gebe es die Form des introspektiven Selbstbewusstseins, das sich auf die eigenen mentalen Zustände beziehe. Manche Beobachtungen legen nahe, dass Primaten zu solch komplexen Aktivitäten fähig sind. Die Annahme, dass Selbstbewusstsein in verschiedenen Komplexitätsgraden auftreten kann, von denen nur die höheren die Fähigkeit zu abstraktem Denken voraussetzen, gibt der Rede von selbstbewussten Tieren einen differenzierten Sinn.

3.2.2 Sprache

Der herrschenden Meinung zufolge deutet die Fähigkeit, einer Sprache mächtig zu sein, eindeutig auf das Vorhandensein höherer Selbstbewusstseinsstrukturen hin. Wer sich der Sprache als Kommunikationsmedium bediene, dessen mentale Fähigkeiten seien besonders komplex strukturiert.[135] Ob auch Tiere eine Sprachkompetenz besitzen, ist nach heutigem Kenntnisstand umstritten. Die Kontroverse beruht jedoch laut Heeger nicht zuletzt auf dem Umstand, dass Wissenschaftler verschiedene Standards für den Erweis von Sprachfähigkeit ansetzen.[136] Zum einen gebe es die anspruchsvolle Position, die Sprache als Kommunikation mit Referenz und Syntax bestimme. Hiernach müsse Sprache einen Inhalt haben und Regeln folgen, die die Funktion eines Wortes oder Zeichens anhand seiner Position unter anderen Worten und Zeichen festlege. Demgegen-

---

[134] Vgl. Heeger 2012: 17.
[135] Vgl. Heeger 2012: 17.
[136] Vgl. Heeger 2012: 17 f.

über gebe es eine unkonventionellere Position, die dieses komplexe Geflecht aufspalte und zwischen den Ebenen des Sprachverständnisses und der Sprachproduktion differenziere. So entstehe, dem Fremdsprachenerwerb einer erwachsenen Person vergleichbar, das Verständnis einer Sprache oftmals vor der Fähigkeit, sie aktiv zu sprechen. Rezeptives und produktives Sprachverhalten entstehen graduell. Davon seien die Referentialität bzw. die Bedeutung von Worten und Zeichen sowie das Verständnis syntaktischer Regeln wiederum zu unterscheiden.

Der einflussreiche Linguist Charles Hockett benennt 13 Konstruktionsmerkmale von Sprache: »Vocal-auditory channel, broadcast transmission and directional reception, rapid fading (transitoriness), interchangeability, total feedback, specialization, semanticity, arbitrariness, discreteness, displacement, productivity and traditional transmission.«[137] Allen (menschlichen) Sprachen auf dieser Welt seien diese Merkmale gemein. Andere Tiere, insbesondere die nicht-humanen Primaten, weisen in ihrer Kommunikation zahlreiche der genannten Charakteristika auf, aber eben nicht alle. So erfülle etwa der Tanz der Bienen das Kriterium der Verlagerung *(displacement)*, da die sogenannte Kundschafterbiene ihrem Honigstock Informationen über Nahrungsquellen an einem anderen Ort übermittle. Das Kriterium der Beliebigkeit *(arbitrariness)* sei beim Bienentanz hingegen nicht gegeben, denn eine Biene bewege sich schneller, je näher sie der angekündigten Nektarquelle komme und langsamer, je weiter sie sich von ihr entferne.[138] Bei der menschlichen Sprache bestehe der große Vorteil des Konstruktionsmerkmals der Beliebigkeit darin, dass dem Kommunikationsinhalt keine Grenzen gesetzt seien.[139] Laut Hockett reicht keine Kommunikationsform nicht-humaner Lebensformen an die Komplexität der menschlichen Sprache heran, die sich im Kontext der Evolution ausdifferenziert hat.[140]

In der Literatur zur Philosophie des Geistes wird zumindest regelmäßig darauf verwiesen, dass manche Tiere kommunikative Fähigkeiten besitzen. So verstehen u. a. Delfine und Seelöwen kombinierte Kommandos und zeigen damit, dass sie einfache syntaktische Regeln beherrschen.[141] Dem großen Feld der Forschung an nicht-humanen Primaten

[137] Hockett 1960: 90.

[138] Vgl. Hockett 1960: 93.

[139] Ein Bild sehe immer so aus wie dasjenige, von dem es ein Bild sei. Worte seien hingegen willkürlich wählbar, so dass »Wal« etwa ein kleines Wort für ein großes Objekt und »Mikroorganismus« ein großes Wort für ein kleines Objekt sei (Hockett 1960: 89).

[140] Vgl. Hockett 1960: 91.

[141] Vgl. Herman / Morrel-Samuels 1990. Auch die sogenannten *signature whistles*, die auf das Phänomen verweisen, dass manche Delfin- und Walarten von der Zuschreibung individueller

entstammen ebenfalls unzählige Beispiele ihrer Sprachbegabung. Menschenaffen werden beispielsweise darin unterrichtet, nach Dingen zu fragen. Im Rahmen solcher Studien werde die Kommunikation mit nichthumanen Primaten oftmals zunächst nonverbal und schließlich unter dem Einsatz von technischen Hilfsmitteln sprachlich geführt. So werde es den Menschenaffen etwa möglich, nach Werkzeugen zu fragen, die sie für die Lösung eines Problems benötigen.[142]

Unter der Prämisse, dass es verschiedene Arten und Grade sprachlicher Kompetenz gibt, die nicht unbedingt der anspruchsvollen Grammatik elaborierter menschlicher Sprachen genügen müssen, ist anzunehmen, dass nicht nur einige Affen- und Waltierarten, sondern auch andere höher entwickelte Tiere sprachliche Kommunikation beherrschen bzw. dazu in der Lage sind, bestimmte Sprachformen zu erlernen.

3.2.3 Moralische Handlungsfähigkeit

Einige zeitgenössische Positionen setzen Eigenschaften, die sich in tierischem Verhalten zeigen, mit menschlichen Tugenden in Beziehung.[143] So gebe es Verhaltensweisen bei Tieren, die als Formen moralischen Handelns zu interpretieren seien. Gerade bei Säugetieren lassen sich einige Beispiele anführen, wie die Fürsorge, die Muttertiere gegenüber ihren Jungen zeigen, das Phänomen der Adoption von Jungtieren durch andere Mitglieder einer Gruppe oder die Betreuung und Pflege von alten und schwachen Artgenossen. Andere Beispiele scheinen auf ein nicht instinktgesteuertes, altruistisches Verhalten von Tieren gegenüber anderen Spezies hinzudeuten. Nicht selten wird von Delfinen berichtet, die Menschen vor dem Ertrinken retten oder von Schimpansen, die sich mitfühlend gegenüber ihren menschlichen Pflegern verhalten. Derartige Phänomene werden mithin so gedeutet, dass moralische Handlungsfähigkeit ebenfalls in Graden ausgebildet wird und sie in rudimentärer Form bei einigen höher entwickelten Tierspezies anzutreffen ist.[144] Für die herrschende Meinung innerhalb der Moralphilosophie muss ein moralischer Akteur jedoch anspruchsvolle Kriterien erfüllen. Er muss gute und schlechte moralische Gründe erwägen, auf der Basis seines Deliberationsergebnisses handeln und schließlich seine Entscheidung rechtfer-

Eigennamen Gebrauch machen, deuten auf ein hochentwickeltes Kommunikationsvermögen hin.

[142] Vgl. Savage-Rumbaugh / Brakke 1990.

[143] Vgl. Heeger 2012: 18 f.

[144] Vgl. Heeger 2012: 19.

tigen können. Aus dieser Perspektive ist es kaum denkbar, dass Tieren eine moralische Handlungsfähigkeit zugeschrieben werden kann.[145]

3.2.4 Autonomie

Autonomie ist ein Konzept, das auf verschiedene Weisen bestimmt wird. Im US-amerikanischen Raum meint Autonomie oftmals nicht mehr als Selbstbestimmung und erfordert im Sinne der Handlungsfreiheit die bloße Abwesenheit äußerer Zwänge, die die Handlungsmöglichkeiten eines Akteurs so einschränken, dass er nicht mehr nach seinem Belieben verfahren kann. Innerhalb der kontinentaleuropäischen Philosophie dominiert eine umfassendere Sichtweise auf den Autonomiebegriff, die die Dimensionen der Willensfreiheit sowie der Selbstgesetzgebung integriert. Die synonyme Begriffsverwendung von Autonomie und Selbst*bestimmung* wird derzeitig prominent von den Autoren Tom Beauchamp und James Childress vertreten.[146] Das wörtliche Verständnis von Autonomie als Selbst*gesetzgebung* (von griechisch *autos*, selbst, und *nomos*, Gesetz) steht im Zentrum der Ethik Immanuel Kants.[147] Wiederum anders gelagert ist das Autonomieverständnis des zeitgenössischen Philosophen Harry Frankfurt, der zwischen Volitionen erster und zweiter Stufe unterscheidet und autonomes Wollen als Volition zweiter Stufe charakterisiert, d.h. als Fähigkeit, seine basalen Wünsche zu reflektieren und sich entweder mit ihnen zu identifizieren oder sie gemäß höherrangiger Präferenzen zu verändern.[148] Auch wenn keine äußeren Zwänge vorliegen, kann eine Handlung nach diesem Verständnis nicht autonom sein, wenn der Handelnde z.B. von Obsessionen getrieben wird, unter Drogeneinfluss steht oder aus anderen Gründen nur eingeschränkt entscheidungsfähig ist. Da die kritische Reflexion der eigenen Wünsche ein hohes Maß an Abstraktionsfähigkeit und mentaler Komplexität erfordert, wird nicht-humanen Tieren nach derzeitigem Kenntnisstand Autonomiefähigkeit im Sinne hierarchischer Willensfreiheit eher abgesprochen.[149]

---

[145] Für die große Mehrheit der Autoren folgt aus dem Umstand, dass nicht-humane Lebewesen keine moralischen Subjekte sind und ihnen keine moralische Handlungsfähigkeit zugesprochen werden kann, jedoch nicht, dass sie moralisch nicht zu berücksichtigen wären: »That animals can't be moral *agents* doesn't seem to be relevant to their status as moral *patients.*« (Norcross 2012: 78).

[146] Vgl. Beauchamp / Childress 2009: 99–148.

[147] Vgl. Kant GMS: 407–446.

[148] Vgl. Frankfurt 1971.

[149] Vgl. Heeger 2012: 20.

Im Ergebnis ist zu konstatieren, dass manche Tiere einige der genannten höheren kognitiven Kapazitäten in verschiedener Ausprägung aufweisen, was für eine differenzierte Beurteilung der moralischen Berücksichtigungswürdigkeit nicht-humaner Tiere spricht.

3.3 *Gedeihensfähigkeit*

Einen weiteren Grund für die moralische Relevanz nicht-humaner Tiere liefert die auf Aristoteles zurückgehende Annahme, dass sie ein eigenes *telos* (Ziel), ein eigenes Gut und dementsprechend artgemäße Bedürfnisse haben.[150] Insofern ist oftmals die Rede davon, dass nicht-humane Lebewesen gedeihen, wenn sie sich artgerecht entwickeln können und alle Eigenschaften und Fähigkeiten, die für ihre Art typisch sind, zur Entfaltung bringen. Im Vergleich mit den bislang dargestellten Ansätzen ist das Konzept des Gedeihens besonders reichhaltig, da es das Wohlergehen eines Tieres nicht auf dessen Freiheit von Schmerzen und Leiden reduziert, sondern innerhalb eines weiteren Kontexts verortet. Mit Hilfe des Konzepts des Gedeihens können – auch unter Berücksichtigung verschiedener Umweltfaktoren – bessere oder schlechtere Zustände für Tiere ermittelt werden. Die Berücksichtigung der artspezifischen Lebensform eines Tieres ist für diesen Ansatz moralisch sehr bedeutsam. Dass Versuchstiere ihre Lebenszeit überwiegend in kleinen und kargen Käfigen verbringen, auch wenn mit ihnen aktuell keine Experimente durchgeführt werden, wird vor dem Hintergrund kritisiert, dass auch sie Raum für die Ausübung artspezifischer Verhaltensweisen benötigen.[151] Auch Versuchstiere haben ihrer Art entsprechende Bedürfnisse hinsichtlich Bewegung, Nahrungssuche, Spiel und anderer sozialer Interaktionen. In vielen Fällen führt die inadäquate Unterbringung von Versuchstieren zu physiologischen und psychologischen Auffälligkeiten.[152] Dabei können sich Tiere nicht nur in der Wildnis, sondern durchaus auch in Gefangenschaft entfalten, sofern eine artgerechte Haltung und eine ausreichend komplex gestaltete Umwelt, die ihren artspezifischen Fähigkeiten und Bedürfnissen entspricht, gewährleistet sind.[153]

---

[150] Sowohl Bernard Rollin als auch Martha Nussbaum, die der *Animal Welfare*-Bewegung nahe stehen, knüpfen das Wohlbefinden von Tieren an deren Fähigkeit, gemäß ihrem *telos* zu leben.

[151] Vgl. Rollin 2012a: 24 und Rollin 2012b: 5f.

[152] Vgl. Gesellschaft für Versuchstierkunde (Hg.) 2010.

[153] Vgl. Tierärztliche Vereinigung für Tierschutz (Hg.) (2014). Bezüglich der Haltung nicht-humaner Primaten wird demgegenüber moniert, dass die Käfiggrößen, die konventionelle

Martha Nussbaum ist seit einiger Zeit bestrebt, ihren ursprünglich für menschliche Individuen konzipierten Fähigkeiten-Ansatz für die Belange von Tieren fruchtbar zu machen und betrachtet Tiere wie Akteure, die ein gedeihliches Leben erstreben. Sie fordert zugleich die Anerkennung einer kreatürlichen Würde und die Berücksichtigung tierlicher Bedürfnisse zu gedeihen.[154] Auch Tieren stehe es zu, zu gedeihen, d. h. ein reichhaltiges, ihren Eigenschaften und Fähigkeiten angemessenes Leben zu führen. Für Nussbaum ist die Schädigung des Gedeihens eines Lebewesens ungerecht, da Lebewesen einen Anspruch auf die Achtung ihrer Würde und eine adäquate Behandlung haben.[155] Dass eine schlechte Behandlung von Tieren ungerecht sei, impliziere nicht nur, dass es falsch vom Menschen sei, Tiere so zu behandeln, sondern auch, dass die Tiere selbst ein moralisches Recht dazu haben, nicht so behandelt zu werden. Insofern ist es für Nussbaum ein Erfordernis der Gerechtigkeit, dass Tiere – insbesondere in Gefangenschaft gehaltene – in ihren Fähigkeiten, die u. a. Leben, körperliche Gesundheit, körperliche Integrität, Gedanken, Gefühle, Geselligkeit und Spiel umfassen, gefördert werden.[156]

Auch Christine Korsgaard zieht Parallelen zwischen menschlichem und tierlichem Gedeihen. Für sie sind sich Tiere, in ähnlicher Weise wie Menschen, selbst bedeutsam. Tiere nehmen ihr eigenes natürliches Gut wahr und verfolgen es. Korsgaard fordert uns auf, alle Tiere als Mitgeschöpfe zu behandeln, deren Gut um ihrer selbst willen bedeutsam ist.[157] Vor diesem Hintergrund beurteilt sie schwerwiegende Leiden verursachende Tierversuche als nicht zulässig – auch dann, wenn *menschliche Tiere* durch sie profitieren würden.

3.4 *Geselligkeit*

Einige Autoren vertreten die Ansicht, dass Geselligkeit, im Sinne der Teilhabe an einer sozialen Gemeinschaft, ein moralisch relevantes Merkmal vieler Tiere ist. Tiere seien Bestandteil menschlicher Beziehungen;

Forschungseinrichtungen zur Verfügung stellen können, nicht ausreichen (vgl. Heeger 2012: 20).

[154] Siehe Nussbaum 2004: 300. Für Nussbaum über eine *Würde der Kreatur* siehe auch Nussbaum 2010: 135, 477, 536, 544. Einschlägig für den Diskurs über kreatürliche Würde sind darüber hinaus Teutsch 1995, Baranzke 2002 sowie Hoerster 2004.

[155] Vgl. Nussbaum 2004: 302.

[156] Vgl. Nussbaum 2004: 314–317.

[157] Vgl. Korsgaard 2004: 108.

häufig teilen insbesondere Hunde, Katzen, Pferde, Kaninchen, Hamster und andere Haustiere das Leben und das Schicksal ihrer Halter.[158] Innerhalb dieser engen Beziehungen haben Menschen besondere Verantwortungspflichten gegenüber ihren Haustieren. In gewisser Weise gehören auch Versuchstiere zur sozialen Gemeinschaft der Forscher und ihrem Arbeitsumfeld. Tiere hegen aber auch untereinander soziale Beziehungen. Das *Nuffield Council on Bioethics* rückt das komplexe Sozialverhalten von Primaten in den Fokus, das bei Versuchstieren im Labor stark beeinträchtigt werde. Es wird befürchtet, dass derartige soziale Einschränkungen, anders als etwa physische Leiden, nicht durch die Verabreichung von Schmerzmitteln ausgeglichen werden können und zu nachhaltigen Störungen führen.[159] Auch die häufige Konfrontation mit versterbenden Artgenossen, zu denen eine soziale Bindung aufgebaut wurde, sei im Falle geselliger Tiere wie Primaten, Delfinen oder Hunden, die ausgeprägte Trauerreaktionen zeigen, moralisch besorgniserregend. Der soziale Stress, dem Versuchstiere ausgesetzt seien, könne ernsthafte Folgen haben und sei nicht zu unterschätzen.

4. Gewichtung moralisch relevanter Eigenschaften und Fähigkeiten

Es entspricht der Überzeugung der meisten Menschen, dass medizinischer Fortschritt als genuines Gut anzusehen sei und die durch ihn erzielte Verminderung nicht nur menschlichen, sondern auch tierlichen Leidens einen gerechtfertigten Handlungszweck darstelle. Zugleich akzeptiert eine Mehrheit der Menschen, dass Grausamkeit, Missbrauch und Tieren unnötig zugefügtes Leid falsch sei und bekämpft werden solle. Wie diese konfligierenden Wertaussagen jedoch genauer zu verstehen sind und wie sie gewichtet werden sollen, ist äußerst strittig.[160] Innerhalb konsequentialistischer Ansätze finden die zuvor dargestellten Eigenschaften und Fähigkeiten von moralischer Relevanz oftmals im Rahmen von Güterabwägungen Eingang in den Prozess ethischer Entscheidungsfindung. Hier wird etwa der Grad des Leidens, den ein Tier ertragen muss, dem Wert des Forschungsnutzens gegenübergestellt. Vom möglichen Nutzen unabhängig wird in einer stärker deontologischen Orien-

---

[158] Vgl. Heeger 2012: 21.
[159] Vgl. Nuffield Council on Bioethics (ed.) 2005: 46 f.
[160] Vgl. Garrett 2012: 5.

tierung etwa die Forschung an Tieren mit besonders hoch entwickelten kognitiven Fähigkeiten grundsätzlich für unerlaubt erklärt. Nach konsequentialistischer Methode werden alle Kosten gegenüber dem Gesamtnutzen aufgewogen; eine deontologische Herangehensweise begründet hingegen bestimmte Verbote. In der tatsächlichen Praxis finden zumeist sogenannte Hybridmethoden Anwendung, die sowohl Verbote als auch Kosten-Nutzen-Abwägungen aufstellen oder auch erstere mit letzteren begründen.[161] Die Umsetzung von Hybridmethoden setzt Wissen um den verbotenen Bereich voraus und erfordert zudem ein Verständnis für die adäquate Gewichtung der verschiedenen moralisch relevanten Faktoren im Bereich des Erlaubten. Die Beurteilung erfolgt u. a. auf der Grundlage folgender Fragen: Was sind die Forschungsziele? Wie sind die Erfolgsaussichten? Welche Tiere werden eingesetzt? Welche Auswirkungen haben die Versuche auf die Tiere? Gibt es Alternativen?

Vertreter einer nicht-speziesistischen Ethik, wie Peter Singer im angloamerikanischen Raum oder Johann S. Ach und Dieter Birnbacher im deutschsprachigen Raum, bemühen zwecks Gewichtung moralisch relevanter Eigenschaften und Fähigkeiten von Lebewesen im Wesentlichen das Interessenkriterium sowie das Prinzip der Gleichheit. Gemäß dem Interessenprinzip wird eine Handlung danach bewertet, ob sie dem Interesse, Wunsch oder der Präferenz eines Individuums entspricht oder widerspricht. Für einige Positionen gründet die Eigenschaft, Interessen haben zu können, in der Empfindungs- bzw. Leidensfähigkeit eines Wesens und setzt somit einen gewissen Grad an Bewusstsein voraus.[162] Für andere Positionen setzt die Zuschreibung von Interessen im Sinne eines moralisch berücksichtigungswürdigen Standpunkts lediglich die Fähigkeit eines Wesens zu gedeihen bzw. die Zuschreibbarkeit besserer oder schlechterer Zustände voraus.[163] Einig sind sich beide Positionen darin, dass moralische Berücksichtigungswürdigkeit nicht erst durch den Besitz personaler Fähigkeiten wie Vernunft- oder Sprachfähigkeit erlangt wird.

Das Prinzip der Gleichheit verlangt die gleiche Berücksichtigung gleicher Interessen. Die Anwendung des Prinzips der Gleichheit wirft für den vorliegenden Kontext zwei Fragen auf: 1. Ist es plausibel, im Vergleich zwischen Mensch und Tier von den gleichen Interessen zu sprechen? 2. Ist es sinnvoll, die Interessen in der gleichen Weise zu berücksichtigen?

---

[161] Vgl. Nuffield Council on Bioethics (ed.) 2005: XXII.
[162] So etwa für Singer 1982; Ach 1999.
[163] Vgl. dazu Foot 2001; Korsgaard 2004; Sturma 2010.

Manche egalitären Ansätze fordern, dass die Interessen von Tieren und die Interessen von Menschen in gleicher Weise zu berücksichtigen sind. Umstritten bleibt bislang aber, ob die Interessen von Menschen und Tieren überhaupt in moralisch relevanter Hinsicht gleich sein können oder ob sie sich durch die unterschiedlich entwickelte Komplexität kognitiver Fähigkeiten in moralisch relevanter Hinsicht eher unterscheiden. Insofern wird kontrovers diskutiert, ob die Interessen der Versuchstiere in gleicher Weise, d. h. mit derselben Gewichtung wie die menschlichen Interessen Berücksichtigung finden müssen. Dass aber mindestens alle empfindungs- und leidensfähigen Wesen Interessen haben, die prinzipiell moralisch zu berücksichtigen sind, ist weitestgehend unstrittig. Folglich kann die Forschung an Tieren als prinzipieller Interessenkonflikt gewertet werden. Für eine möglichst gerechte Auflösung dieses Konflikts wird überwiegend das Urteilsverfahren der Kosten-Nutzen-Analyse bemüht, welches jedoch grundsätzlich mit dem Problem der Messbarkeit von verursachtem Leid und resultierendem Wohl konfrontiert ist. Und selbst wenn eine konkrete Kosten-Nutzen-Kalkulation eines Tierversuchs ergäbe, dass sein Nutzen für Menschen und/oder Tiere das verursachte Leiden für die Versuchstiere überwöge, würde hieraus nicht für alle Autoren unmittelbar die ethische Vertretbarkeit des Tierversuchs folgen. Denn vor dem Hintergrund des Minderheitenschutzes würde ein identisches Ergebnis bezüglich der Schädigung menschlicher Individuen niemals zu der Erlaubnis einer entsprechenden Forschungsstudie an Menschen führen, auch wenn der antizipierte Nutzen für die Mehrheit noch so groß wäre. Entscheidend und strittig bleibt somit die Gewichtung menschlicher gegenüber tierlichen Interessen und *vice versa*.

5. Tierethik in der Praxis

Mit Blick auf Fragen der Forschung an Tieren geraten in der Praxis zumeist Vertreter des Tierschutzes bzw. der Tierrechte mit Verfechtern der Forschungsfreiheit in Konflikt. Hierbei spielen nicht nur ethische Erwägungen, sondern auch wissenschaftliche Befunde eine wesentliche Rolle. Die entscheidende Frage nach der Übertragbarkeit von Ergebnissen aus der Forschung an Tieren auf den Menschen verlangt eine differenzierte Antwort. Vor dem Hintergrund evolutionärer Kontinuität von verhaltensmäßigen, anatomischen, physiologischen, neurologischen, biochemischen und pharmakologischen Ähnlichkeiten zwischen Menschen und Säugetieren sei davon auszugehen, dass Säugetiere in bestimmten Fällen brauchbare Modelle für das Studium biologischer Prozesse beim Menschen darstellen.[164] Pauschalisierende Aussagen seien hingegen zurückzuweisen. So sei die umstandslose Übertragung von Ergebnissen aus Tierversuchen auf den Menschen ebenso falsch wie die Behauptung, dass Forschung an Tieren grundsätzlich keine auf den Menschen anwendbaren Ergebnisse erziele.[165]

Für den benannten Konflikt zwischen Tierschutz und Forschungsfreiheit ist es ebenfalls von Bedeutung, welches Potenzial an wissenschaftlichem Nutzen durch die Verringerung oder Abschaffung der Forschung an Tieren aufgegeben werden müsste, weil es sich nicht durch alternative wissenschaftliche Methoden ersetzen ließe.[166]

Darüber hinaus wird die Rolle der Personen, die die Forschung an Tieren ausüben, oftmals ausgeblendet.[167] Dabei sind die konkret für die Tiere zuständigen Personen aus der Perspektive des Tierschutzes die direkten maßgeblichen moralischen Akteure. Dass es für den Tierschutz von Belang ist, wer wie sachgerecht und empathisch mit Versuchstieren umgeht, ist offensichtlich.[168] Allerdings macht es einen Unterschied für das Wohl der Tiere *und* die Qualität der Forschung aus[169], ob ein moralisch verantwortungsvoller Wissenschaftler bzw. Facharbeiter sorgsam mit den Versuchstieren umgeht oder ob die zuständige Person Versuchstiere als bloßes, der sonstigen Arbeitsausrüstung gleichgestelltes Arbeitsmaterial handhabt.

5.1 *Kriterien ethischer Zulässigkeit von Tierversuchen*

Nach Ansicht mancher Autoren gilt für die ethische Bewertung der Zulässigkeit von Tierversuchen (in Übereinstimmung mit dem deutschen Tierschutzgesetz[170]), dass diese *unerlässlich*, *ethisch vertretbar* und von *her-*

---

[164] Vgl. Deutsche Forschungsgemeinschaft (Hg.) 2004: 18; Nuffield Council on Bioethics (ed.) 2005: XXI.

[165] Vgl. Nuffield Council on Bioethics (ed.) 2005: XXI. Siehe hierzu auch Teil 1 (Tierversuche und Versuchstiere) des vorliegenden Sachstandsberichts.

[166] Vgl. Nuffield Council on Bioethics (ed.) 2005: XX.

[167] Vgl. Kopp 2012: 22. Kopp weist darauf hin, dass in diesem Zusammenhang die emotionale Belastung, die die Forschung an Tieren für das Forschungspersonal bedeutet, sehr oft unterschätzt wird. Forschungsinstitute, die erkannt haben, dass auch im Rahmen von Tierversuchen enge Bindungen zwischen Mensch und Tier entstehen können, veranstalten regelmäßig Gedenkveranstaltungen in Dankbarkeit gegenüber den Versuchstieren.

[168] Vgl. Kopp 2012: 20.

[169] Vgl. Rowan 2012: 210.

[170] Vgl. Tierschutzgesetz (TierSchG) in der Fassung der Bekanntmachung vom 18. Mai 2006, zuletzt geändert durch Artikel 3 des Gesetzes vom 28. Juli 2014.

vorragender Bedeutung für *wesentliche Bedürfnisse* von Menschen und/oder Tieren sein müssen.[171] Zudem muss der Grundsatz der Verhältnismäßigkeit berücksichtigt werden, der für die Zulässigkeit eines Tierversuchs das Vorliegen eines von der Allgemeinheit legitimierten Zwecks sowie die Eignung, Erforderlichkeit und Angemessenheit des Tierversuchs zur Erreichung dieses Zwecks verlangt.[172] In einem ersten Schritt ist somit die Legitimität des Zwecks eines vorliegenden Versuchsvorhabens zu überprüfen. Hier ergeben sich bereits unterschiedliche Einschätzungen mit Blick auf therapeutisch ausgerichtete Ziele, die Grundlagenforschung und Einsätze für Zwecke niederer Priorität wie der Prüfung kosmetischer Produkte. Ist der Zweck für die Durchführung eines Tierversuchs für hochrangig befunden worden, werden anschließend seine Mittel begutachtet. Hierbei sind u. a. folgende Fragen zu berücksichtigen: Ist der angestrebte Tierversuch geeignet, das gesetzte Ziel zu erreichen oder zumindest zu befördern? Ist die Durchführung des angestrebten Tierversuchs erforderlich oder gibt es Alternativen? Ist der angestrebte Tierversuch angemessen hinsichtlich der antizipierten Vor- und Nachteile? Die Kriterien der Unverzichtbarkeit sowie der ethischen Vertretbarkeit finden hier unmittelbaren Anschluss.

5.1.1 Unverzichtbarkeit

Einige Tierversuche werden als unverzichtbar eingestuft. Da die komplexen Zusammenhänge und Wechselwirkungen zwischen Organen und Geweben nur am intakten, lebenden Organismus studiert werden können, seien Versuche am lebenden Tier teilweise unbedingt erforderlich.[173] Auch wenn Teilaspekte oftmals unter Verwendung von Zellkulturen erforschbar seien, könne die Komplexität von Organismen nicht vollständig an künstlichen Systemen nachempfunden werden.[174] Zu den Bereichen, für die die Forschung am lebenden Tier unverzichtbar sei, gehören u. a. die Neurowissenschaften und die Immunologie. Um Krankheitsverläufe zu verstehen und neue Behandlungsmethoden zu entwickeln, seien manche Tierversuche vor dem Hintergrund der evidenzbasierten Medizin, die eine ursächlich begründete Therapie anstrebe, ebenfalls unerlässlich. Grundsätzlich sei ein Tierversuch nur dann unverzichtbar, wenn es

171 Vgl. Borchers / Luy 2009: 8.
172 Vgl. Borchers / Luy 2009: 10.
173 Vgl. Deutsche Forschungsgemeinschaft (Hg.) 2004: 10.
174 Vgl. Deutsche Forschungsgemeinschaft (Hg.) 2004: 21 f.

zum Erreichen des verfolgten Ziels keine Alternative gebe.[175] Sobald erforderliche Erkenntnisse jedoch durch alternative Verfahren gewonnen werden können, sei das Kriterium der Unverzichtbarkeit von Tierversuchen nicht mehr erfüllt und ihre Durchführung kaum mehr zu rechtfertigen. Teilweise ergebe sich die Unverzichtbarkeit von Tierversuchen aber auch lediglich daraus, dass nationale oder internationale Gesetze ihre Durchführung zum Schutz des Verbrauchers vorschreiben.

5.1.2 Ethische Vertretbarkeit

Die Forderung nach ethischer Vertretbarkeit kann als ein Auftrag zur Abwägung verstanden werden, bei der geprüft werden soll, »ob die Belastungen für das Versuchstier in einem Verhältnis der Proportionalität oder Angemessenheit zu den infolge des Versuchs vermiedenen oder geminderten Belastungen von Menschen stehen«[176]. Im Rahmen des vom Bundesministerium für Bildung und Forschung (BMBF) geförderten Projekts zum Thema »Entwicklung von Kriterien und Grenzen ethisch vertretbarer Tierversuche« hat sich die Bestimmung von Kriterien, die die ethische Vertretbarkeit eines Tierversuchsvorhabens garantieren, jedoch als besonders schwierig erwiesen. Weniger problematisch war es für die Projektteilnehmer, Kriterien zusammenzutragen, die ein Tierversuchsvorhaben als ethisch nicht vertretbar ausweisen.[177]

5.2 *Konsensfähiger Standard: die 3R-Prinzipien*

Auch für den hochgradig umstrittenen Bereich der Forschung an Tieren müssen aus Gründen alltäglicher Praktikabilität handhabbare Richtlinien geschaffen werden. Diese sollten herrschende Uneinigkeiten berücksichtigen, ohne dabei zur Handlungsunfähigkeit zu führen. Neben der bereits vorgestellten Hybridmethode, die offene Abwägungen und absolute Verbote zu integrieren versucht, bilden die sogenannten 3R-Prinzipien *(Replacement, Reduction, Refinement)* nach William Russell und Rex Burch[178]

---

175 Vgl. Ach 1999: 20f. und Deutsche Forschungsgemeinschaft (Hg.) 2004: 33.

176 Birnbacher 2009b: 117.

177 Siehe Borchers / Luy 2009: 11, sowie die gesammelten Publikationen des Projekts in Borchers / Luy 2009.

178 Das sogenannte 3R-Prinzip – *Replacement, Refinement, Reduction* – geht auf William Russell und Rex Burch und ihr gemeinsames Werk *The Principles of Humane Experimental Technique* von 1959 zurück.

einen international konsensfähigen Standard.[179] Selbst Verfechter eines absoluten Verbots von Tierversuchen beurteilen die 3R-Prinzipien als einen Schritt in die richtige Richtung. Die Auflagen, die für Forschungsvorhaben gemäß den 3R-Prinzipien zu berücksichtigen sind, sollen im Folgenden kurz dargestellt werden.

5.2.1 Replacement

Das *Replacement*-Kriterium fordert die Entwicklung und den Einsatz von Forschungsalternativen, die Tierversuche soweit wie möglich ersetzen sollen.[180] Hierdurch soll nicht nur die Schädigung von Tieren verringert oder gar vermieden, sondern nach Möglichkeit zugleich die Zuverlässigkeit der Versuchsergebnisse verbessert oder zumindest konstant gehalten werden. Tierversuchsfreie Studien umfassen den Einsatz verschiedenster Verfahren und Methoden.[181] Verwendet werden etwa Zell-, Gewebe- und Organkulturen im Reagenzglas *(in vitro)* anstelle von Eingriffen am lebenden Tier *(in vivo)*. Auch Mikroorganismen oder Organismen in frühen Entwicklungsstadien (z.B. Hühnereier, Fischrogen) kommen zum Einsatz. Man versucht Pflanzen und sogar chemische Modelle zu nutzen. Teilweise werden auch menschliche Gewebe und Zellen herangezogen. Computersimulationen *(in silico)*, aber auch traditionelle Methoden wie mathematische und statistische Verfahren fließen in die Entwicklung alternativer Forschungsmodelle mit ein, sind aber eher geeignet, bereits verfügbare Daten zu analysieren und zu präsentieren als neues Wissen zu generieren. Besonders umfangreich werden Alternativmethoden zum Tierversuch bereits im Bereich des Studiums und der Ausbildung eingesetzt.

---

[179] Vgl. u.a. Borchers / Luy 2009: 10; Garrett 2012: 3. Auch die *European Science Foundation* (ESF) hält ihre Mitglieder dazu an, die 3R-Prinzipien anzuerkennen (vgl. Deutsche Forschungsgemeinschaft (Hg.) 2004: 24 / European Science Foundation (ed.) 2014). Vgl. hierzu auch European Partnership for Alternative Approaches to Animal Testing 2014.

[180] In Deutschland kommt der Zentralstelle zur Erfassung von Ersatz- und Ergänzungsmethoden (ZEBET) die Aufgabe zu, Ersatz- und Ergänzungsmethoden für Tierversuche zu erfassen, zu bewerten und zu implementieren (vgl. Deutsche Forschungsgemeinschaft (Hg.) 2004: 23 / Bundesinstitut für Risikobewertung 2014). Für die europäische Ebene siehe European Union Reference Laboratory on Alternatives to Animal Testing (EURL ECVAM) 2014.

[181] Siehe u.a. Stiftung zur Förderung der Erforschung von Ersatz- und Ergänzungsmethoden zur Einschränkung von Tierversuchen (SET) 2014.

5.2.2 Reduction

Das *Reduction*-Kriterium zielt auf die Minimierung der Anzahl sowohl der durchgeführten Tierversuche als auch der darin verwendeten Versuchstiere ab. Bereits die konsequente Nutzung statistischer Verfahren und die exakte Planung der Versuchsvorhaben können zur Reduktion von Versuchstieren beitragen.[182] Weiteres Potenzial, Tierversuche zu reduzieren, birgt die Vermeidung mehrfacher bzw. doppelter Versuche oder Testungen. Wenn keine wissenschaftlich begründete Veranlassung für die Wiederholung eines Tierversuchs vorliegt, ist die doppelte Durchführung desselben schädigenden Tierversuchs grundsätzlich inakzeptabel.[183] Dopplungen treten hauptsächlich dann auf, wenn Forscher keine Kenntnis über bereits durchgeführte und ihr Vorhaben betreffende Tierversuche haben. Doch selbst wenn Forscher um bereits durchgeführte Tierversuche wissen, aber auf deren Ergebnisse nicht zugreifen können, kann es zu unnötigen Mehrfachversuchen kommen. Aus diesem Grund wird die Etablierung einer internationalen Versuchsdatenbank angestrebt, die von sämtlichen Wissenschaftlern genutzt werden kann. Eine weitere Möglichkeit zur Reduktion von Tierversuchen bietet die Harmonisierung gesetzlicher Prüfrichtlinien. Viele Tierversuche werden aufgrund von Sicherheitsvorschriften durchgeführt, die nur in einzelnen Ländern vorgesehen sind. Dadurch wird eine Chemikalie, die in unterschiedlichen Ländern vertrieben wird, häufig mehrmals durch Versuche an Tieren getestet. Eine internationale Vereinheitlichung der Anforderungen von Sicherheitsprüfungen könnte somit zur Vermeidung zahlreicher überflüssiger Tiertestungen beitragen.[184] Auch bezüglich der Standards tierlichen Wohlergehens wäre eine Harmonisierung der internationalen Richtlinien, nicht zuletzt in Form von regelwerksübergreifenden Begriffsbestimmungen, für den Umgang mit Tieren in der Forschung wünschenswert. Laut des Berichts zur Ethik der Forschung an Tieren des *Nuffield Council on Bioethics* werden fundamentale Begriffe wie »maximum tolerated dose, severe distress, obvious pain or […] moribund condition«[185] sogar innerhalb bedeutender Regelwerke wie der *OECD*-Richtlinie *(Organisation for Economic Co-Operation and Development)* auf inkonsistente Art und Weise

---

[182] Vgl. Deutsche Forschungsgemeinschaft (Hg.) 2004: 24.

[183] Vgl. Nuffield Council on Bioethics (ed.) 2005: XIX.

[184] Für den Sektor der pharmazeutischen Industrie hat die *International Conference on Harmonisation (ICH)* bereits nennenswerte Anstrengungen zur Verbesserung dieser Problemlage unternommen. Vgl. dazu Nuffield Council on Bioethics (ed.) 2005: XXXV.

[185] Nuffield Council on Bioethics (ed.) 2005: XXXV.

verwendet. Zuletzt führt natürlich auch der Einsatz von Tieren zu Ausbildungs- oder Trainingszwecken zu wiederholten Versuchen an ihnen.[186]

5.2.3 Refinement

Mit dem *Refinement*-Kriterium rückt die Verbesserung der Versuchsanordnung gegebener Forschungsvorhaben in den Blick, um das Wohlergehen der Versuchstiere so weit wie möglich zu optimieren. Mögliche Verfeinerungen beziehen sich sowohl auf die Durchführung des Versuchs als auch auf die gesamte Umgebung, in der die Versuchstiere leben. So müssen nicht nur der konkrete Versuchskontext, sondern auch viele andere Faktoren, die das Wohlergehen der Tiere beeinflussen können, bei der Umsetzung des *Refinement*-Kriteriums berücksichtigt werden. Zu nennen sind hier etwa Transportbedingungen, Versorgung, Ernährung, Unterbringung, Bewegungs- und Betätigungsmöglichkeiten, Zuchtbedingungen und allgemeine Behandlung. Bezüglich der meisten der genannten Faktoren, insbesondere hinsichtlich der Zufriedenstellung speziesspezifischer Bedürfnisse, gibt es noch erheblichen Spielraum für Verbesserungen.[187] In den Experimenten selbst lassen sich Belastungen für Tiere durch Veränderungen der Versuchsvorschriften minimieren, etwa hinsichtlich der Dauer, Intensität und Häufigkeit, mit der Manipulationen an Versuchstieren vorgenommen werden. Auch die regelmäßige und häufige Kontrolle der Versuchstiere fällt ins Spektrum der Verbesserung von Tierversuchen im Sinne ihrer Verfeinerung. Durch engmaschige Kontrollen können die benötigten Versuchsergebnisse so früh wie möglich festgestellt und Experimente entsprechend abgekürzt werden. Anstatt auf das durch den Versuch induzierte Einsetzen des Todes beim Versuchstier zu warten, sollten unmittelbar nach dem Feststellen des Versuchsergebnisses Maßnahmen ergriffen werden, die das Leiden des Versuchstiers so schnell wie möglich beenden.[188] Fortschritte in der Verfeinerung von Tierversuchen konnten durch die Weiterentwicklung nicht-invasiver Untersuchungsmethoden und den verstärkten Einsatz von Analgesie und Anästhesie erzielt werden.[189]

Für die Umsetzung der 3R-Prinzipien und die Gewährleistung akzeptabler Bedingungen für Versuchstiere sieht das deutsche Tierschutzgesetz

---

[186] Vgl. Nuffield Council on Bioethics (ed.) 2005: XX.
[187] Vgl. Nuffield Council on Bioethics (ed.) 2005: XIX.
[188] Vgl. Sandøe / Christiansen 2008: 116.
[189] Vgl. Deutsche Forschungsgemeinschaft (Hg.) 2004: 24.

für Einrichtungen, die Versuche an Wirbeltieren durchführen, einen bzw. mehrere Tierschutzbeauftragte/n vor.[190] Über die gesetzlich vorgeschriebene Umsetzung der 3R-Prinzipien hinausgehend, fordern manche Autoren den Nachweis der Unabdingbarkeit der Durchführung eines Tierversuchs.[191] Hiernach ist seine Durchführung nur dann zu rechtfertigen, wenn ein eindeutiger Zusammenhang zwischen potenziellen Ergebnissen und konkretem Nutzen für Menschen und/oder Tiere erwiesen werden kann.[192]

Auch wenn eine rechtliche Regulierung zu dem Ziel eines moralisch guten Umgangs mit Versuchstieren beiträgt, sollte der Bereich der Forschung an Tieren dennoch nicht überreguliert werden. Zum einen, weil rechtliche Maßgaben nicht ausreichen, um einen ethisch zulässigen Umgang mit Versuchstieren – auch hinter verschlossenen Türen – zu garantieren. Hierfür bedarf es eines entsprechenden Verantwortungsbewusstseins auf Seiten der mit den Tieren arbeitenden Akteure. Zum anderen führt rechtliche Überregulierung nicht selten dazu, dass ein guter Umgang mit Versuchstieren auf das Erfüllen rechtlicher Vorschriften reduziert wird, die zwar ordnungsgemäß eingehalten werden, wobei das Tier als lebendiges Wesen jedoch völlig aus dem Blick gerät. An und mit Tieren forschende Wissenschaftler und Fachkräfte sollten durch ein Übermaß geltender Vorschriften und Verordnungen nicht den Bezug zum Tier als Lebewesen einbüßen.

5.3 *Ethische Bewertung von Tierversuchen*

Die Mehrheit der Forscher, die mit Versuchstieren arbeiten, ist der Meinung, dass trotz der Umsetzung der 3R-Prinzipien die Forschung an Tieren auch künftig ein wesentlicher Bestandteil ihrer Arbeit bleiben wird.[193] Zudem erfordern einige gesetzliche Vorschriften bezüglich der Zulassung von Medikamenten und Chemieerzeugnissen die vorherige Testung an Tieren. Für eine konstruktive Debatte über den Einsatz von Tierversuchen, darin stimmen alle Beteiligten überein, wäre die Bereitstellung

---

[190] Vgl. § 8 Abs. 1 Nr. 4 TierSchG. Siehe hierzu auch Teil 3 (Rechtliche Aspekte) des vorliegenden Sachstandsberichts.

[191] Siehe Gärtner 1998 und Ach 2009a.

[192] Siehe Ach 2009b: 40.

[193] Vgl. Nuffield Council on Bioethics (ed.) 2005: XX. Jüngst äußerte sich Susanne Diederich, Sprecherin des Deutschen Primatenzentrums (DPZ) in Göttingen, über die Unverzichtbarkeit von Tierversuchen. Vgl. Für Göttinger Forscher sind Tierversuche unverzichtbar.

klarer Informationen über die Art und Anzahl verwendeter Tiere sowie ihnen potenziell entstehende Schmerzen, Leiden und Belastungen in jedem Falle wünschenswert. Da eine große Bandbreite verschiedener wissenschaftlicher Verwendungsweisen von Tieren zu Forschungszwecken existiert, liegen entsprechend unterschiedliche Beurteilungen bezüglich des Einsatzes von Versuchstieren vor.[194] Besonders kritisch wird eine Forschung an Tieren hinterfragt, die »(1) harmful, (2) nontherapeutic, and (3) nonconsensual«[195] ist. *Harmful* bedeutet hier, dass der Versuch für spezifische Belange und Bedürfnisse des Versuchstiers unzuträglich ist, etwa für das Interesse an der Aufrechterhaltung seines Lebens, seiner körperlichen Integrität oder an der Vermeidung von Schmerzen und Leiden etc. Ein Versuch ist *nontherapeutic*, wenn er – im Gegensatz zum Heilversuch – nicht dem Zweck dient, die Gesundheit eines Forschungsobjekts mit vorausgehender Verletzung, Erkrankung oder sonstiger Schwächung wiederherzustellen. Schließlich ist ein Versuch *nonconsensual*, wenn er ohne die freie und informierte Einwilligung des Versuchsobjekts durchgeführt wird. Da nicht-humane Tiere grundsätzlich nicht fähig sind, frei und informiert einzuwilligen, scheint es zunächst überflüssig, diese Voraussetzung im Rahmen der Forschung an Tieren überhaupt anzuführen. Hierdurch wird allerdings gut sichtbar, wie stark die Anforderungen an eine Forschung an Tieren von den sehr viel strengeren Auflagen für eine Forschung an Menschen abweichen.[196] Ohne das Vorliegen der freiwilligen und informierten Einwilligung eines menschlichen Probanden, auch wenn der Grund des Nicht-Vorliegens seine permanente Einwilligungsunfähigkeit ist, dürfen Forscher keine schadenverursachenden Versuche an ihm durchführen.[197]

Losgelöst von den zuvor angeführten moralisch relevanten Eigenschaften und Fähigkeiten von Tieren – so sind sich die Mitglieder der Arbeitsgrup-

---

194 Auch wenn die mannigfachen Verwendungsweisen von Tieren innerhalb der Gesellschaft hier nicht berücksichtigt werden können, sollten auch sie einer kritischen ethischen Analyse unterzogen werden. Man denke nur an den Gebrauch von Tieren zur Nahrungsmittelproduktion, der die Verwendung von Versuchstieren rein zahlenmäßig marginal erscheinen lässt.

195 Garrett 2012: 7.

196 Vgl. Garrett 2012: 15.

197 Vgl. Rollin 2012b: 5. Rollin verweist in diesem Zusammenhang auch auf die in den 1970er Jahren durchgeführte Tuskegee-Studie, bei der Experimente auf der Basis einer unbehandelten Syphilis an Afroamerikanern ohne deren informierte Einwilligung vorgenommen wurden. Die Vorgehensweise innerhalb dieser Studie wurde weltweit scharf kritisiert und kategorisch abgelehnt; wissenschaftliche Studien an menschlichen Individuen dürfen nicht zum Zweck eines Nutzens für die Mehrheit der Gesellschaft stattfinden, ohne dass zuvor deren freie und informierte Einwilligung sichergestellt wurde.

pe zum Thema »The Ethics of Research Involving Animals« des *Nuffield Council on Bioethics* einig –, beruht die grundsätzliche Akzeptanz von schädigenden Tierversuchen auf der Annahme, dass das Leben von Tieren keinen absoluten moralischen Wert besitzt.[198] Gemäß der Hierarchie verschiedener Kriterien für moralische Berücksichtigungswürdigkeit, die von der basalen Anforderung der Leidensfähigkeit bis hin zur anspruchsvollen Anforderung der Vernunftfähigkeit reichen, wird Lebewesen ein entsprechender moralischer Status zuerkannt. Tieren wird meist nur Empfindungsfähigkeit und somit ein wägbarer moralischer Status zugesprochen, wohingegen Menschen grundsätzlich als rationale Akteure und moralische Subjekte klassifiziert werden, deren moralischer Status absolut ist.[199] Würde tierlichem Leben wie menschlichem Leben ein absoluter moralischer Wert zugeschrieben, müsste der benannten Arbeitsgruppe zufolge jede Tiere schädigende Forschung für ethisch inakzeptabel befunden werden. Dies ist jedoch nicht der Fall. Vielmehr stellt die Methode der Güterabwägung die gängigste Methode zur ethischen Beurteilung der Vertretbarkeit von Tierversuchen dar.[200] Im deutschen Tierschutzgesetz ist die Genehmigung von Tierversuchen an Wirbeltieren an eine Tierschutzkommission gebunden, deren Mitglieder ebenfalls dazu angehalten sind, von Fall zu Fall eine rational fundierte Güterabwägung vorzunehmen.[201] Dabei sollen verschiedenste für die Tiere bedeutsame Güter miteinbezogen werden, die in unmittelbare und mittelbare sowie naturale und soziale Güter differenziert werden können.[202] Artgerechte Haltung, körperliche Integrität sowie Freiheit von Schmerzen und Leiden gelten als unmittelbar naturale und somit vorrangig zu berücksichtigende Güter. Unmittelbar soziale Güter sind auf die Geselligkeit der Tiere und ihre Grundbedürfnisse im Kontakt- und Gruppenverhalten bezogen. Über diese grundlegendsten Erfordernisse hinausgehend stellen abwechslungsreiche Nahrungsquellen oder ausgestaltete Reizangebote mittelbar naturale Güter dar. Mittelbar soziale Güter erstrecken sich schließlich auf das Fortpflanzungsverhalten sowie die Rangordnungsbestrebungen der Tiere.

Auch wenn die für eine Güterabwägung entscheidende Frage, wie viel tierliches Leiden wie viel (erhoffter) menschlicher Leidenslinderung ent-

---

198 Vgl. Nuffield Council on Bioethics (ed.) 2005: XXIV.

199 Für einige hochentwickelte nicht-humane Spezies wie die Menschenaffen und einige Waltiere werden jedoch sowohl die Möglichkeit der Zuschreibung rationaler Fähigkeiten wie auch das Zugeständnis eines Personenstatus und damit verbundener Rechte diskutiert.

200 Vgl. Deutsche Forschungsgemeinschaft (Hg.) 2004: 28.

201 Vgl. § 16b Abs. 1 TierSchG.

202 Vgl. Blumer 1999: 127 f.

spricht, äußerst schwer zu beantworten ist, gilt die Güterabwägung nach wie vor als *die* Methode von größter praktischer Relevanz. Jedenfalls hat eine fallbezogene Abwägung den Vorteil, Pauschalisierungen zu vermeiden. Je nach Gewichtung der zu berücksichtigenden Kriterien fallen die Ergebnisse einer Güterabwägung unterschiedlich aus.

Im Ergebnis kommen stärker pro Tierschutz orientierte Abwägungen zu dem Schluss, dass Tierversuche von geringem Nutzen für den Menschen auch bei nur geringer Belastung für die Versuchstiere unterlassen werden sollten.[203] Nach der Einschätzung von Donna Yarri reicht der Nutzen, den Menschen aus der Mehrzahl der durchgeführten Tierversuche ziehen, nicht zu deren Rechtfertigung aus.[204] In der Konsequenz solle zuvorderst die Umsetzung bestehender Richtlinien durch stärkere Kontrollen und schwerere Sanktionen gewährleistet werden.[205] Zudem solle die Durchführung von Tierversuchen im Gegensatz zur gängigen Praxis schon deshalb eingeschränkt werden, weil bei der Lasten-Nutzen-Abwägung stets tatsächliche Lasten für die Tiere einem nur möglichen Nutzen für den Menschen gegenübergestellt werden.[206] In ihrer ausführlichen Güterabwägung unternimmt Yarri den Versuch, eine dezidierte Richtlinie zu entwickeln, die menschlichen Nutzen mit tierlichem Leiden vergleichbar machen soll. Sie führt Arten menschlichen Nutzens *(very grave benefits/serious benefits)* an, die ihrer Ansicht nach Grade tierlicher Belastungen *(moderate burdens/minimal burdens)* rechtfertigen und äußert sich zu Arten menschlichen Nutzens *(minimal benefits)*, die tierliche Belastung *(any burden)* nicht zu begründen vermögen. Besonders schwerwiegende Lasten für Tiere *(very grave burdens/serious burdens)* seien in keinem Kontext hinnehmbar.[207] Yarri entwickelt ihr Schema zur Güterabwägung mit

---

203 Vgl. Scharmann 1994: 195.

204 Vgl. Yarri 2005: 135.

205 Vgl. Yarri 2005: 158.

206 Vgl. Yarri 2005: 135–138. So auch Robert Bass: »In reality, on one side of the ledger, we have *possible* benefits for human beings – lives that might be saved or prolonged, diseases that might be prevented, cured, or ameliorated. On the other side, we have *actual* harms. Of the laboratory animals, many will suffer, and almost all will be killed« (Bass 2012: 93). Darüber hinaus kritisiert Yarri die Fokussierung der westlichen Medizin auf das Heilen bestehender Erkrankungen anstelle ihrer Prävention. Ihrer Meinung nach könnte man einen größeren Erfolg für die Gesundheit der Bevölkerung erzielen, wenn man mehr Geld und Energie in die Aufklärung der Menschen über Zusammenhänge ihrer eigenen Lebensführung mit Erkrankungen und die Verbesserung der Lebensumstände aller investierte (vgl. Yarri 2005: 142).

207 Vgl. Yarri 2005: 150.

der Intention, es unmittelbar auf konkrete Forschungsvorhaben anwenden zu können.[208] Für Regan hingegen ist die Abwägung zwischen menschlichem Nutzen und tierlicher Belastung irrelevant, sobald tierliche Rechte verletzt werden. Wie groß der menschliche Nutzen auch sein mag, er werde eine Verletzung von Tierrechten niemals aufwiegen oder moralisch rechtfertigen können.[209]

Im Folgenden werden ausgewählte Bereiche der Forschung an Tieren auf ihre ethisch relevanten Besonderheiten hin überprüft.

5.3.1 Forschung an nicht-humanen Primaten

Wenn nicht-humane Primaten aus ihrem natürlichen Lebensraum in künstliche Behausungen umgesiedelt werden, um zukünftig ein Leben als Versuchstier in Gefangenschaft zu führen, löst dies bei vielen Menschen besonderes Unbehagen aus.[210] Denn nicht-humane Primaten stehen dem Menschen evolutionsgeschichtlich sehr nah und gelten als hochentwickelte Lebewesen mit außergewöhnlichen kognitiven und sozialen Fähigkeiten wie Werkzeuggebrauch, Kommunikationsvermögen und Empathiefähigkeit.[211] Wenn nicht-humane Primaten isoliert und depriviert gehalten werden, entwickeln sie Verhaltensmuster, die mit solchen von Menschen in sozialer Isolation vergleichbar sind.[212] Die besonders hoch entwickelten Großen Menschenaffen[213] werden oftmals als intelligente und denkende Wesen mit Vernunft- und Reflexionsfähigkeit charakterisiert, die ein Verständnis ihrer eigenen Identität über Zeit und Raum hinweg aufweisen.[214] Auch die lange Lebensdauer nicht-humaner Primaten wird zu einem ethisch besorgniserregenden Aspekt, da sie typischerweise über Dekaden in Labors gehalten und während dieser Zeit wiederholt für Experimente herangezogen werden.[215] Vor diesem Hintergrund werden Forderungen laut, ihnen den Status menschlicher Personen sowie entsprechende Rechte zuzuerkennen. Weltweit wurden verschiede-

---

[208] Vgl. Yarri 2005: 145 ff.
[209] Vgl. Regan 2012: 110 ff.
[210] Vgl. Conlee / Rowan 2012: 32.
[211] Vgl. Brukamp 2012: 63. Siehe hierzu auch de Waal 2006: 3–73.
[212] Laut Conlee und Rowan leiden einige zu Forschungszwecken eingesetzte Schimpansen an posttraumatischer Belastungsstörung (vgl. Conlee / Rowan 2012: 33).
[213] Hierzu zählen Schimpansen, Bonobos, Gorillas sowie Orang-Utans.
[214] Vgl. Weatherall 2006: 127.
[215] Vgl. Conlee / Rowan 2012: 32.

ne Initiativen wie etwa das internationale *Great Ape Project*[216] gegründet, die für die Rechte Großer Menschenaffen eintreten.

Ob nicht-humane Primaten überhaupt zu Forschungszwecken genutzt werden dürfen, wird in Deutschland sehr kontrovers diskutiert, wobei zumindest an Großen Menschenaffen hierzulande zurzeit keine Versuche durchgeführt werden.[217] Auf der einen Seite sprechen sich Forscher für Versuche an nicht-humanen Primaten aus, da diese sowohl in phylogenetischer als auch in kognitiver Hinsicht dem Menschen am nächsten verwandt sind.[218] So gelten nicht-humane Primaten z.B. im Bereich der Neurowissenschaften als besonders geeignete Modelltiere, und zwar sowohl bei der Aufklärung der allgemeinen Strukturen und Funktionen des Gehirns als auch bei der anwendungsorientierten Erforschung von neurodegenerativen Erkrankungen wie Parkinson und Alzheimer oder von Phänomenen wie Schlaganfällen, Wahnvorstellungen und Sucht.[219] Einen großen Erfolg konnte die Forschung an nicht-humanen Primaten z.B. mit der Entwicklung der Tiefen Hirnstimulation zur Anwendung bei Morbus Parkinson erzielen. Auch für die Erforschung und Entwicklung von Impfstoffen, pharmazeutischen Produkten oder Gentherapien sind nicht-humane Primaten begehrte Versuchsobjekte.[220] Auf der anderen Seite rückt die besonders ausgeprägte Schmerz- und Leidensfähigkeit nicht-humaner Primaten in den Vordergrund. So thematisieren einige wissenschaftliche Institutionen in Deutschland wie die Gesellschaft für Primatologie (GfP)[221] und das Deutsche Primatenzentrum (DPZ)[222] in Ergänzung zur Richtlinie 2010/63/EU[223] das Wohlergehen nicht-humaner Primaten. Darüber hinaus sammeln und verbreiten sie Informationen

---

216 Vgl. Cavalieri / Singer 1994.

217 Vgl. Max-Planck-Gesellschaft 2010.

218 Vgl. Redmond 2012: 7ff. Als Professor für Psychiatrie und Neurochirurgie an der Yale School of Medicine erforscht Redmond die parkinsonsche Krankheit mit Hilfe von nicht-humanen Primaten. Er hält die Forschung an nicht-humanen Primaten für unerlässlich und rechtfertigungsfähig, solange Forschungsergebnisse von Studien an niederen Tierspezies nicht ausreichend sind, keine gefährdeten Affenarten verwendet werden und entsprechende tierschutzrechtliche Auflagen Berücksichtigung finden.

219 Vgl. Brukamp 2012: 59. Zum Einsatz nicht-humaner Primaten im Bereich der modernen Neurowissenschaften siehe auch Weatherall 2006: 59–83.

220 Vgl. Brukamp 2012: 59. Zum Einsatz nicht-humaner Primaten im Bereich der Erforschung von Infektionskrankheiten siehe auch Weatherall 2006: 39–57.

221 Vgl. Gesellschaft für Primatologie 2014.

222 Vgl. Deutsches Primatenzentrum 2014.

223 Richtlinie zum Schutz der für Versuche und andere wissenschaftliche Zwecke verwendeten Tiere 2010/63/EU (kurz: Tierversuchsrichtlinie).

über ethische und rechtliche Aspekte der Primatenforschung und erarbeiten eigene Vorschläge für verbesserte Richtlinien in diesem Bereich.[224]

5.3.2 Grundlagenforschung

Ein wesentliches Argument für die ethische Vertretbarkeit von Tierversuchen verweist auf den Umstand, dass der aus der Forschung an Tieren resultierende Nutzen für Menschen und/oder Tiere größer sei als das durch sie verursachte Leiden. Dieses Argument greift nicht im Fall der Grundlagenforschung, die *per definitionem* keinen direkten Anwendungsbezug hat. Beispielsweise generiert die Aufklärung grundlegender physiologischer Prozesse und genetischer Mechanismen keinen unmittelbaren Nutzen für Menschen und/oder Tiere.[225] Der sowohl von Tierrechts- als auch von Tierschutzpositionen geforderte Nutzennachweis für Tierversuche wird im deutschen Tierschutzgesetz dadurch unterlaufen, dass die Lösung (beliebiger) wissenschaftlicher Probleme zu den »wesentlichen Bedürfnissen« des Menschen gerechnet wird, deren Befriedigung selbst länger anhaltende oder sich wiederholende erhebliche Schmerzen oder Leiden auf Seiten von Versuchstieren rechtfertigt.[226] Das Gros der philosophischen Autoren hält Leiden verursachende Tierversuche zum Zweck der Grundlagenforschung für nur schwer rechtfertigbar.[227] Sie plädieren für strengere Auflagen im Bereich der Grundlagenforschung, die im Gegensatz zur medizinischen Forschung oder Produktsicherheitsprüfung eben keinen unmittelbaren und eindeutigen Nutzen für Mensch und/oder Tier verzeichnen könne, der die Verursachung schwerer Schäden bei den Versuchstieren zu rechtfertigen vermöge.[228] Patzig hält eine sonderlich rigide Einschränkung der Grundlagenforschung hingegen nicht für angebracht. Schließlich berge auch eine zunächst zweckfreie Grundlagenforschung das Potenzial, Erkenntnisse von großer Bedeutung für das Überleben der Menschheit zu generieren.[229] Außerdem stelle das genuine Streben nach (auch zweckfreier) Erkenntnis eine einzigartige Eigenschaft des Menschen dar.[230] Auch die Deutsche Forschungsgemeinschaft (DFG) spricht sich für die Bedeut-

---

[224] Vgl. Brukamp 2012: 60.
[225] Vgl. Nuffield Council on Bioethics (ed.) 2005: XX; Rollin 2012b: 5.
[226] Siehe § 7a TierSchG.
[227] Vgl. u. a. Höffe 1984: 126 sowie Birnbacher 2009b: 121.
[228] Vgl. auch Birnbachers unter Abschnitt 2.1 bereits erläuterte Einordnung der Grundlagenforschung innerhalb einer vierstufigen Skala zur Leidensintensität.
[229] Siehe Patzig 1993: 161; vgl. auch Carbone 2012: 14.
[230] Siehe Patzig 1993: 161.

samkeit der Grundlagenforschung aus. Obwohl die Anwendbarkeit der aus der Grundlagenforschung hervorgehenden Resultate weder planbar noch ihr unmittelbarer Nutzen absehbar sei, käme die biomedizinische Forschung ohne sie dennoch zum Erliegen.[231]

5.3.3 Genetische Modifikation

Transgene, d.h. genetisch modifizierte Tiere sind heute elementarer Bestandteil der Forschung an Tieren. Sie werden u.a. für die Grundlagenforschung und als Modelle für die Untersuchung verschiedener Krankheiten hergestellt und eingesetzt. Beim transgenen Tier wurden Abschnitte der Erbsubstanz gezielt verändert, um spezifische Eigenschaften seines Phänotyps zu modifizieren.[232] Da menschliches Genom und Mausgenom große Übereinstimmungen aufweisen und beide bereits entschlüsselt werden konnten, kommt der Maus bei der Erforschung menschlicher Erkrankungen eine wichtige Funktion zu.[233] Hinterfragt wird der Einsatz transgener Tiere insbesondere vor dem Hintergrund potenzieller Gefahren für den Menschen. So existieren etwa Zweifel hinsichtlich der Unbedenklichkeit von Impfstoffen und Medikamenten, die durch gentechnische Verfahren gewonnenen wurden. Darüber hinaus besteht die Sorge hinsichtlich einer möglichen Freisetzung genetisch modifizierter Tiere und den damit verbundenen Risiken. Es wird etwa befürchtet, dass selektive genetische Merkmalszüchtungen negative Auswirkungen auf die genetische Vielfalt und die Biodiversität insgesamt haben könnten.[234] Vermehrt werden Herstellung, Haltung und Nutzung genetisch modifizierter Tiere auch aus tierethischer Perspektive kritisiert. Teilweise wird die Forschung an transgenen Tieren nicht nur als graduell, sondern als fundamental andere Art des Tierversuchs angesehen, der grundlegend neue Probleme aufwerfe. So zeige sich in der Erzeugung transgener Tiere eine massive Verstärkung der ohnehin vorhandenen Tendenz, Tiere zur bloßen Ressource herabzuwürdigen.[235] Da aus der neuen biomedizinischen Technik weitere Risiken und neue Belastungen für die Versuchstiere hervorgehen, sei überdies anzunehmen, dass die potenzielle Schädi-

---

[231] Vgl. Deutsche Forschungsgemeinschaft (Hg.) 2004: 9.

[232] Vgl. Deutsche Forschungsgemeinschaft (Hg.) 2004: 9; Ferrari 2008; Ach 2009b. Labormäuse, deren Gene gezielt ein- oder ausgeschaltet worden sind, firmieren unter den Namen *Knockin-* bzw. *Knockout-Mäuse.*

[233] Vgl. Deutsche Forschungsgemeinschaft (Hg.) 2004: 17.

[234] Vgl. Ach 2009b: 34.

[235] Vgl. Reinhardt 1998: 132. Für Beurteilungen der genetischen Modifikation von Tieren vor dem Hintergrund der Würde der Kreatur siehe Balzer / Rippe / Schaber 1998: 51–63.

gung transgener Tiere im Vergleich zu konventionell gezüchteten Tieren größer ist. Neben möglichen Schäden, die auch herkömmliche Tierversuche verursachen können, könnten durch den Einsatz gentechnischer Verfahren zusätzliche Probleme z.B. in Form von Insertionsmutationen oder mangelhaft steuerbaren Genexpressionen entstehen.[236] Oftmals werde die genetische Modifikation auch dazu genutzt, Tiere mit definierten Funktionsausfällen zu züchten.[237] Mit dem Ziel, Methoden zu entwickeln, die das Leiden von Menschen an bestimmten Erkrankungen beenden oder lindern sollen, werden transgenen Tieren vergleichbare Erkrankungen induziert. Da ein entsprechendes Leiden der Versuchstiere hierbei nicht ausbleibe, werden diese Zuchtstämme auch als »Qualzüchtungen« bezeichnet. Nach dem Empfinden vieler sind diese und ähnliche Maßnahmen moralisch problematisch.[238] Hinzu kommt, dass transgene Tiere aufgrund hoher Sicherheitsvorkehrungen, die eine unbeabsichtigte Freisetzung vermeiden sollen, kaum artgerecht gehalten werden können. Genetisch veränderte Tiere werden in Versuchstieranlagen unter sterilen, spezifisch pathogenfreien Bedingungen, sogenannten SFP-Bedingungen, gezüchtet und gehalten.[239] Oftmals können sie keine sozialen Kontakte aufbauen und finden anstelle natürlicher Böden, frischer Luft und Tageslicht künstliche Filterschranken, Reinlufträume und Neonlicht vor. Die gezielte Kontrolle und Bewertung von Auswirkungen der genetischen Modifikation auf das tierliche Wohlergehen erfordern eine Dokumentation der entstandenen Phänotypen.[240] Zu diesem Zweck sind bereits einige Datenbanken eingerichtet worden – so etwa die *Mouse Genome Database (MGD)*, die in den USA den Datenbestand zu genetisch modifizierten Tieren archiviert und Informationen zugänglich macht.[241] Derartige öffentlich zugängliche Datenbanken sind darüber hinaus geeignet, größere Transparenz für Wissenschaftler und Bürger zu schaffen.

Neben den tatsächlich in Versuchen eingesetzten genetisch modifizierten Tieren sind für die ethische Evaluation des Verfahrens ferner jene Tiere zu bedenken, die als Embryonenspender oder -empfänger einen Gentransfer erst ermöglichen. Außerdem entstehen im Rahmen der genetischen Modifikation von Tieren auch nicht transgen geborene Individuen, die dann als sogenannte »waste animals« für das Forschungsvor-

---

236 Vgl. Ach 2009b: 41.

237 Vgl. Deutsche Forschungsgemeinschaft (Hg.) 2004: 17.

238 Vgl. Birnbacher 2009a: 59.

239 Siehe Reinhardt 1998: 132.

240 Vgl. Nuffield Council on Bioethics (ed.) 2005: XXXIII.

241 Vgl. Nuffield Council on Bioethics (ed.) 2005: XXXIV und Mouse Genome Informatics 2014.

haben unbrauchbar sind.[242] Aus ethischer Perspektive dürfen diese Tiere nicht einfach *ent*sorgt, sondern müssen adäquat *ver*sorgt werden.

Gerade vor dem Hintergrund vorherrschender pathozentrischer Argumentationslinien birgt die Technologie der genetischen Veränderung von Tieren ein umstrittenes Potenzial. So ist etwa die Option denkbar, mit Hilfe gentechnologischer Verfahren leidens- bzw. empfindungs*un*fähige Tiere herzustellen. Pathozentrische Ansätze, deren Fokus auf der Vermeidung tierlicher Schmerzen, Leiden und Belastungen liegt, würden bei einer Forschung an empfindungsunfähigen Tieren zumindest ihren unmittelbaren Kritikpunkt einbüßen. Dennoch muss die Frage offen bleiben, ob Vertreter des pathozentrisch ausgerichteten Tierschutzes derartige Maßnahmen befürworten würden. Für Verteidiger von Tierrechten, die weniger das Leiden, sondern vielmehr die Verletzung der Integrität und die Instrumentalisierung von Versuchstieren kritisieren, käme eine Züchtung empfindungs*un*fähiger Lebewesen sicherlich nicht in Betracht und wäre aus moralischen Gründen strikt zurückzuweisen.[243]

5.3.4 Xenotransplantation

Transgene Tiere werden auch für die Gewinnung sogenannter Xenotransplantate (von gr. *xenos*, Fremder) zur Fremdorganübertragung genutzt. Da durch die allogene Transplantationsform, bei der Zellen, Gewebe oder Organe innerhalb derselben Spezies übertragen werden, der Bedarf an Spenderorganen nicht gedeckt werden kann, soll zusätzlich die Xenotransplantation, bei der Zellen, Gewebe oder Organe zwischen verschiedenen Spezies übertragen werden, als Alternativmethode etabliert werden. Als Organspender kommen hier hauptsächlich größere Nutztiere wie z.B. Schweine, Ziegen oder Schafe in Betracht. Da Menschen gegenüber den Organen der genannten Tierarten natürlicherweise Antikörper aufweisen, handelt es sich in diesen Fällen um eine diskordante Xenotransplantation,[244] die die Annahme des Organs vom menschlichen Körper durch eine hyperakute Abstoßungsreaktion gefährdet. Durch eine immunologische Vorauswahl und die Verabreichung von Immunsuppressiva soll dieser Gefahr entgegengewirkt werden.[245] Zudem

[242] Vgl. Ach 2009b: 41.
[243] Vgl. Ach 2009b: 42.
[244] Würden Primaten die Quelle der Organe sein, die auf Menschen übertragen werden sollen, würde es sich um eine *konkordante* Xenotransplantation handeln. Zurzeit werden Primaten als Organlieferanten allerdings nicht erwogen (vgl. Blumer 2003: 323).
[245] Vgl. Quante 2001: 15.

werden die Organe der Tiere, die als Transplantatquelle dienen, durch gentechnische Veränderungen an die Physiologie des Menschen angepasst.[246]

Aus ethischer Perspektive wirft die Entwicklung der Xenotransplantation als neue Biotechnologie einige Fragen auf:[247] Darf der Mensch ausschließlich zu seinen eigenen Zwecken nicht-humane Tiere zu Organlieferanten machen? Darf er hierfür erforderliche gentechnische Veränderungen an Lebewesen durchführen, um sie seinen Zwecken anzupassen? Darf er Tiere als Organlieferanten kommerziell züchten? Neben tierethisch relevanten Fragen birgt die Xenotransplantation Risiken für den Menschen wie etwa die Möglichkeit des Auftretens xenogener Infektionskrankheiten. So befinden sich im Erbgut des Schweins, das für Xenotransplantationen besonders geeignet ist, porzine endogene Retroviren, aus denen für den Menschen infektiöse Viren hervorgehen können. Die mögliche Hilfe für einen Organempfänger könnte das Risiko der Auslösung einer die gesamte Menschheit gefährdenden xenozoonotischen Infektionskrankheit oder sogar xenogenen Epidemie bergen. Hier müsste möglicherweise eine Abwägung zwischen dem Wohl eines individuellen Patienten und kollektiven Interessen vorgenommen werden.[248]

Einige Tierschützer monieren an der Idee der Xenotransplantation, dass Tiere dabei durch gezielte gentechnologische Eingriffe dem Menschen in relevanter Hinsicht so weit als möglich angepasst und dadurch gänzlich für rein menschliche Zwecke instrumentalisiert werden. Insofern würden sie zu »Ersatzteillagern« für den Menschen degradiert.[249] Hinzu kommen Verletzungen ihrer körperlichen Integrität, ihrer Identität und kreatürlichen Würde. Auch für diese Versuchstiere gelten die spezifisch pathogenfreien Bedingungen und somit die Unterbringung in sterilen und isolierten Versuchstieranlagen ohne artgerechte Versorgungsmöglichkeiten. Zudem wird die Rede von Tieren als alternativen Organspendern als Euphemismus empfunden, da nicht einwilligungsfähige Tiere kaum die Kriterien eines »Spenders« erfüllen.[250] Der Mensch nimmt nicht ein

---

246 Vgl. Reinhardt 1998: 132 sowie Quante 2001: 15.
247 Vgl. Blumer 2003: 312.
248 Vgl. Blumer 2003: 312. Ebenso gilt es für den Bereich der Xenotransplantation Fragen der Verteilungsgerechtigkeit zu klären, worauf innerhalb dieses Rahmens jedoch nicht eingegangen werden kann. Für eine Erörterung ethischer Fragen zur Verteilungsgerechtigkeit des xenotransplantativen Verfahrens siehe Quante 2001.
249 Vgl. Reinhardt 1998: 132; Ahne 2007: 33.
250 Vgl. Quante 2001: 15, Fußnote 2.

vom Tier an ihn gespendetes Organ an, sondern verfügt selbst frei über die Organe des Tieres. Ihrer grundsätzlichen Haltung gegenüber der Instrumentalisierung von Tieren gemäß müssten Tierrechtler die Xenotransplantation somit als ethisch nicht vertretbare Maßnahme kategorisch ablehnen. In der Mehrzahl fordern einschlägige Autoren jedoch kein absolutes Verbot der Xenotransplantation, sondern fallbezogene Abwägungen.[251] Überhaupt nur unter der Voraussetzung, dass die Risiken einer Verpflanzung von Organen tierischen Ursprungs für den Menschen eingrenzbar wären, erschiene ihnen die Xenotransplantation als ethisch vertretbare Maßnahme, wenn sie allein das Überleben eines menschlichen Patienten sichern könnte. Für Karin Blumer muss die Abwägung eindeutig zugunsten der Xenotransplantation ausfallen, wenn auf der einen Waagschale das Leben von Tieren unter bestmöglichen Bedingungen sowie ihr schmerzfreier Tod liegt und auf der anderen das Leben therapieresistenter Patienten sowie der Erhalt des Solidaritätsprinzips.[252] Auch für sie gelten aber menschliches Leben und gesellschaftliche Hilfspflichten nur dann als Argumente für das Verfahren der Xenotransplantation, wenn keine gleichwertigen Alternativmethoden – etwa in Form künstlicher Organe – existieren. Für Michael Quante ist es in der gegenwärtigen Situation, in der Tiere faktisch leiden und der Nutzen für menschliche Patienten nur potenziell besteht, unklar, ob die Abwägung zugunsten der Xenotransplantation ausfallen sollte.[253] Als Ergebnis einer Güterabwägung von induziertem tierlichen Leiden und mutmaßlichem menschlichen Nutzen lehnt Robin Downie die Weiterentwicklung der Xenotransplantation ab.[254] Ein besonderes ethisches Problem ergibt sich aus der Einschätzung, dass die Verfeinerung des Verfahrens der Xenotransplantation notwendig auf Experimente an Primaten angewiesen sein wird[255], bevor Forschungsstudien bzw. Heilversuche mit Menschen einsetzen könnten.[256]

In Anbetracht des aktuellen Forschungsstands kommt Silke Schicktanz in ihrer ausführlichen Analyse zum Verfahren der Xenotransplantation zu dem Ergebnis, dass diese aus ethischer Sicht eine strittige Technologie darstellt, zumal nicht erst ihre Implementierung in die klinische Praxis,

---

251 Vgl. Blumer 2003, Schicktanz 2002 und Quante 2001.
252 Vgl. Blumer 2003: 326.
253 Vgl. Quante 2001: 29.
254 Vgl. Downie 1997: 205.
255 Siehe hierzu ausführlich Schicktanz 2002: 262–281.
256 Vgl. Blumer 2003: 323.

sondern bereits ihre Erforschung zu zahlreichen Problemen führt.[257] Sie kommt zu dem Ergebnis, dass eine Forschung an Tieren zum Zweck der Weiterentwicklung des xenotransplantativen Verfahrens aus tierethischer Sicht nur dann zu rechtfertigen wäre, wenn ein medizinischer Nutzen für den Menschen nachweisbar wäre, die Erzeugung transgener Tiere keine Schmerzen und kein Leiden verursachen würde und schließlich die Erforschung im Primatenexperiment durch Alternativen ersetzt werden könnte.[258]

5.3.5 Kosmetika

Innerhalb der Debatte zur Forschung an Tieren findet das im deutschen Tierschutzgesetz niedergelegte Verbot von Tierversuchen zu Zwecken der dekorativen Kosmetik ungeteilten Zuspruch.[259] Der Entwicklung dekorativer Kosmetik wird durchweg der Rang eines hohen Guts abgesprochen, welches Leiden verursachende Studien mit Tieren rechtfertigen könnte.[260]

Erlaubt und teilweise gesetzlich gefordert sind hingegen sogenannte Toxizitätstests, die u.a. zur Gewährleistung der Produktsicherheit eingesetzt werden.[261] Hierbei werden verschiedene Präparate und Substanzen getestet, die in ihrer Anwendung als Medikamente oder Pestizide möglicherweise schädlich für Menschen, Tiere und/oder die Umwelt sein könnten.[262] Für manche Autoren besteht zwischen den gesetzlich vorgeschriebenen ausgiebigen Testprozeduren und der damit einhergehenden Gefahr tierlicher Belastungen von hohem Schweregrad allerdings eine Diskrepanz. Nicht zuletzt wird behauptet, dass die extensiven Testungen an einer großen Menge von Versuchstieren bisher kaum in Relation zum Mehrwert an Sicherheit für die Gesellschaft stehen.[263] Durch

---

[257] Siehe Schicktanz 2002: 307.

[258] Siehe Schicktanz 2002: 309.

[259] Ebenso ist die Durchführung von Tierversuchen für die Entwicklung von Tabakerzeugnissen, Waschmitteln und Waffen untersagt (§ 7a Abs. 4 TierSchG).

[260] Vgl. Patzig 1993: 160.

[261] Versuche an Tieren werden in Deutschland u.a. vom Gesetz zum Schutz vor gefährlichen Stoffen (ChemG), der Verordnung über Medizinprodukte (MPV), dem Gesetz zum Schutz der Kulturpflanzen (PfSchG) und der Verordnung über Pflanzenschutzmittel und Pflanzenschutzgeräte (PfSchMGV) sowie auf europäischer Ebene etwa von der REACH-Verordnung (Verordnung des Europäischen Parlaments und des Rates zur Registrierung, Bewertung, Zulassung und Beschränkung chemischer Stoffe) vorgeschrieben.

[262] Vgl. Nuffield Council on Bioethics (ed.) 2005: XX.

[263] Vgl. Nuffield Council on Bioethics (ed.) 2005: XXXIV.

den wissenschaftlichen Fortschritt auf dem Gebiet der Toxizitätstestung sei es künftig wohl aber möglich, einen großen Teil der Tiertestungen durch Tests an menschlichen Zellsystemen zu ersetzen, die neben dem Vorteil des Tierschutzes auch eine bessere Vorhersagbarkeit, größere Verarbeitungsmengen und erhebliche Kosteneinsparungen erlauben. Joanne Zurlo spricht bereits von einem Paradigmenwechsel – weg von einer tierbasierten und hin zu einer humanbasierten Testung.[264]

5.3.6 Ausbildung

Versuche an Tieren werden im Bereich der Ausbildung eingesetzt, damit individuelle Kenntnisse und Fähigkeiten erlernt und erprobt werden können, die im Berufsalltag vorausgesetzt werden. Für bestimmte Fachrichtungen wie die Tiermedizin und die Biologie sind Tierversuche integraler Bestandteil der Aus-, Fort- und Weiterbildung, deren Durchführung von Vorschriften in Approbations-, Studien- oder Prüfungsordnungen geregelt wird.[265] Während Ausbildung und Schulung am lebenden Tier für manche Bereiche unverzichtbar erscheinen, können sie in anderen Bereichen wiederum problemlos durch den Gebrauch von Lehrfilmen, Modellen oder Computer-Simulationen ersetzt werden. Auf dem Gebiet der Chirurgie können Alternativmethoden beispielsweise nur eingeschränkt Verwendung finden, weil die Operateure entsprechende Techniken teilweise am lebenden Tier erlernen müssen.[266] Für das Training gängiger chirurgischer Eingriffe werden zumeist Schweine verwendet, für das Erlernen von Techniken der Mikrochirurgie kommen Ratten zum Einsatz.[267] Um aber auch hier die Vermeidung von Schmerzen und Leiden für die Versuchstiere zu optimieren, führen Unerfahrene die Eingriffe nur unter kompetenter Anleitung aus.

Die Nutzung lebender Tiere zu Unterrichtszwecken wie im Fall der Vivisektion von Tieren durch Schüler ist aus ethischer Sicht inakzeptabel und überflüssig, weil unzählige Unterrichtsmaterialien die Verwendung lebender Tiere verlustfrei ersetzen können.[268] Manche Autoren sind überdies der Ansicht, dass der Einsatz empfindungsfähiger Tiere zu Studien-

---

[264] Vgl. Zurlo 2012: 23f.
[265] Vgl. Ahne 2007: 49.
[266] Vgl. Ahne 2007: 51.
[267] Vgl. Sandøe / Christiansen 2008: 104.
[268] Über die ehemals etablierte Praxis der Zergliederung lebender Frösche im Schulunterricht siehe Orlans 1993: 195–201.

bzw. Übungszwecken in moralischer Hinsicht grundsätzlich unzulässig sei.[269]

6. Zusammenfassung und Ausblick

Die philosophischen Strömungen des Anthropozentrismus, Pathozentrismus und Biozentrismus vertreten jeweils unterschiedliche Standpunkte bezüglich der Frage nach dem moralischen Status von Lebewesen. Während der Anthropozentrismus nicht-humanen Lebewesen einen genuin moralischen Status abspricht und höchstens indirekte Pflichten des Menschen in Ansehung von Tieren herleitet, nehmen sich des Bereichs der Forschung an Tieren insbesondere drei – vorwiegend pathozentrisch, teilweise auch biozentrisch ausgerichtete – Positionen der Tierethik an:

Die klassische *Tierschutzposition* setzt sich auf der Basis utilitaristischer Argumentationslinien vornehmlich für die Berücksichtigung tierlicher Interessen ein und kritisiert jegliche unnötige Verursachung tierlichen Leidens. Gegenüber dem Einsatz von Tieren zu Forschungszwecken vertritt sie eine moderat kritische Haltung, indem Güterabwägungen zwischen menschlichem Nutzen und gewissen Graden tierlicher Schädigung für zulässig erachtet werden. Die grundsätzliche Privilegierung menschlicher Individuen weist sie jedoch mit dem Speziesismusvorwurf zurück.

Die jüngere *Tierrechtsbewegung* ist in ihren Ansichten und Forderungen entschieden radikaler. Tierrechtler fordern absoluten Respekt im Umgang mit Tieren und teilweise die Gewährleistung von Grundrechten für höher entwickelte Tierspezies. Sie lehnen zumeist jede Form des instrumentalisierenden Gebrauchs von Tieren und so auch ihre Verwendung in Tierversuchen kategorisch ab. Nicht zuletzt als Reaktion auf die rigorosen Postulate der Tierrechtsbewegung sprechen sich vereinzelte Stimmen für die generelle Unbedenklichkeit von Forschung an Tieren aus und erheben sie sogar zur Pflicht gegenüber bedürftigen Mitmenschen.

Die wissenschaftsnahe *Animal Welfare-Bewegung* setzt andere Schwerpunkte und fokussiert vor dem Hintergrund der Praxis guter Forschung und ethischer Erwägungen das Wohlergehen der Versuchstiere. Verfechter des *Animal Welfare* plädieren für eine empirische Fundierung ethischer Forderungen im Umgang mit Tieren und führen die dafür erforderlichen Verhaltensstudien gelegentlich auch selbst durch. Tiergesundheit und Tierwille gelten als maßgebliche Kriterien für die Beurteilung tierlichen Wohls.

---

[269] Vgl. Ach 1999: 238.

Des Weiteren haben sich Ansätze entwickelt, die sich für die ethische Bewertung der Forschung an Tieren weniger auf eine der etablierten tierethischen Positionen stützen, sondern für ihr Urteil vielmehr moralisch relevante Eigenschaften und Fähigkeiten verschiedener Tierspezies losgelöst begutachten. Hierbei spielen Eigenschaften wie Empfindungsfähigkeit, höhere kognitive Fähigkeiten, Gedeihensfähigkeit sowie Geselligkeit von Tieren eine entscheidende Rolle. Je nach Ansatz und Ausrichtung der vertretenen Position werden die moralisch relevanten Eigenschaften und Fähigkeiten der Versuchstiere – zumeist im Rahmen von Güterabwägungen – unterschiedlich gewichtet.

Als interdisziplinär und international konsensfähiger Standard für die Beurteilung der Forschung an Tieren haben sich, neben den Kriterien der Unverzichtbarkeit sowie der ethischen Vertretbarkeit von Tierversuchen, die 3R-Prinzipien *(Replacement, Reduction, Refinement)* etabliert. Die Ersetzung, Verminderung und Verfeinerung von Tierversuchen ist das Ziel dieser Prinzipien. Zusätzlich variieren je nach Art der Forschung und eingesetzten Tieren die Auflagen, die aus ethischer Perspektive zu beachten sind. Insbesondere die Forschung an nicht-humanen Primaten gilt als fragwürdig und ethisch nur schwer begründbar. In Ermangelung eines direkt erkennbaren Nutzens wird auch die Grundlagenforschung im Vergleich zur angewandten Forschung als bedenklicher eingestuft.

Der Beitrag, den die philosophische Ethik zu Fragen der Forschung an Tieren leisten kann, besteht vornehmlich darin, menschliches Handeln kritisch zu hinterfragen, Normen für den Umgang mit Tieren zu entwickeln und diese rational zu begründen. Wird in der Auseinandersetzung mit einem gegebenen Praxisfeld Tieren ein bestimmter moralischer Status zuerkannt, dann ist es nur konsequent, die dabei für überzeugend befundenen Argumente auch auf andere Fragen des Umgangs mit Tieren zu übertragen. Diese Kohärenzforderung scheint nur unzureichende Berücksichtigung zu finden, wenn man die Bewertung von Tierversuchen etwa mit derjenigen der Massentierhaltung vergleicht.[270]

---

[270] Die Debatte zur Forschung an Tieren wirft Anschlussfragen auf, die den allgemeinen Umgang mit Tieren betreffen. Hier herrscht etwa mit Blick auf die Massentierhaltung eine gewisse Bewertungsdiskrepanz vor. Die Einstellung gegenüber der Forschung an Tieren fällt oftmals kritischer aus, obwohl die Anzahl der Versuchstiere im Vergleich zur Anzahl der Mast- bzw. Schlachttiere sehr gering ist. Für beide Bereiche muss hinterfragt werden, ob die eingesetzten Mittel in einem angemessenen Verhältnis zu den jeweils verfolgten Zwecken stehen, der Nahrungsmittelversorgung einerseits und der Verbesserung von Gesundheit und Lebensqualität andererseits.

Von nicht-sittlich motivierten Interessen einzelner Forscher abgesehen, liegt der Forschung an Tieren durchaus ein normativer Auftrag zu Grunde. Die Verpflichtung des Menschen gegenüber hilfsbedürftigen Mitmenschen entspricht dem sittlichen Prinzip der Solidarität. Allerdings kann das Prinzip der Solidarität nicht nur gruppenegoistisches Verhalten begründen, sondern verweist ebenso auf die Pflichten, die Menschen als Subjekte der Moral gegenüber anderen Lebewesen und Mitgeschöpfen haben. Das grundsätzliche Spannungsverhältnis zwischen angestrebter Leidensvermeidung für den Menschen und vermeidbarer Schadensverursachung für das Tier erscheint für den Bereich der Forschung an Tieren bisweilen nicht gänzlich auflösbar. Das bestehende Spannungsgefüge führt jedoch keineswegs zur Handlungsunfähigkeit. Vielmehr kann mit guten Gründen im Ergebnis der Konsens festgehalten werden, dass ein Tierversuch unter der umfassenden Gewährleistung der 3R-Prinzipen im Einzelfall als ethisch gerechtfertigt betrachtet werden kann, wenn darüber hinaus gilt, dass der angestrebte Erkenntnisgewinn für das Erreichen ethisch verpflichtender Ziele unverzichtbar ist und das Maß der notwendigen Schädigung von Tieren hinsichtlich des zu erwartenden Nutzens für Menschen und/oder Tiere für ethisch vertretbar befunden werden kann. Zudem ist zu hoffen, dass eine vertiefte Auseinandersetzung mit der Problematik, auch unter verstärkter Einbeziehung der Öffentlichkeit, weitere wichtige Erkenntnisse liefern wird, um angemessene Entscheidungen für den Bereich der Forschung an Tieren treffen zu können.

Zitierte Gesetze, Verordnungen und europäische Richtlinien

Animal Welfare Act (New Zealand), Public Act 1999, no. 142. Date of Assent: 14 October 1999. URL http://www.legislation.govt.nz/act/public/1999/0142/latest/DLM49664.html?search=ts_act_Animal+Welfare+Act+1999_resel&sr=1 [28.11.2014].

Bürgerliches Gesetzbuch (BGB) in der Fassung der Bekanntmachung vom 2. Januar 2002 (Bundesgesetzblatt 2002 I, 42, 2909; 2003 I, 738), zuletzt geändert durch Artikel 1 des Gesetzes vom 22. Juli 2014 (Bundesgesetzblatt 2014 I, 1218).

Chemikaliengesetz (ChemG) in der Fassung der Bekanntmachung vom 28. August 2013 (Bundesgesetzblatt 2013 I, 3281).

Gesetz zur Verbesserung der Rechtsstellung des Tieres im bürgerlichen Recht vom 20. August 1990 (Bundesgesetzblatt 1990 I, 1762).

Grundgesetz (GG) für die Bundesrepublik Deutschland in der im Bundesgesetzblatt Teil III, Gliederungsnummer 100–1, veröffentlichten bereinigten Fassung, zuletzt geändert durch Artikel 1 des Gesetzes vom 11. Juli 2012 (Bundesgesetzblatt 2012 I, 1478).

Medizinprodukte-Verordnung (MPV) vom 20. Dezember 2001 (Bundesgesetzblatt 2001 I, 3854), zuletzt geändert durch Artikel 2 der Verordnung vom 10. Mai 2010 (Bundesgesetzblatt 2010 I, 542).

Pflanzenschutz-Geräteverordnung (PfSchMGV) vom 27. Juni 2013 (Bundesgesetzblatt 2013 I, 1953, 1962)

Richtlinie 2010/63/EU des Europäischen Parlaments und des Rates vom 22. September 2010 zum Schutz der für wissenschaftliche Zwecke verwendeten Tiere. In: Amtsblatt der Europäischen Union, Nr. L 276 vom 20. Oktober 2010, 33.

Richtlinie 86/609/EWG vom 24. November 1986 zur Annäherung der Rechts- und Verwaltungsvorschriften der Mitgliedstaaten zum Schutz der für Versuche und andere wissenschaftliche Zwecke verwendeten Tiere. In: Amtsblatt der Europäischen Union, Nr. L 358 vom 18. Dezember 1986, 1.

Tierschutzgesetz (TierSchG) in der Fassung vom 18. Mai 2006, zuletzt geändert durch Artikel 3 des Gesetzes vom 28. Juli 2014 (Bundesgesetzblatt 2014 I S. 1308).

Verordnung (EG) Nr. 1907/2006 des Europäischen Parlaments und des Rates vom 18. Dezember 2006 zur Registrierung, Bewertung, Zulassung und Beschränkung chemischer Stoffe (REACH), zur Schaffung einer Europäischen Agentur für chemische Stoffe, zur Änderung der Richtlinie 1999/45/EG und zur Aufhebung der Verordnung (EWG) Nr. 793/93 des Rates, der Verordnung (EG) Nr. 1488/94 der Kommission, der Richtlinie 76/769/EWG des Rates sowie der Richtlinien 91/155/EWG, 93/67/EWG, 93/105/EG und 2000/21/EG der Kommission. In: Amtsblatt der Europäischen Union, Nr. L 396 vom 30. Dezember 2006, 1.

Literatur

Ach, Johann S. (1999): Warum man Lassie nicht quälen darf. Tierversuche und moralischer Individualismus. Erlangen: Harald Fischer.

Ach, Johann S. (2009a): Zur »ethischen Vertretbarkeit« von Tierversuchen. In: Borchers, Dagmar / Luy, Jörg (Hg.): Der ethisch vertretbare Tierversuch. Kriterien und Grenzen. Paderborn: Mentis, 89–112.

Ach, Johann S. (2009b): Transgene Tiere. Anmerkungen zur Herstellung, Nutzung und Haltung transgener Tiere aus tierethischer Perspektive. In: Ach, Johann S. / Stephany, Martina (Hg.): Die Frage nach dem Tier. Interdisziplinäre Perspektiven auf das Mensch-Tier-Verhältnis. Münster: LIT, 33–46.

Ahne, Winfried (2007): Tierversuche. Im Spannungsfeld von Praxis und Bioethik. Stuttgart: Schattauer.

Balzer, Philipp / Rippe, Klaus P. / Schaber, Peter (1998): Menschenwürde vs. Würde der Kreatur. Begriffsbestimmung, Gentechnik, Ethikkommissionen. München: Alber.

Baranzke, Heike (2002): Würde der Kreatur? Die Idee der Würde im Horizont der Bioethik. Würzburg: Königshausen & Neumann.

Bass, Robert (2012): Lives in the balance: Utilitarianism and animal research. In: Garrett, Jeremy R. (ed.): The ethics of animal research. Exploring the controversy. Cambridge: MIT Press, 81–105.

Beauchamp, Tom L. / Childress, James F. (2009): Principles of biomedical ethics. 6th ed. Oxford: Oxford University Press.

Bentham, Jeremy: Principles of penal law. In: Bowring, John (ed.): The works of Jeremy Bentham. Edinburgh: William Tait 1843. URL http://oll.libertyfund.org/?option=com_staticxt&staticfile=show.php%3Ftitle=2009&chapter=140139&layout=html&Itemid=27#a_2643668 [28.11.2014] [zitiert als Bentham *Penal law*].

Bentham, Jeremy: An introduction to the principles of morals and legislation. In: Burns, James H. (ed.): The collected works of Jeremy Bentham. London: Athlone 1970 [zitiert als Bentham *Principles*].

Birnbacher, Dieter (2009a): Haben Tiere Rechte? In: Ach, Johann S. / Stephany, Martina (Hg.): Die Frage nach dem Tier. Interdisziplinäre Perspektiven auf das Mensch-Tier-Verhältnis. Münster: LIT, 47–64.

Birnbacher, Dieter (2009b): Absolute oder relative ethische Grenzen der Leidenszufügung bei Versuchstieren? In: Borchers, Dagmar / Luy, Jörg (Hg.): Der ethisch vertretbare Tierversuch. Kriterien und Grenzen. Paderborn: Mentis, 113–124.

Blumer, Karin (1999): Tierversuche zum Wohle des Menschen? Ethische Aspekte des Tierversuchs unter besonderer Berücksichtigung transgener Tiere. München: Utz.

Blumer, Karin (2003): Ethische Aspekte der Xenotransplantation. Band 2. In: Oduncu, Fuat S. / Schroth, Ulrich / Vossenkuhl, Wilhelm (Hg.): Medizin – Ethik – Recht, Transplantation, Organgewinnung und -allokation. Göttingen: Vandenhoeck & Ruprecht, 212–332.

Borchers, Dagmar / Luy, Jörg (2009): Ethisch vertretbare Tierversuche – eine Einführung. In: Borchers, Dagmar / Luy, Jörg (Hg.): Der ethisch vertretbare Tierversuch. Kriterien und Grenzen. Paderborn: Mentis, 7–12.

Brody, Baruch A. (2012): Defending Animal Research: An International Perspective. In: Garrett, Jeremy R. (ed.): The ethics of animal research. Exploring the controversy. Cambridge: MIT Press, 53–80.

Brukamp, Kirsten (2012): Research involving non-human primates: treatment guidelines and ethical frameworks. In: Hagen, Kristin / Schnieke, Angelika / Thiele, Felix (ed.): Large animals as biomedical models: Ethical, societal, legal and biological aspects. Bad Neuenahr-Ahrweiler: Europäische Akademie, Graue Reihe, vol. 51, 57–67.

Bundesinstitut für Risikobewertung (2014): Zentralstelle zur Erfassung und Bewertung von Ersatz und Ergänzungsmethoden zum Tierversuch (ZEBET). URL http://www.bfr.bund.de/de/a-z_index/zentralstelle_zur_erfassung_und_bewertung_von_ersatz_und_ergaenzungsmethoden_zum_tierversuch__zebet_-4541.html [28.11.2014].

Carbone, Larry (2012): The utility of basic animal research. In: Animal research ethics: evolving views and practices, Hastings Center Report Special Report 42(6), 12–15.

Cavalieri, Paola / Singer, Peter (Hg.) (1994): Menschenrechte für die Großen Menschenaffen! Das Great Ape Projekt. München: Goldmann.

Cavalieri, Paola (2002): Die Frage nach den Tieren. Für eine erweiterte Theorie der Menschenrechte. Erlangen: Harald Fischer.

Cavalieri, Paola (2008a): Are human rights human? In: Armstrong, Susan J. / Botzler, Richard G. (ed.): The animal ethics reader. Second edition. New York: Routledge, 30–35.

Cavalieri, Paola (2008b): Whales as Persons. In: Armstrong, Susan J. / Botzler, Richard G. (ed.): The animal ethics reader. Second edition. New York: Routledge, 204–210.

Cohen, Carl (2012): The case for the use of animals in biomedical research. In: Holland, Stephen (ed.): Arguing about bioethics. New York: Routledge, 206–213.

Conlee, Kathleen M. / Rowan, Andrew N. (2012): The case for phasing out experiments on primates. In: Animal research ethics: Evolving views and practices, Hastings Center Report Special Report 42(6), 31–34.

Council of Europe (ed.) (2006): Ethical eye – Animal welfare. Strasbourg: Council of Europe Publishing.

Dawkins, Marian Stamp (2012): Why animals matter. Animal consciousness, animal welfare and human well-being. Oxford: Oxford University Press.

DeGrazia, David (1996): Taking animals seriously: Mental life and moral status. Cambridge: Cambridge University Press.

Descartes, René: Discours de la méthode. Französisch-Deutsch. Hg. v. Lüder Gäbe. Hamburg: Meiner 1990 [zitiert als Descartes *Discours*].

Descartes, René: Meditationes de prima philosophia. Lateinisch-Deutsch. Hg. v. Lüder Gäbe. Hamburg: Meiner 1992 [zitiert als Descartes *Meditationes*].

Deutsche Forschungsgemeinschaft (DFG) (2004): Tierversuche in der Forschung. Herausgegeben von der Senatskommission für tierexperimentelle Forschung. Bonn: Lemmens Verlags- & Mediengesellschaft.

Deutsches Primatenzentrums (DPZ) (2014): URL http://www.dpz.gwdg.de/ [28.11.2014].

Downie, Robin (1997): Xenotransplantation. In: Journal of Medical Ethics 23, 205–206.

European Science Foundation (ESF) (ed.) (2014): Animal protection in biomedical research. URL http://www.esf.org/hosting-experts/scientific-review-groups/biomedical-sciences-med/activities/science-policy/animal-protection-in-biomedical-research.html [28.11.2014].

European Union Reference Laboratory on Alternatives to Animal Testing (EURL ECVAM) (ed.) (2014): Workshop Reports. URL https://eurl-ecvam.jrc.ec.europa.eu/about-ecvam/archive-publications/workshop-reports [28.11.2014].

Ferrari, Arianna (2008): Genmaus & Co. Gentechnisch veränderte Tiere in der Biomedizin. Erlangen: Fischer.

Flury, Andreas (1999): Der moralische Status der Tiere: Henry Salt, Peter Singer und Tom Regan. Freiburg im Breisgau: Alber (Alber-Reihe Praktische Philosophie 57).

Foot, Philippa (2001): Natural goodness. Oxford: Clarendon Press.

Frankfurt, Harry (1971): Freedom of the will and the concept of a person. In: Journal of Philosophy 68, 829–839.

Für Göttinger Forscher sind Tierversuche unverzichtbar. In: Die Welt (13.09.2012). URL http://www.welt.de/newsticker/news3/article109201152/Fuer-Goettinger-Forscher-sind-Tierversuche-unverzichtbar.html [28.11.2014].

Gärtner, Klaus (1998): Tierversuche. In: Korff, Wilhelm / Beck, Lutwin / Mikat, Paul (Hg.), Lexikon der Bioethik. Gütersloh: Gütersloher Verlagshaus.

Garrett, Jeremy R. (2012): The ethics of animal research: An overview of the debate. In: Garrett, Jeremy R. (ed.): The ethics of animal research. Exploring the controversy. Cambridge: MIT Press, 1–15.

Gesellschaft für Primatologie e.V. (2014): URL http://www.gf-primatologie.de/ [28.11.2014].

Gesellschaft für Versuchstierkunde (2010): Empfehlung Schmerztherapie bei Versuchstieren. URL http://www.gv-solas.de/index.php?id=33 [28.11.2014].

Giordano Bruno Stiftung (2014): »Grundrechte für Menschenaffen – Lebenslänglich hinter Gittern«. URL http://www.giordano-bruno-stiftung.de/meldung/presse konferenz-grundrechte-fuer-menschenaffen-lebenslaenglich-hinter-gittern [28.11.2014].

Great Ape Project. URL http://www.greatapeproject.org/ [28.11.2014].

Habermas, Jürgen (1991): Erläuterungen zur Diskursethik. Frankfurt am Main: Suhrkamp.

Hagen, Kristin (2012): Ethical justification of species differentiation in animal protection. In: Newsletter der Europäischen Akademie (115), 1–3.

Hagen, Kristin / Schnieke, Angelika / Thiele, Felix (ed.) (2012): Large animals as biomedical models: Ethical, societal, legal and biological aspects. Bad Neuenahr-Ahrweiler: Europäische Akademie, Graue Reihe vol. 51.

Haynes, Richard P. (2010): Animal welfare. Competing conceptions and their ethical implications. Dordrecht: Springer.

Heeger, Robert (2012): Experimenting on animals: When does their size matter morally? In: Hagen, Kristin / Schnieke, Angelika / Thiele, Felix (Hg.): Large animals as biomedical models: Ethical, societal, legal and biological aspects. Bad Neuenahr-Ahrweiler: Europäische Akademie, Graue Reihe, vol. 51, 13–23.

Herman, Louis M. / Morrel-Samuels, Palmer (1990): Knowledge acquisition and asymmetries between language comprehension and production: Dolphins and apes as a general model for animals. In: Bekoff, Marc / Jamieson, Dale (ed.): Interpretation and explanation in the study of animal behavior, Vol. 1. Boulder: Westview Press, 289–306.

Hockett, Charles F. (1960): The origin of speech. In: Scientific American 203, 88–96.

Höffe, Otfried (1984a): Der wissenschaftliche Tierversuch. In: Ströker, Elisabeth (Hg.): Ethik der Wissenschaften? Band I. München: Fink, 117–150.

Höffe, Otfried (1984b): Ethische Grenzen der Tierversuche. In: Händel, Ursula M. (Hg.): Tierschutz: Testfall unserer Menschlichkeit. Frankfurt am Main: Fischer, 82–99.

Hoerster, Norbert (2004): Haben Tiere eine Würde? Grundfragen der Tierethik. München: Beck.

Kant, Immanuel: Metaphysische Anfangsgründe der Tugendlehre. Metaphysik der Sitten. Zweiter Teil. Hamburg: Meiner 1990 (Philosophische Bibliothek 430) [zitiert als Kant TL].

Kant, Immanuel: Grundlegung zur Metaphysik der Sitten. Hamburg: Meiner 1999 (Philosophische Bibliothek 519) [zitiert als Kant GMS].

Klein, Jörg (2000): Dürfen wir Tiere für die Forschung töten? In: Wiesing, Urban / Simon, Alfred / v. Engelhardt, Dietrich (Hg.): Ethik in der medizinischen Forschung. Stuttgart: Schattauer, 98–107.

Kopp, Susan (2012): Training the next generation. In: Animal research ethics: Evolving views and practices, Hastings Center Report Special Report 42(6), 19–22.

Korsgaard, Christine M. (2004): Fellow creatures: Kantian ethics and our duties to animals. In: Peterson, Grethe B. (Hg.): The Tanner Lectures on Human Values 25/26. Salt Lake City: University of Utah Press, 79–110.

Krebs, Angelika (Hg.) (1997): Naturethik. Grundtexte der gegenwärtigen tier- und ökoethischen Diskussion. Frankfurt am Main: Suhrkamp.

Manning, Aubrey / Dawkins, Marian Stamp (1998): An introduction to animal behaviour. Fifth edition. Cambridge: Cambridge University Press.

Marks, Joel (2012): Accept no substitutes: The ethics of alternatives. In: Animal research ethics: Evolving views and practices, Hastings Center Report Special Report 42(6), 16–18.

Mather, Jennifer A. (2001): Animal suffering: An invertebrate perspective. In: Journal of applied animal welfare science, 4(2), 151–156.

Max-Planck-Gesellschaft (2010): Tierversuche in der Grundlagenforschung. URL http://www.mpg.de/4605861/MPG_Flyer_Tierversuche_Endversion.pdf [28.11.2014].

Metzinger, Thomas (2008): Beweislast für Fleischfresser. In: Gehirn & Geist, Dossier Sonderheft 1, 65–69.

Monamy, Vaughan (2009): Animal experimentation. A guide to the issues. Second edition. Cambridge: Cambridge University Press.

Mouse Genome Informatics (MGI) 2014: URL http://www.informatics.jax.org [28.11.2014].

Nelson, Leonard (1970): System der philosophischen Ethik und Pädagogik. Gesammelte Schriften Band 5. Hamburg: Meiner.

Nelson, Leonard (1972): Kritik der praktischen Vernunft. Gesammelte Schriften Band 4. Hamburg: Meiner.

Norcross, Alastair (2012): Animal experimentation, marginal cases, and the significance of suffering. In: Garrett, Jeremy R. (ed.): The ethics of animal research. Exploring the controversy. Cambridge: MIT Press, 67–80.

Nordenfelt, Lennart (2006): Animal and human health and welfare. A comparative philosophical analysis. Oxford: CABI.

Nuffield Council on Bioethics (Hg.) (2005): The Ethics of Research Involving Animals. URL http://nuffieldbioethics.org/project/animal-research/ [28.11.2014].

Nussbaum, Martha C. (2004): Beyond »Compassion and Humanity«. Justice for nonhuman animals. In: Sunstein, Cass R. / Nussbaum, Martha C. (ed.): Animal rights. Current debates and new directions. New York: Oxford University Press, 299–320.

Nussbaum, Martha C. (2010): Die Grenzen der Gerechtigkeit. Behinderung, Nationalität und Spezieszugehörigkeit. Berlin: Suhrkamp.

Orlans, Barbara F. (1993): In the name of science. Issues in responsible animal experimentation. New York: Oxford University Press.

Patzig, Günter (1993): Der wissenschaftliche Tierversuch unter ethischen Aspekten. In: Patzig, Günter (Hg.): Gesammelte Schriften II. Grundlagen der Ethik. Göttingen: Wallstein, 144–161.

Quante, Michael (2001): Ethische Aspekte der Xenotransplantation. In: Quante, Michael / Vieth, Andreas (Hg.): Xenotransplantation. Ethische und rechtliche Probleme. Paderborn: Mentis, 15–35.

Redmond, Eugene D. Jr. (2012b): Using monkeys to understand and cure Parkinson disease. In: Animal research ethics: Evolving views and practices, Hastings Center Report Special Report 42(6), 7–11.

Regan, Tom (1984/1988): The case for animal rights. London: Routledge.

Regan, Tom (1997): Wie man Rechte von Tieren begründet. In: Krebs, Angelika (Hg.): Naturethik. Grundtexte der gegenwärtigen tier- und ökoethischen Diskussion. Frankfurt am Main: Suhrkamp, 33–46.

Regan, Tom (2012): Empty cages: Animal rights and vivisection. In: Garrett, Jeremy R. (ed.): The ethics of animal research. Exploring the controversy. Cambridge: MIT Press, 107–124.

Reinhardt, Christoph A. (1998): Bewertung der Bio-und Gentechnologie bei Tieren aus wissenschaftspolitischer Sicht. In: Evangelische Akademie Bad Boll (Hg.): Gene und Klone. Möglichkeiten sowie ethische Grenzen der Bio- und Gentechnologie bei Tieren. Bad Boll, 127–136.

Rollin, Bernard E. (1981): Animal rights and human morality. Buffalo: Prometheus Books.

Rollin, Bernard E. (2012a): Ethics and animal research. In: Garrett, Jeremy R. (ed.): The ethics of animal research. Exploring the controversy. Cambridge: MIT Press, 19–30.

Rollin, Bernard E. (2012b): The moral status of invasive animal research. In: Animal research ethics: Evolving views and practices, Hastings Center Report Special Report 42(6), 4–6.

Rowan, Andrew (2012): Debating the value of animal research. In: Garrett, Jeremy R. (ed.): The ethics of animal research. Exploring the controversy. Cambridge: MIT Press, 197–214.

Rowlands, Mark (2009): Animal rights. Moral theory and practice. Basingstoke: Palgrave Macmillan.

Russell, William M. S. / Burch, Rex L. (1959): The principles of humane experimental technique. London: Methuen.

Ryder, Richard D. (1975): Victims of Science. The use of animals in research. London: Poynter.

Sachser, Norbert (2009): Das Wohlergehen der Tiere. In: Ach, Johann S. / Stephany, Martina (Hg.): Die Frage nach dem Tier. Interdisziplinäre Perspektiven auf das Mensch-Tier-Verhältnis. Münster: LIT, 3–15.

Salt, Henry S. (1894): Animals' rights. Considered in relation to social progress. New York: Macmillan.

Sandøe, Peter / Christiansen, Stine B. (2008): Ethics of animal use. Oxford: Blackwell.

Sapontzis, Steve (1987): Morals, reason, and animals. Philadelphia: Temple University Press.

Savage-Rumbaugh, Sue / Brakke, Karen E. (1990): Animal language: methodological and interpretive issues. In: Bekoff, Marc / Jamieson, Dale (ed.): Interpretation and explanation in the study of animal behavior, Vol. 1. Boulder: Westview Press, 269–288.

Scharmann, Wolfgang / Teutsch, Gotthard M. (1994): Zur ethischen Abwägung von Tierversuchen. In: ALTEX 11, 181–198.

Schicktanz, Silke (2002): Organlieferant Tier? Medizin- und tierethische Probleme der Xenotransplantation. Frankfurt am Main: Campus.

Schopenhauer, Arthur: Über die Freiheit des menschlichen Willens. Über die Grundlage der Moral. Zürcher Ausgabe. Werke in zehn Bänden 6, Kleinere Schriften II. Hg. v. Arthur Hübscher. Zürich: Diogenes 1977.

Schweitzer, Albert (1996): Kultur und Ethik. München: Beck.

Schweitzer, Albert (1997): Die Ehrfurcht vor dem Leben. Grundtexte aus fünf Jahrzehnten. Bähr, Hans Walter (Hg.). München: Beck.

Siep, Ludwig (2004): Konkrete Ethik. Frankfurt am Main: Suhrkamp.

Singer, Peter (1982): Befreiung der Tiere. Eine neue Ethik zur Behandlung der Tiere. München: F. Hirthammer.

Singer, Peter (1994): Praktische Ethik. 2. Aufl. Stuttgart: Reclam.

Singer, Peter (1997): Alle Tiere sind gleich. In: Krebs, Angelika (Hg.): Naturethik. Grundtexte der gegenwärtigen tier- und ökoethischen Diskussion. Frankfurt am Main: Suhrkamp, 13–32.

Singer, Peter (2008): Rechte für Menschenaffen. In: Die Welt (30.07.2008). URL http://www.welt.de/welt_print/article2262223/Rechte-fuer-Menschenaffen.html [28.11.2014].

Stiftung zur Förderung der Erforschung von Ersatz- und Ergänzungsmethoden zur Einschränkung von Tierversuchen (SET) (2014): 3R-Methoden. URL http://www.tierversuche-ersatz.de/3r_forschung/3r_methoden.html?L=%5C%271 [28.11.2014].

Sturma, Dieter (2010): Natur und Bewusstsein. Grundzüge einer integrativen Bioethik. In: Čovic, Ante (Hg.): Integrative Bioethik und Pluriperspektivismus: Beiträge des 4. Südosteuropäischen Bioethik-Forums. Sankt Augustin: Academia Verlag, 125–136.

Teutsch, Gotthard M. (1995): Die Würde der Kreatur. Erläuterungen zu einem neuen Verfassungsbegriff am Beispiel des Tieres. Bern: Haupt.

The European Partnership for Alternative Approaches to Animal Testing: 3 Rs Declaration. URL https://circabc.europa.eu/sd/d/.../3rs-declaration.pdf [28.11.2014].

The Royal Society for the Prevention of Cruelty to Animals (2012): The five freedoms. URL http://www.rspca.org.uk/servlet/Satellite?blobcol=urlblob&blobheader=application/pdf&blobkey=id&blobtable=RSPCABlob&blobwhere=1210683196122&ssbinary=true [28.11.2014].

Tierärztliche Vereinigung für Tierschutz e.V. (TVT) (2014): Merkblätter des AK 4 (Tierversuche). URL http://www.tierschutz-tvt.de/merkblaetter.html#c14 [28.11.2014].

Waal, Frans de (2006): Primates and philosophers: How morality evolved. In: Macedo, Stephen / Ober, Josiah (ed.). Princeton, NJ: Princeton University Press.

Weatherall, David (2006): The use of non-human primates in research. A working group report chaired by Sir David Weatherall FRS FMedSci, London: Academy of Medical Sciences / Medical Research Council / Royal Society / Wellcome Trust.

Wolf, Ursula (1990): Das Tier in der Moral. Frankfurt am Main: Klostermann.

Wolf, Ursula (1997): Haben wir moralische Verpflichtungen gegenüber Tieren? In: Krebs, Angelika (Hg.): Naturethik: Grundtexte der gegenwärtigen tier- und ökoethischen Diskussion. Frankfurt am Main: Suhrkamp, 47–75.

Wolf, Ursula (2009): Zum Problem der ethischen Vertretbarkeit von Tierversuchen. In: Borchers, Dagmar / Luy, Jörg (Hg.): Der ethisch vertretbare Tierversuch. Kriterien und Grenzen. Paderborn: Mentis, 77–87.

Yarri, Donna (2005): The ethics of animal experimentation. A critical analysis and constructive christian proposal. New York: Oxford University Press.
Yeates, James W. (2012): Brain-pain: Do animals with higher cognitive capacities feel more pain? Insights for species selection in scientific experiments. In: Hagen, Kristin / Schnieke, Angelika / Thiele, Felix (Hg.): Large animals as biomedical models: Ethical, societal, legal and biological aspects, Bad Neuenahr-Ahrweiler: Europäische Akademie, Graue Reihe, vol. 51, 24–46.
Zurlo, Joanne (2012): No animals harmed: Toward a paradigm shift in toxicity testing. In: Animal research ethics: Evolving views and practices, Hastings Center Report Special Report 42(6), 23–26.

Hinweise zu den Autoren und Herausgebern

Heinz Brandstetter, Dr. med. vet., Fachtierarzt für Tierschutz und Leiter des Tierhauses am Max-Planck-Institut für Biochemie. Anschrift: Am Klopferspitz 18 a, 82152 Martinsried. URL http://www.biochem.mpg.de/facilities/animal

Dirk Lanzerath, PD Dr. phil., Geschäftsführer des Deutschen Referenzzentrums für Ethik in den Biowissenschaften (DRZE). Anschrift: DRZE, Bonner Talweg 57, 53113 Bonn. URL http://www.drze.de

Wolfgang Löwer, Prof. Dr. jur., Professor für Öffentliches Recht an der Universität Bonn. Anschrift: Institut für Öffentliches Recht, Adenauerallee 44, 53113 Bonn. URL http://www.jura.uni-bonn.de/index.php?id=2055

Christina Pinsdorf, Dr. phil., Wissenschaftliche Mitarbeiterin im Institut für Wissenschaft und Ethik (IWE), Universität Bonn. Anschrift: Institut für Wissenschaft und Ethik, Bonner Talweg 57, 53113 Bonn. URL http://www.iwe.uni-bonn.de

Horst Spielmann, Prof. Dr. med., Tierschutzbeauftragter des Landes Berlin und Professor für Regulatorische Toxikologie an der Freien Universität Berlin. Anschrift: Zerbster Str. 22, 12209 Berlin. URL: http://www.bcp.fu-berlin.de/pharmazie/pharmakologie/spielmann/index.html

Tade Matthias Spranger, Prof. Dr. jur. Dr. rer. pol., apl. Professor an der Rechts- und Staatswissenschaftlichen Fakultät der Universität Bonn. Anschrift: Adenauerallee 24–42, 53113 Bonn. URL http://www.jura.uni-bonn.de

Dieter Sturma, Prof. Dr. phil., Professor für Philosophie an der Universität Bonn sowie Direktor des Deutschen Referenzzentrums für Ethik in den Biowissenschaften (DRZE), des Instituts für Wissenschaft und Ethik (IWE) und des Instituts für Ethik in den Neurowissenschaften (INM 8) am Forschungszentrum Jülich. Anschrift: DRZE, Bonner Talweg 57, 53113 Bonn. URL http://www.drze.de

Zeitfracht Medien GmbH
Ferdinand-Jühlke-Straße 7
99095 Erfurt, Deutschland
produktsicherheit@kolibri360.de